珠江—西江经济带发展丛书·研究系列

珠江 — 西江经济带

创新驱动产业
转型升级研究

蒋团标　张海丰　廉超　等　｜　著

社会科学文献出版社
SOCIAL SCIENCES ACADEMIC PRESS (CHINA)

本书是 2016 年度广西师范大学珠江—西江经济带发展研究院调研专项课题"珠江—西江经济带创新驱动产业转型升级现状调查"（课题编号：ZXDY201604）的研究成果，该课题已于 2018 年 7 月结题。同时，本书也是广西高校人文社会科学重点建设研究基地"西南城市与区域发展研究中心"2017—2018 年度重要的研究成果之一，是集体创作的结果。

本书著作者名单

蒋团标　张海丰　廉　超　钟学思　梁爱云
裴金平　姚　辉　廖珊玲　陆凤娟　江凌峰
石志禹　王文华　刘　慧　杨　柳　耿　智
李国兴

创新驱动新机遇，
区域协同新挑战

　　2014 年 7 月《珠江—西江经济带发展规划》获国务院批复（发改地区〔2014〕1729 号），自此，珠江—西江经济带的发展上升为国家战略。国务院批复中明确要求："要认真贯彻落实国务院批复精神，提高认识、紧密合作、开拓创新、扎实工作，努力把珠江—西江经济带建设成为西南中南开放发展战略支撑带、东西部合作发展示范区、流域生态文明建设试验区和海上丝绸之路桥头堡，为区域协调发展和流域生态文明建设提供示范。"珠江—西江经济带连接我国东部发达地区与西部欠发达地区，是珠江三角洲地区转型发展的战略腹地，是西南地区重要的出海大通道，在全国区域协调发展和面向东盟开放合作中具有重要战略地位。我国跨省份、跨区域合作不乏成功案例，比如京津冀、长江三角洲等，但上述地区经济发展协同的基础在于：这些地区各省市本身的经济差距不大，多数属于强强联合，可以共同分享产业协同效应带来的红利。而珠江—西江经济带的一头连接着发达省份——广东，另一头则是连接着欠发达省份——广西壮族自治区，被列入规划范围的是广东的广州、佛山、肇庆、云浮 4 市和广西的南宁、柳州、梧州、贵港、百色、来宾、崇左 7 市，各城市的经济发展水平、所处发展阶段、资源禀赋以及产业竞争力差异较大。理论上经济发展水平差异和产业异质性为区域产业分工提供了先决条件，但在实际经济运行过程中则面临诸如政策协同、规划衔接、产业价值链合理分工和利益分配以及区域内产业转移等诸多需要解决的复杂问题，难度不可谓不大。

　　党的十九大报告中指出："我国经济已由高速增长阶段转向高质量发

展阶段，正处在转变发展方式、优化经济结构、转换增长动力的攻关期，建设现代化经济体系是跨越关口的迫切要求和我国发展的战略目标。"这一经济增长方式的转变预示着我国未来的经济发展战略将由"数量型增长"转变为创新驱动的"质量型增长"。对珠江—西江经济带而言，我国经济增长方式的转变既为该区域产业转型升级提供难得的机遇，也提出了更高的要求，即珠江—西江经济带的产业转型升级必定要以创新作为第一推动力。我国早在2006年就提出"要在2020年建成创新型国家"，党的十八大报告中明确提出："科技创新是提高社会生产力和综合国力的战略支撑，必须摆在国家发展全局的核心位置。"党的十八大以来，特别是在2015年10月召开的党的第十八届中央委员会第五次全体会议上，习近平总书记开创性地提出了"创新、协调、绿色、开放、共享"五大发展理念。在2016年5月，中共中央、国务院印发了《国家创新驱动发展战略纲要》（以下简称《纲要》），《纲要》中提到"创新驱动就是创新成为引领发展的第一动力，科技创新与制度创新、管理创新、商业模式创新、业态创新和文化创新相结合，推动发展方式向依靠持续的知识积累、技术进步和劳动力素质提升转变，促进经济向形态更高级、分工更精细、结构更合理的阶段演进"。在对世界未来科技发展做出判断时明确指出，"全球新一轮科技革命、产业变革和军事变革加速演进，科学探索从微观到宇观各个尺度上向纵深拓展，以智能、绿色、泛在为特征的群体性技术革命将引发国际产业分工重大调整，颠覆性技术不断涌现，正在重塑世界竞争格局、改变国家力量对比，创新驱动成为许多国家谋求竞争优势的核心战略。我国既面临赶超跨越的难得历史机遇，也面临差距拉大的严峻挑战。惟有勇立世界科技创新潮头，才能赢得发展主动权，为人类文明进步作出更大贡献"。在党的十九大报告中，也特别强调要"不断推进理论创新、实践创新、制度创新、文化创新以及其他各方面创新"。综上，"创新"已经成为我们国家发展理念当中的核心关键词。

作为发达地区的广东省，甚至早于《珠江—西江经济带发展规划》获得国务院批复的时间，在2014年6月就出台了《中共广东省委 广东省人民政府关于全面深化科技体制改革加快创新驱动发展的决定》（粤发〔2014〕12号，以下简称《广东决定》）。《广东决定》明确指出广东省到

2020 年开放型区域创新体系和创新型经济形态基本建成，努力实现从要素驱动向创新驱动全面转变，主要创新指标达到或超过中等创新型国家和地区水平，并制定了从知识创新、技术创新、协同创新、产业创新、转化应用、环境建设等 6 个全面重点推进、精准发力的"一揽子"政策。《广东决定》还着重强调了发挥科技创新支撑引领作用，促进经济社会转型升级。将组织实施重大科技专项突破关键核心技术，聚焦计算与通信集成芯片等 8 大重点领域关键核心技术，抢占高新技术产业与战略性新兴产业技术制高点。《广东决定》要求把推动企业成为技术创新主体、增强企业创新能力作为重中之重，提出了充分发挥科技型中小企业创新基金引导作用，通过贷款贴息、研发资助等方式重点支持种子期、初创期中小微企业技术创新活动。《广东决定》还提出了实施原始创新能力培养计划，积极发挥高校在基础研究方面的生力军作用，加强重大科学前沿和战略高技术研究部署，实现重点突破，并开创性地提出探索实施创新券制度，实施省科技业务管理阳光再造行动。《广东决定》涉及创新体系建设、企业技术创新能力提升以及官产学研合作和基础创新能力提升等各个方面，为广东省的产业转型升级提供了强有力的制度保障和政策指导。

作为欠发达地区的广西壮族自治区，在国家大力实施创新驱动发展战略的大背景下，也迎来了难得的跨越式发展的新机遇，完全可以通过制度创新，将潜在的"后发优势"转变为现实的"竞争优势"，缩小与发达地区的差距。为此，广西于 2016 年 9 月发布《中共广西壮族自治区委员会广西壮族自治区人民政府关于实施创新驱动发展战略的决定》（桂发〔2016〕23 号，以下简称《广西决定》）。《广西决定》中明确了创新驱动发展战略的主要目标，分为两个阶段。第一阶段目标是：到 2020 年初步建成创新型省区，创新支撑产业发展的能力大幅提升，战略性新兴产业发展取得显著成效，体制机制改革实现重大突破，企业创新主体地位明显提升，创新创业人才集聚涌现，"双创"活力竞相进发，创新体系更加完善，创新环境更加优化。该阶段具体的发展目标包括实现全社会 R&D 经费投入占 GDP 比重达到 2%，科技进步贡献率达到 55%，高技术产业增加值占规模以上工业增加值比重达到 25%，战略性新兴产业增加值占 GDP 比重达到 15%，大型企业建立研发机构的比重达到 30%，建成国家级创新平台

100 家以上等具体指标。第二阶段目标是：到 2030 年全面建成创新型省区，重点领域技术创新取得重大突破，产业核心竞争力显著增强，高技术产业和战略性新兴产业对经济增长的贡献率大幅提升，高层次创新创业人才和团队加速集聚，创新型经济占主导地位，建成面向东盟的区域性创新中心、富有活力的高端产业创新创业基地，成为我国与东盟创新要素双向流动的重要枢纽，为广西参与"一带一路"建设提供强大动力。《广西决定》为广西在新的历史机遇期实现跨越式发展绘制了一张创新驱动的蓝图，确定了广西产业转型升级的战略方向，关键在于落到实处。

珠江—西江经济带作为一个整体区域，与我国其他经济和产业集聚区有显著的差异，主要表现为区域内部发展的极度不平衡。虽然中国特色社会主义建设进入新时代为该区域提供了新的发展机遇，但区域协同发展仍然是需要面对的最大挑战。作为发达地区的广东省而言，前期积累了大量的创新发展经验，创新发展的制度和文化氛围浓厚，这些都为广东 4 市创新驱动产业转型升级奠定了扎实的基础。但广西作为欠发达地区，要将潜在的"后发优势"转变为现实的"竞争优势"，单纯地寄希望于发达地区的产业转移是远远不够的，因为发达地区转移来的产业往往是过剩产能和非前沿技术，真正的战略性新兴产业和核心技术广西很难通过承接产业转移的方式获得。也就是说，在珠江—西江经济带的框架内，广东转移至广西的产业主要可能为缺乏知识和技术溢出效应的传统产业，而不大可能是战略性新兴产业。广西 7 市要想实现产业转型升级，关键在于积累和提升技术能力，而技术能力的获得往往是通过从事研发和产品开发等产业链高端环节才能实现，从事低技能的劳动密集型产业是无济于事的，而且往往会被锁定在价值链低端环节。

按照路径创造理论，广西的产业转型升级实际上就是创造新演化路径的问题，在这里政府扮演着重要的角色。一般认为，一个地区发展的僵化是制度的路径依赖导致的锁定效应造成的，由于发展来自技术的不断变革，必然要求社会、制度环境根据技术变迁不断做出调整，如果一个地区无法有效地应对新的技术范式做出制度创新，那么将无法驱动发展。而从广西的角度，则必然要联系到技术学习和学习的阶段性问题。在前一个发展阶段，广西的企业主要是学习成熟的生产技术，而随着产业不断深化，企业不仅需要消化更为艰深而广泛的技术知识，而且必须与学习对象建立起新的联系，并且需要该企业自身在学习过程中贡献越来越多的创造性因素。也就是说，在新的发展阶段自主创新变得越来越重要，因此，广西的决策层需要在政策和制度创新方面做到以下三方面。第一，塑造一种创新文化。一个有活力、充满进取精神的社会将激励创新的努力。第二，注重技术学习和自主创新。成功的地区在任何战略环节上都创造着技术吸收的机会，而同时保证本土企业在决策上不受外部控制，在技术层面上能坚持自主开发。第三，制度创新与技术进步相匹配。在现代经济中，企业、大学研发组织和政府之间的联结与反馈是制度的核心，广西能力深化的根本障碍在于这些主体之间的联结是松散而薄弱的，并没有产生协同效应。广西在推行发展战略的时候，如果过分依赖自由市场机制，将导致制度缺乏，从而无法驱动新制度的产生，相反的，如果政府力量过于强大，会导致制度内生演化空间受到抑制。平衡好政府的推动作用和自发演化的力量是十分重要的。

广西7市的发展整体落后于广东4市，因此，珠江—西江经济带作为一个整体区域，要实现创新驱动产业转型升级面临的障碍还包括由于区域内落后地区发展滞后，市场体系发育水平较低，分工程度低，微观创新的力量是孤立的，弱化了它对整个区域经济竞争力的潜在贡献。也就是说，珠江—西江经济带目前的创新活动不具有系统性，创新体系不健全。因此，如何缩短行政区划分割造成的制度距离，对构建该区域的创新体系十分重要。产业转型升级不能简单地理解成新产业的产生和旧产业的消亡，而是持续的技术、经济和制度的转型过程，产业转型升级必须有相应的制度和政策支持。区域创新体系是以促进学习和技术能力积累为核心的一整套制度体系，珠江—西江经济带作为一个整体而言，能否构建这样一套制度体系，关键在于做到以下两点。第一，重视地区差异，先进带后进。由于珠江—西江经济带11个城市所处的发展阶段不同，以及历史文化特殊性，我们应该将产业转型升级理解成一个本土化的、情境特定和社会性等多因素共同决定的过程。区域内经济发展落后的城市在承接发达城市产业转移过程中，在对相关技术引进、消化和吸收之后能否实现再创新，关键在于能否将发达地区的"技术内在化"，这有赖于一系列的支持性制度。

因此，珠江—西江经济带的创新体系建设应该秉持累积性和本土化的技术观，特别要注重欠发达地区的发展实际，构建一套行之有效的发达地区向欠发达地区技术转移的制度体系。第二，通过制度创新促进创新体系转型。产业转型升级从长期来看，实际上是一个制度变迁和结构转型的过程，创新体系转型背后的制度创新在产业转型升级中起着核心作用。广东4市作为发达地区，创新体系相对成熟，广东的创新体系建设经验在促进广西创新体系转型过程中应该发挥积极作用。广西创新体系的成功转型是珠江—西江经济带区域创新体系实现整合的关键所在，只有广东和广西的创新体系形成匹配效应，才能实现区域内的协同发展。

当今世界正处于新一轮技术革命浪潮的酝酿期，颠覆性技术不断涌现，在这样一个历史机遇期，我们认为，珠江—西江经济带迎来了难得的产业转型升级的"机会窗口"。该区域的协同发展，关键在于广西的赶超跨越，广西要想实现跨越式发展，一定不能长期从事价值链低端的产业活动，因为这会被锁定在价值链低端环节，从而使得产业转型升级受阻。而只有从事研发和产品开发等高端价值链活动，才能获得技术能力，只有获得技术能力才能真正实现产业转型升级和跨越式发展。为了实现这一目标，广西除了自身的制度创新之外，离不开广东的支持，广东的创新溢出和技术转移是广西获得技术能力的捷径。也唯有如此，珠江—西江经济带作为一个整体经济实力才能显著提升，才能成为区域协调发展的典范。

目 录
CONTENTS

一　研究背景、目的与意义

（一）研究背景

改革开放以来，中国经济一直保持着较快的增长速度，尤其是进入 21 世纪以后，资源要素也逐步由传统的第一、第二产业向第三产业转移。农业是经济发展的基础、工业是经济发展的支撑，随着生活条件越来越好，人们对生活质量的要求也越来越高，这种对生活质量的高要求直接推动了第三产业的发展。目前，中国已跃升为世界第二大经济体，成为名副其实的经济大国，这可以说是经济发展史上的一个奇迹，但是造就这一奇迹的经济发展方式遇到了越来越严峻的挑战与发展困境。2008 年，美国金融危机发生以后，投资、出口对我国经济增长的拉动作用有所减弱，同时伴随着土地、劳动力等要素价格越来越高，资源、环境的约束也越来越紧，这对我国传统的经济增长方式提出了严峻的挑战。

中国过去几十年的经济发展在很大程度上充分利用了人口和自然资源红利，但是我们要看到，一方面，大多数自然资源是有限的和不可再生的，资源的有限性以及分布不均衡性等特点，使得我国传统的粗放型经济增长方式将难以为继；另一方面，人口红利的浪潮也在明显消退，未来中国经济增长可能会因为人口红利趋于消失而受到较大影响。2013 年，国家统计局公布的数据显示：2012 年我国 15~59 岁劳动力年龄人口在相当长时期里第一次出现了绝对下降，比 2011 年减少 345 万人，这意味着人口红利趋于消失，导致未来中国经济要过一个"减速关"。除此之外，近年来

"中等收入陷阱"也逐渐成为经济学家们讨论的热点以及担忧的问题。"中等收入陷阱"是说当一个国家的经济发展到中等收入阶段之后，可能会出现两种情况：一种是继续发展，向发达国家转变；另一种则是会出现贫富差距扩大等一系列问题，导致经济停滞不前。后者则被称为"中等收入陷阱"。放眼国际，美国与西方国家乱象丛生。2008年的金融危机让欧美国家的经济深受重创，虽然近年来在慢慢恢复，但随着特朗普的执政，美国一系列的内外政策都发生了巨大变化，深深影响着国际经济格局以及与中国的关系；中东地区战乱不断，秩序重建举步维艰；欧盟国家深受债务危机、难民问题困扰，2016年英国又进行了脱欧公投，使得欧盟本身作为一个经济体的一体化地位受到了很大影响。这些问题改变着世界经济格局，也深深影响着中国经济的发展。随着人口红利衰减、"中等收入陷阱"风险累积、国际经济格局深刻调整等一系列内因与外因的作用，我国经济发展正进入"新常态"。

中国经济呈现新常态，有如下几个主要特点。一是从高速增长转为中高速增长。二是经济结构不断优化升级，第三产业消费需求逐步成为主体，城乡区域差距逐步缩小，居民收入占比上升，发展成果惠及更广大民众。三是从要素驱动、投资驱动转向创新驱动。中国经济多年来的高速增长很大程度上得益于要素驱动和投资驱动，但是，要素驱动是一种比较初级的驱动方式，比较适合中国改革开放之初科技匮乏的时期，投资驱动也是限定在一定时期内。经济进入新常态后，要素红利渐行渐远，投资驱动风光不再。中国要继续发挥经济巨大潜能和强大优势，必须加快转变经济发展方式，着力推进供给侧结构性改革，坚定不移地实施创新驱动发展战略，提高发展质量和效益。我国通过改革制度供给，大力激发微观经济主体活力，加快培育形成新的增长动力。供给侧结构性改革是从提高供给质量出发，用改革的办法推进结构调整，矫正要素配置扭曲，扩大有效供给，提高供给结构对需求变化的适应性和灵活性，提高全要素生产率，更好地满足广大人民群众的需求，促进经济社会持续健康发展。2015年11月，习近平总书记率先提出调整经济结构，使要素实现最优配置，提升经济增长的质量和数量。调整经济结构，转变经济发展方式，培育新的发展动力，无一不体现出创新的不可或缺性。创新是所有事物发展进步的最原始驱动力，任何事物想要变化发展，都必须依靠创新来推动。党的十八大报告中指出，"创新驱动发展战略"上升为国家战略，这就更加体现出了创新的重要性以及创新在国家发展中的战略支撑作用。《中共中央国务院关于深化体制机制改革加快实施创新驱动发展战略的若干意见》提出要通过"创新驱动发展战略"实现中国特色自主创新道路的发展。2017年10月18日召开的十九大，进一步明确了创新在促进经济社会发展中的必要性，标志着创新驱动作为一项基本国策，在新时代中国发展的行程上，将发挥越来越显著的战略支撑作用。

创新是引领发展的第一动力，是一个国家兴旺发达的不竭动力，是民族进步的灵魂。中国想要转变经济发展方式，建设创新型国家，实现建设现代化经济体系，必须依靠创新作为战略支撑，实施创新驱动发展战略。党的十九大报告还强调了中国特色社会主义进入新时代，中国社会主要矛盾发生了变化，并已转化为人民日益增长的美好生活需要和不平衡不充分的发展之间的矛盾，之前人民的物质文化需要已经转变为美好生活需要。这是一个质的提升，是硬需求向软需求的转变，而且，中国经济发展到目前的阶段，对于物质的硬需求就会相对下降，对于服务、文化和环境这样的软需求则相对上升；是增长到发展的转变，增长只是一种量的要求，发展则涉及质的改变，人们已经不再仅仅满足于生存需求，已然上升到发展需求。落后的社会生产也已经转变为不平衡不充分的发展，这是总量向结构的转变。改革开放几十年来，中国经济总量跃升为世界第二，我们所面对的已经不再是社会生产落后的问题了，而是发展不平衡不充分依然显著等突出问题，我国不是需求不足，或没有需求，而是需求变了，但是供给的产品和服务跟不上需求的变化，已不能满足需求的变化。这就涉及结构问题，经济结构的转变则必然离不开创新，创新驱动发展战略更是发挥着不可替代的作用。

面对中国社会主要矛盾的改变，为了解决经济发展不平衡不充分的问题，以及适应加快建设创新型国家的需要，继续、更好地推动产业转型升级就显得更加迫切。本书主要以珠江—西江经济带为例来阐述证实创新驱动产业转型升级。《珠江—西江经济带发展规划》（以下简称《规划》）是以珠江、西江流域为依托的区域发展规划，已于2014年7月升为国家战略，珠江—西江经济带也迎来了新的发展契机。该《规划》范围包括广东的 4 市，即广州、佛山、肇庆、云浮，以及广西的 7 市，即南宁、柳州、梧州、来宾、崇左、贵港、百色，区域面积为 16.5 万平方公里。该《规划》内容主要是推进珠江—西江经济带的一体化建设，通过以珠江、西江主流水域为主，辅之干流，打造区域港口群；沿经济带的 11 个城市也各有不同特色以及丰富的资源，通过建立珠江—西江经济带沿线城市的特色优势产业，以及依据各城市独特天然的景观风貌，如广西别具一格、浑然天成的海岸地貌、喀斯特地貌等，建立旅游联盟，发展绿色旅游业，开发生态旅游、养生旅游等别具特色的旅游产业，打造珠江—西江经济带生态廊道。珠江—西江经济带也是顺应"一带一路"倡议的发展趋势，是"一带一路"倡议中非常重要的一条经济带，而且"一带一路"倡议对珠江—西江经济带来说是一次难得的发展机遇，也是一个至关重要的节点，在这个重要节点上珠江—西江经济带要同时做大经济总量和提高发展质量，就要求其以创新驱动促进产业转型升级，实现弯道超车，实现西南地区经济的更进一步发展，更好地促进区域经济协调发展。

（二）研究目的

《规划》指出：在新形势下，加快经济带开放发展，有利于加快转变经济发展方式，完善区域发展整体布局，促进经济提质增效升级；有利于优化生产力布局，构建我国西南、中南地区开放发展新的战略支点，培育我国新的区域经济带；有利于促进东西互动、优势互补，带动少数民族地区和贫困地区加快发展，缩小区域发展差距；有利于发挥面向港澳、连接东盟的区位优势，加大西南、中南地区对外开放力度，完善我国全方位对外开放格局；有利于加强全流域生态建设和环境保护，推动流域可持续发展，探索跨省区流域生态建设新模式。珠江—西江经济带的建设是国家重要的区域发展战略，也是国家未来经济发展的新的增长点，关注经济带的创新发展成为经济带未来发展的重中之重，响应"一带一路"倡议，利用地缘优势，寻找区域消费、投资、出口的新的增长点，抓住创新资源加速流动和我国经济地位上升的历史机遇，提高区域配置创新资源能力。本书通过对珠江—西江经济带的调研，走访调查了珠江—西江经济带沿线的广东、广西 11 个城市，旨在通过一系列理论以及调研数据成果，探究珠江—西江经济带创新驱动发展的现状、问题、动力机制及实现路径等内容。

珠江—西江经济带重点发展的产业是哪些？产业发展现状如何？发展前景是怎样的？重要支柱行业的创新能力如何？这些都是我们这次调研探访的主要关注点，希望通过本次调研，进一步了解珠江—西江经济带创新驱动产业转型升级现状，了解其创新层面的政府扶持力度、创新政策、创新技术、创新方式、创新发展渠道、创新发展投入等方面的内容，收集相关数据资料，进而发掘珠江—西江经济带创新驱动产业转型升级方面存在的问题、制约因素及其未来发展空间，并提出切实可行的对策建议，助推珠江—西江经济带创新驱动产业转型升级。

（三）研究意义

1. 理论意义

（1）丰富经济欠发达地区的产业转型升级理论

产业转型升级长期以来受到国内外学者的关注，产业转型升级是一个动态发展的过程，在不同的经济发展背景下，产业转型升级的方法也不尽相同。就国内产业转型升级的研究而言，主要是以东部沿海地区以及资源富集地区为研究对象，但是对于西南部或者西部地区等欠发达地区的产业转型升级研究较少，而珠江—西江经济带上的广西大部分城市隶属于西部欠发达地区，因此在创新驱动的前提下去研究珠江—西江经济带产业转型升级的实现路径，可以进一步丰富和发展欠发达地区的产业转型升级理论。

（2）为东部、西部协调发展建立典型示范

珠江—西江经济带包含 11 个城市，横跨广东、广西两省份，研究珠江—西江经济带的创新驱动产业转型升级，可以为东部、西部其他地区的协调合作发展树立很好的示例典范，起到引领带头作用。广东省作为东部沿海地区发达省份的代表，最早开辟了沿海经济开放区城市，其经济发展迅速、人民生活幸福、产业转型升级相对于广西来说也较为完善。广西面向东盟，和越南接壤，又是西部大开发战略中重点建设的一个省份，在实现产业转型升级的道路上还有很长一段路要走。本书基于珠江—西江经济带研究创新驱动产业转型升级，既能很好地带动广西的产业转型升级，实现广东、广西两省份的共同发展，又能使东部、西部其他地区的合作发展有例可循。

（3）为珠江—西江经济带产业转型升级发展提供基础数据和技术支持

根据建立动态数据库和服务珠江—西江经济带发展研究的需要，本书调研的主要内容包括四方面，即微观企业创新能力数据、中观产业结构变动数据、区域创新驱动产业转型升级的宏观数据、农户和家庭生产消费数据，进而构建珠江—西江经济带企业创新能力基础数据库和相关中观、宏观产业转型升级数据库。目的是在大量收集原始数据的基础上，建立采集科学、管理高效、存取便捷、分析精准的珠江—西江经济带创新驱动产业转型升级发展的动态数据库，为进一步研究珠江—西江经济带创新驱动产业转型升级发展提供基础数据和技术支持。因此，本书将通过数理分析与实地调研对跨省域联动发展的珠江—西江经济带进行创新驱动力测评，建立珠江—西江经济带创新驱动产业转型升级基础数据库，如实反映出经济带创新驱动产业转型升级现状。

2. 实践意义

（1）实现珠江—西江经济带区域优势资源和创新要素的优化配置

本次调研对珠江—西江经济带创新驱动产业转型升级发展的现状进行全面调查，对珠江—西江经济带技术创新状况、产业发展水平、产业结构状况以及技术创新驱动产业转型升级的状况有了全面的了解。调查研究了珠江—西江经济带沿线 11 个城市的发展状况，根据各个城市不同的区位地理和资源优势，扬长避短，充分发挥各自的长处，开发适合自身发展的道路，以便推动珠江—西江经济带区域优势资源的整合与盘活，实现资源优化配置和优化再生，进而推动供给侧结构性改革战略实施，促进珠江—西江经济带持续健康发展。

（2）为珠江—西江经济带创新驱动产业转型升级提供决策和咨询服务

我国经济下行压力加大，从内因看主要是市场供给结构与市场需求脱节造成的，即供给难以适应需求的变化，有效供给严重不足。在供给侧结构性改革背景下，习近平总书记强调，推进供给侧结构性改革，要从生产端入手，促进产业优化重组，发展战略性新兴产业，以便更好地推动经济结构调整、产业结构升级，以新供给创造新需求和新经济增长点。在供给侧结构性改革的框架下，经济发展主要依赖于社会总供给结构优化，而社会总供给结构优化以产业结构调整升级为基础。创新驱动与产业转型升级是为了更好地服务于供给侧结构性改革，珠江—西江经济带创新驱动产业转型升级之路的研究旨在对珠江—西江经济带技术创新状况、产业发展水平、产业结构状况以及技术创新驱动产业转型升级状况进行全面详细的了解，进而找出珠江—西江经济带在创新驱动产业转型升级过程中面临的挑战，对症下药。研究加强珠江—西江经济带创新驱动产业转型升级的对策建议，为相关政府机构和部门提供决策和咨询服务，同时便于整合珠江—西江经济带区域优势资源，形成以创新驱动为核心的发展新动能，是转变经济发展方式的必然要求，也是在供给侧结构性改革背景下的一个实例研究。

（3）为国内其他地区创新驱动产业转型升级提供借鉴经验

开展珠江—西江经济带创新成果培育、催化产业转型，是将珠江—西江经济带融入国家"一带一路"建设，培育西南城市群、填补西南城市空洞区的重要节点，是以产业创新引领区域经济社会发展，寻求区域重大突破的重大举措。在实践上，通过探索珠江—西江经济带产业如何转型发展，如何提升珠江—西江经济带产业的竞争能力，如何拓展其发展空间，进而为国内其他地区的创新驱动产业转型升级提出对策建议；同时，有利于促进珠江—西江经济带产业的发展，也为国内其他区域的产业发展提供借鉴，对推动其创新驱动产业转型升级具有一定的推动作用，还可以为政府决策、政策设计提供参考。因此，研究珠江—西江经济带产业转型升级及转型过程中的创新驱动问题，对珠江—西江经济带自身以及国内其他地区的发展都有着长远的现实意义和借鉴意义。

二　基本概念界定与文献述评

（一）基本概念界定

1. 创新

创新是以不同于他人常规的思维方式，利用当下已经存在的知识技术，在特定的环境中，为满足一定的需要而创造新的事物、方法、元素、路径、环境，并获得一定有益效果的行为。创新是引领发展的第一动力，是一个民族进步的灵魂，是一个国家兴旺发达的不竭动力，是一个政党永葆生机的政治源泉，无论是民族、政党还是国家，要想生生不息、繁荣发展，必须依靠不断创新来实现。

经济学上，"创新"概念最早由美籍经济学家熊彼特在其1912年出版的《经济发展理论》一书中提出。在这部著作中，他提出：创新是指把一种新的生产要素和生产条件的"新结合"引入生产体系。经历了新技术革命的迅猛发展，到20世纪60年代，"创新"的概念被美国经济学家华尔特·罗斯托扩展为"技术创新"，技术创新被提高到创新的主导地位。1962年，伊诺思首次明确地对技术创新下定义，认为技术创新是几种行为综合的结果，这些行为包括发明的选择、资本投入保证、组织建立、制定计划、招用工人和开辟市场等。厄特巴克在1974年发表的《产业创新与技术扩散》中认为，"与发明或技术样品相区别，创新就是技术的实际采用或首次应用"。20世纪80年代缪尔赛（Mueser）提出，"技术创新是以其构思新颖性和成功实现为特征的有意义的非连续性事件"。弗里曼则把创新对象基本上限定为规范化的重要创新。[1]

中国从20世纪80年代以来开展了技术创新方面的研究，傅家骥对技术创新的定义：企业家抓住市场的潜在盈利机会，以获取商业利益为目标，重新组织生产条件和要素，建立起效能更高、效率更高和费用更低的生产经营方法，从而推出新的产品、新的生产方法，开辟新的市场，获得新的原材料或半成品供给来源或建立企业新的组织，它包括科技、组织、商业和金融等一系列活动的综合过程，此定义是从企业的角度给出的。[2]彭玉冰、白国红也从企业的角度为技术创新下了定义："企业技术创新是企业家对生产要素、生产条件、生产组织进行重新组合，以建立效能更

---

① R. Mueser, "Identifying Technical Innovations", *Engineering Management*, IEEE Transactions on EM-32 (4), pp. 158-176.

② 傅家骥：《技术创新学》，清华大学出版社，2001。

高、效率更高的新生产体系，获得更大利润的过程。"① 进入 21 世纪之后，科学界对创新的认识开始了进一步的反思，认为技术创新是科技、经济一体化过程，是技术进步与应用创新"双螺旋结构"共同作用催生的产物。

2. 区域创新能力

对于区域创新能力的概念，国内外尚未有明确一致的定义。不同学者根据关注层面的不同，对区域创新能力的理解也不尽相同。有些学者从区域创新系统层面研究，认为区域创新能力依靠企业、高等院校和研究机构的相互交流合作，各个企业之间的互动应该植根于企业内部，从企业内部向外扩散。在这样的前提下，区域创新能力更应该是各种资本、人才和资源的有效结合。有些学者关注资源整合方面，认为区域创新能力是一种充分利用网络和技术，从信息中提炼知识，进而转化成新的技术的能力。关注创新结果的学者则认为区域创新能力是一种在不断创造出新的知识、技术的基础上，把新产品和服务商业化的能力。如果从科技层面出发，可以将区域创新能力定义为"区域发展和运用科学技术的能力，主要表现为工艺流程、产品设计等方面的研究和开发能力之和"或者"区域科技能力和区域科技竞争能力"等。

上述学者们基于不同的研究角度和目的，对区域创新能力给出了不同的定义。但不管定义如何，都必须准确理解"区域"、"创新"和"能力"的概念，才能更好地阐释区域创新能力。"区域"是一个即抽象又真实的空间概念，没有明确的界限范围，一个地区、几个城市、沿江经济带都可以被称为一个区域，不管哪种范围的区域，都是一个系统，都由边界、要素、要素间的关系、输入、输出和环境组成。"创新"分为广义上的创新和狭义上的创新。广义创新即把从来没有过的生产要素的新组合引入生产过程中来，这种新组合包括新产品、新市场、新工艺、新材料来源和新企业组织。狭义创新即技术创新。"能力"从器物层次来说分为劳动、资本和技术等方面，从制度层次来说分为法律、规定等方面，从文化层次来说分为世界观、价值观等方面。基于上述理解，故将区域创新能力定义为：

---

① 彭玉冰、白国红：《谈企业技术创新与政府行为》，《经济问题》1999 年第 7 期，第 35~36 页。

一定范围的区域创新主体引进吸收新的生产资源，对之进行集成创新，将创新成果产品化、市场化的一种能力。

3. 创新驱动发展

创新驱动发展战略最先在党的十八大报告中被提出，十八大把科技创新摆在了国家发展全局的核心位置。十九大进一步明确了创新在促进经济社会发展中的必要性，标志着创新驱动将作为一项基本国策发挥着不可替代的战略支撑作用。实施创新驱动发展战略是中国坚持转变经济发展方式，走自主创新道路，建设创新型国家的必然选择和要求。"创新驱动发展战略"有两层含义：一是中国未来的发展要靠科技创新驱动，而不是传统的劳动力以及资源能源驱动；二是创新的目的是驱动发展，而不是发表高水平论文。

实施创新驱动发展战略涉及方方面面，是一项系统工程。因此当下应抓住以下重点着力推进。一是细化战略目标。中国计划 2020 年实现建设创新型国家的目标，那就应该将目标细化到各个行业、各个部门，落到实处去推进计划。二是提高自主创新能力。中国要想在激烈的世界经济竞争中占据优势地位，必须将"中国制造"改变成"中国智造""中国创造"；必须提高自主创新能力，掌握关键领域的核心技术，实现原始创新、集成创新和引进消化吸收再创新。三是构建以企业为主体、市场为导向、产学研相结合的技术创新体系。进一步明确企业的主体地位，搭建产学研协同创新平台，充分发挥三方机构在创新发展中的重要作用，实现技术成果的市场化和商业化。四是加快科技体制机制改革。建立科技创新资源合理流动的体制机制、政府与市场有机结合的体制机制、科技创新的协同机制和科学的创新评价机制。

4. 产业转型升级

产业转型升级被定义为产业结构高级化，即朝更有利于经济增长、社会进步的方向发展。产业转型升级的关键是技术进步，在引进先进技术的基础上消化吸收，并加以研究、改进和创新，建立属于自己的技术体系。

产业转型升级中的"转型"不是单纯的转行业，转型不一定要转行业，转行业也不意味着实现了转型，转型是转变经济增长的类型，是由高污染、高耗能、高投入、高成本、低产出、低效率转向低污染、低耗能、低投入、低成本、高产出、高效率。转型也不是说一味地趋向于第二、第三产业的发展，而忽略第一产业，转型主要是由传统的资源密集型和劳动密集型转向资金密集型和技术密集型，现在各行各业的发展都讲究依靠先进的科学技术和理念。产业结构转型升级中的"升级"，既包括产业之间的升级，中国的经济发展规划长期以来都提到转变经济发展方式，调整产业结构，调整产业结构的其中一部分就涉及由之前的以第一产业发展为主，慢慢地向第二、第三产业趋重，也包括产业内部的升级，即某一产业内部的加工和再加工程度逐步朝纵向深化发展，实现技术集约化，不断提高生产效率，还涉及产业链的问题，即要深化产业发展上下游之间的交流联系。产业转型升级的实现既需要产业内部驱动和产业间的交流合作，也离不开政府的政策支持和良好的外部环境。

（二）国内外研究文献述评

1. 国外研究综述

为了更好地了解国外创新驱动产业转型升级的发展脉络和方向，通过借鉴对比国外研究内容，更好地进行关于珠江—西江经济带创新驱动产业转型升级的实证研究，本书检索查阅了国外关于这方面的研究内容，从区域创新能力、产业转型升级和创新驱动产业转型升级三个方面简要地对国外相关研究内容追本溯源，进行了梳理概括。

（1）关于区域创新能力的研究

区域创新能力一般定义为一定范围的区域创新主体引进吸收新的生产资源，对之进行集成创新，将创新成果产品化、市场化的一种能力。其中关于创新的概念，最早是由熊彼特（Schumpeter）在《经济发展理论》一书中提出的。[①] 关于区域创新能力的研究，国外一部分学者专注于技术和体制在促进区域创新能力方面的作用。Rogers 是国外学者中比较早研究创新发展的，在《创新的扩散》一书中，他主要讨论了扩散研究的历史和争议问题。他认为技术创新包含信息，因此要减少不确定性；关于新观点的

---

① Schumpeter, J., *Theorie Der Wirtschaftlichen Entwicklung* (Lannée Sociologique, 1912), pp. 594-598.

信息是通过人际交往的会聚过程交换的，因此，创新的扩散是一个社会过程。创新发展的过程要转换成需求的认知有五步：通过 R&D、商业化、扩散、接受和推论。创新决策过程是一个寻求信息和信息处理活动，促使个体来减少不确定性的创新优势过程。① Radosevic 讨论了在技术信息快速更新换代的时候新技术的转移问题，分析了国际技术转移在世界经济全球化中的作用，从国家、部门、微观和区域四个层面来阐述影响区域创新体系的因素，分别包括私有化、R&D 体系，技术、市场、经费、需求，参与者、联结、能力，当地禀赋、社会资产。② Doloreux 和 Parto 认为区域创新理论体系已经被广泛用于制定创新政策，提供分析框架和实证基础。在一些重要问题的讨论上，他们认为制度背景和体制环境在区域创新的发展中扮演着至关重要的角色，而且应该评判区域机构和区域制度安排，并且依据水平、等级和体系对它们进行细化分类。③ Rondé 着重于法国制造业区域创新水平的研究，认为法国创新体制是区域性的，不是部门或行业性的。通过估算知识生产函数，他发现建立外部合作比培养内部创新能力更重要，有意识的知识流动比无意识的对区域创新能力的影响更大。④

　　还有一部分学者则更加地专注于对区域创新能力评价的研究。Bhattacharya 和 Bloch 研究调查了澳大利亚中小型制造业企业的规模、市场结构、盈利能力和增长对创新活动的影响，并利用澳大利亚统计局商业纵向调查得出的数据进行回归分析，以确定影响整个企业样本的后续创新活动的因素，得出的结论是大多数变量，包括规模、研发强度、市场结构和贸易份额都有助于进一步创新活动。⑤ Cozzarin 研究的目标是确定过去的经济表现是否对公司的创新能力产生影响。总结出市场份额、劳动生产率和

①　Rogers, E. M., "Diffusion of Innovations," *Journal of Continuing Education in the Health Professions* (1983): 62-64.

②　Radosevic, S., "International Technology Transfer and Catch-up in Economic Development," *Edward Elgar* 20 (1999): 225-226.

③　Doloreux, D., Parto, S., "Regional Innovation Systems: A Critical Review," *Discussion Papers* 4 (2004): 561-562.

④　Rondé, P., "Innovation in Regions: What Does Really Matter?," *Research Policy* 34 (2005): 1150-1172.

⑤　Bhattacharya, M., Bloch, H., "Determinants of Innovation," *Small Business Economics* 22 (2004): 155-162.

利润的有序回归系数对加拿大的大多数行业都具有重要的统计学意义。然而，与其他公司的战略、竞争环境、信息来源、研发和使用专利等特征指标相比，经济效益的重要性大大减弱。① Becheikh 等基于魁北克地区 247 家中小企业经验数据建立模型进行估计，他们认为战略管理变量是创新的重要决定因素，它们的影响超过了一些传统的创新决定因素，如研究和开发（R&D）、公司规模，以及行业的技术强度。② Cabrer-Borrás 和 Serrano-Domingo 基于面板数据分析了创新的空间格局、区域间的相互依赖和演变，以及它在决定西班牙区域创新方面的作用。结果表明，在考虑空间溢出效应时，以贸易为基础的区域接近度是适宜的。在这一背景下，不仅是地方能力决定了国内的创新，而且这主要是高等教育和公共管理的努力，包括研发政策的制定。③

（2）关于产业转型升级的研究

产业转型升级被定义为产业结构高级化，即朝更有利于经济增长、社会进步的方向发展，是低附加值产业向高附加值产业转型升级，高能耗、高污染产业向低能耗、低污染产业转型升级，粗放型产业向集约型产业转型升级。对于产业转型升级的研究，国外专家学者主要集中于对全球价值链的研究，以及高度评价全球买家在驱动产业转型升级中的重要作用。Gereffi 实证研究的焦点是服装产业，重点是亚洲。他从全球商品链的视角去分析国际贸易网络的社会和组织维度，认为组织环境促进产业转型升级，例如从装配到 OEM（贴牌生产），再到 OBM（自创品牌）的典型轨迹。④ 在《全球价值链的治理》一书中，提到"治理"的概念是全球价值链方法的核心，解释了它的含义以及它对开发研究和政策的重要性，通过

① Cozzarin, B. P., "Are World-first Innovations Conditional on Economic Performance?," *Technovation* 26 (2006): 1017-1028.

② Becheikh, N., Landry, R., Amara, N., "Strategic Factors That Affect Technological Innovation in SME in Manufacturing Sector," *Canadian Journal of Administrative Sciences-Revue Canadienne Des Sciences De L Administration* 23 (2006): 275-300.

③ Cabrer-Borrás, B., Serrano-Domingo, G., "Innovation and R&D Spillover Effects in Spanish Regions: A Spatial Approach," *Research Policy* 36 (2007): 1357-1371.

④ Gereffi, G., "International Trade and Industrial Upgrading in the Apparel Commodity Chain," *Journal of International Economics* 48 (1999): 37-70.

企业间的关系和制度机制，在链条上进行非市场的协调。[1] 在发展中国家的生产者通常经营的全球价值链中，买方在制定和执行这些参数方面扮演着重要的角色，产品和工艺参数则由政府机构以及与质量标准或劳工和环境标准有关的跨国组织制定，在外部参数设置和执行的发展与获得可信度的程度上，供应链内的购买者对治理的需求将下降。Humphrey 和 Schmitz 探讨了全球连锁治理与地方产业集群治理的相互作用，在全球价值链的视角下探讨产业集群升级，区分了不同类型的升级和不同类型的连锁管理，认为产业集群升级模式分为四种，即过程升级、产品升级、功能升级和价值链升级，揭示了价值链中本地和全球参与者面临的风险，以确定升级策略的范围和重点。[2] Giuliani 等主要是从拉丁美洲的集群中获取全球价值链升级的经验，集中分析在拉丁美洲集群、全球价值链、升级和部门创新模式之间的关系。他们认为集群有助于工业地区的本地企业克服增长限制，并在发达国家和欠发达国家的遥远市场竞争；需要更多地关注外部联系，以及全球买家在集群层面上促进升级的作用；行业的特异性影响了在全球价值链中集成的集群模式和升级程度。[3]

（3）关于创新驱动产业转型升级的相关研究

创新概念最早是由 Schumpeter 使用的，根据熊彼特创新理论的分类，创新包括技术创新和组织创新。[4] 最早把创新驱动作为一个发展阶段提出来的是 Porter，根据他的理论，国家经济发展分为四个阶段：要素驱动阶段、投资驱动阶段、创新驱动阶段和财富驱动阶段。[5] 对于创新驱动产业转型升级的研究，国外学者多关注于在这个过程中企业是如何实现进步和发展的，以及政府在其中的重要作用。Scherer 对美国的上百家企业进行了

[1] Humphrey, J., Schmitz, H., *Governance in Global Value Chains* (Ids Bulletin, 2001), pp. 19–29.

[2] Humphrey, J., Schmitz, H., "Governance and Upgrading: Linking Industrial Cluster and Global Value Chain Research," *Local Enterprises in the Global Economy* 29 (2004): 349–381.

[3] Giuliani, E., Pietrobelli, C., Rabellott, R., "Upgrading in Global Value Chains: Lessons from Latin American Clusters," *World Development* 33 (2005): 549–573.

[4] Schumpeter, J., *Theorie Der Wirtschaftlichen Entwicklung* (Lannée Sociologique, 1912), pp. 594–598.

[5] Porter, M., *Competitive Advantage of Nations* (New York: The Free Press, 1990), pp. 42–43.

调查研究，认为对于企业创新驱动的测评，应采用专利数指标来衡量。[①] Geroski 经研究发现：新旧产业的更替是经济社会进步的主要原因，而技术创新又是促进新旧产业更替的主要驱动力。[②] Klepper 认为技术创新首先推动了过程创新和产品创新，在产业规模扩张的过程中进一步加剧了新旧产业市场竞争，之后重新形成产业系统。[③] Lahorgue 和 Cunha（2004）以巴西一家技术公司的经济项目为例，对发展中国家在产业结构中引入创新进行了研究。他们总结出在像巴西这样的发展中国家，为创新创造良好的环境，使其在经济范围内发生，并建立一个强大而可持续的工业基础，将呼吁制定政策，以促进传统的转型，而且强调了中小企业在经济社会发展中的重要性以及政府为中小企业营造良好创新环境的必要性。[④] Mansury 和 Love 也是基于企业面板数据，研究创新对美国商业服务公司绩效的影响，把创新水平分为市场创新和企业创新，认为创新的增长效应至少在一定程度上归功于创新过程中创新者所保持的外部联系，外部联系对创新者的公司绩效有着压倒性的积极影响，不管创新是作为一个离散的还是连续的变量，不管考虑到的创新水平如何。服务创新的存在及其程度对经济增长具有持续的积极影响，但对生产率影响甚小。[⑤] Evangelista 和 Vezzani 基于意大利社会创新调查提供的企业面板数据，来研究技术和组织创新对经济的影响效应，探究了技术创新和非技术创新之间的关系及对公司效益的影响，实证研究结果显示，包括创新的组织维度，均为宏观经济领域的创新组合提供了更为全面的图景。[⑥] 在公司结合技术和非技术创新的方式的基

① Scherer, F. M., "Corporate Inventive Output, Profits, and Growth," *Journal of Political Economy* 73 (1965): 290-297.

② Geroski, P. A., "What Do We Know about Entry?," *International Journal of Industrial Organization* 13 (1995): 421-440.

③ Klepper, S., "Firm Survival and the Evolution of Oligopoly," *Rand Journal of Economics* 33 (2002): 37-61.

④ Lahorgue, M. A., Cunha, N. D., "Introduction of Innovations in the Industrial Structure of a Developing Region: The Case of the Porto Alegre Technopole 'Home Brokers' Project," *International Journal of Technology Management* 2 (2004): 191-204.

⑤ Mansury, M. A., Love, J. H., "Innovation, Productivity and Growth in US Business Services: A Firm-level Analysis," *Technovation* 28 (2008): 52-62.

⑥ Evangelista, R., Vezzani, A., "The Economic Impact of Technological and Organizational Innovations: A Firm-level Analysis," *Research Policy* 39 (2010): 1253-1263.

础上，已经确定了四种不同的创新模式：产品导向、组织创新、工艺导向和复合创新。这些不同的创新模式在制造业和服务业都有体现，但影响程度和方式有所不同：复合创新对制造业和服务业的影响相较于组织创新更大。

2. 国内研究综述

本书是基于珠江—西江经济带 11 个城市的调研数据建立模型的，以此来论证创新驱动产业转型升级，因此对于国内学者在创新驱动产业转型升级方面研究内容的了解就显得至关重要。本书梳理总结了国内学者在创新驱动产业发展的内在机制、影响因素、评价指标、支撑体系和实现路径等方面的研究内容，力求对国内学者在创新驱动产业发展方面的研究归类细分，探寻不同学者的研究方向和成果，期于为本书在创新驱动产业转型升级方面的研究提供佐证。

（1）关于创新驱动产业发展的内在机制及影响因素研究

第一，关于创新驱动产业发展内在机制的研究。

内在机制即为实现某一特定功能，一定的系统结构中各要素的内在工作方式以及诸要素在一定环境条件下相互联系、相互作用的运行规则和原理。创新驱动产业发展的内在机制即为实现产业转型升级发展，各要素之间相互作用的运作方式。对于创新驱动产业发展的内在机制，有些学者专注于分阶段讨论。创新驱动阶段可以分为前端驱动阶段、中端驱动阶段和后端驱动阶段。[①] 前端驱动阶段又被称为首段驱动过程，主要是由各个行为主体，即高等院校、企业、科研机构和政府等进行知识的吸收融合、创造更新，也即需要从外生转化为内生，从外部获得新的知识、技术，进行吸收整合，转化为自己内部的东西，实现最基础的原始创新。中端驱动阶段则需完成产学研协同创新过程，是知识、技术向生产力转化的过程，是知识孵化孕育的过程，是把研究创新成果转化为新产品或新服务的过程。在此过程中，要实现预期效用的最大化，实现转化成果的最优化。后端驱动阶段也被称为末段驱动阶段，此阶段直接面向市场，需要完成产品和技

---

① 张银银、邓玲：《创新驱动传统产业向战略性新兴产业转型升级：机理与路径》，《经济体制改革》2013 年第 5 期。

术的市场化和商业化，且需要完成引进吸收再创新的过程，还需实现流程创新和营销渠道的创新。①

有些学者则专注于从宏观、中观和微观的层面进行讨论。周及真以企业创新行为为主体，从宏观、中观和微观的层面，剖析创新驱动产业转型升级的"三层嵌入模式"：宏观嵌入——政府相关政策的保障支撑作用，中观嵌入——产学研协同创新的平台合作作用，微观嵌入——企业家才能与意识的引导作用。② 创新驱动产业转型升级既需要政府制定出台相关的文件政策，为其提供良好的创新环境和条件，又需要高校、科研机构和企业三方机构搭建创新合作平台，更离不开企业家精神的驱动，企业家的创新意识是促进产业转型升级的重要导向因素。刘宇从微观层面对我国汽车产业升级进行研究，提出汽车产业升级的微观机理模型。通过对江西汽车企业进行实证研究，他认为知识创新能力是企业的主要能力，正向影响企业全球价值链上价值量的提升。③

还有些学者则在探讨创新驱动产业转型升级的内在机理时引入了市场和社会等因素。华克思在分析创新驱动产业转型升级的内在机理时总结了市场和政府在这个过程中的双重作用以及优化要素配置、调整产业结构和整合价值链三条实现路径。创新驱动产业转型升级需要发挥市场机制的决定性作用，而市场所不能弥补的不足则由政府来发挥引导作用。④ 张卫从熊彼特创新视角下进行分析，总结了五维创新方式：产品创新、技术创新、组织创新、市场创新和原料创新。⑤ 周建华则从经济和社会两方面来分析产业转型升级的机制。经济机制涉及本土化、区域化和全球化，社会

①　陈国华、郭燕：《基于创新驱动的连云港产业转型升级机理及评价》，《市场周刊》（理论研究）2016 年第 4 期。

②　周及真：《企业创新行为模式及其内在机理分析》，《商业经济研究》2017 年第 18 期。

③　刘宇：《基于结构方程模型的我国汽车产业升级微观机理研究——以江西为例》，《华东经济管理》2012 年第 8 期。

④　华克思：《区域产业转移作用机理与发展路径研究》，博士学位论文，中国科学技术大学公共管理系，2017。

⑤　张卫：《基于熊彼特创新视角的再工业化作用机制研究》，《科技管理研究》2016 年第 2 期。

机制则涉及社会资本的诱发锁定效应和社会网络的嵌入影响。[①]

第二，关于创新驱动产业发展影响因素的研究。

关于创新驱动产业转型升级影响因素的研究，国内的专家学者分别用不同的方法，从不同的角度进行了分析。一部分学者对创新驱动产业发展的影响因素进行了分层次讨论，把影响创新驱动产业发展的因素进行细化分类，以期阐述得更加透彻清晰。黄雁雁通过 AHP 机制进行构建模型分析，总结出一级影响因素，包括企业内部环境、企业技术创新、企业组织管理体系和产业政策环境，二级影响因素中 R&D 经费投入、新产品的开发、技术研究成果的产业化、企业家精神和人力资源管理五个方面比较重要。[②] 王小雨认为外部因素包括技术驱动、市场驱动和政府驱动，内部因素则包括利润驱动和企业家创新意识驱动。[③] 与其不同的是，李海超等通过解释结构模型法，建立 5 个行业的高科技产业原始创新驱动因素模型，认为外部因素除政府外，还有科研驱动因素和金融驱动因素；内部因素除企业家因素外，还有技术因素和资金因素的驱动。其中两大驱动源是人才驱动和金融驱动，内外部因素围绕这两大驱动源完成创新驱动产业发展。[④]

还有一部分学者关注于外在的交流和环境等对创新驱动产业发展的影响。企业从消费者、企业、产业和区域等多层次信息消费方面分析，信息能力也是影响产业转型升级的重要因素。[⑤] 张其仔从比较优势演化层面研究产业转型升级，比较优势演化理论与传统的比较优势理论相比，更加具有预见性，得出结论：产业升级过程中可能会出现分岔，产业结构是产业转型升级中另一重要因素。[⑥] 马胜利则分析了高技术产业创新驱动中低技

① 周建华：《我国沿海发达地区产业集群转型升级动力机制及其路径的比较研究》，博士学位论文，暨南大学国际贸易学系，2016。

② 黄雁雁：《创新驱动发展战略下制造业转型升级影响因素实证研究——以浙江省纺织服装企业为例》，《金融经济》2016 年第 2 期。

③ 王小雨：《内蒙古资源型产业转型升级的技术创新驱动机制》，《北方经济》2012 年第 7 期。

④ 李海超、李美葳、陈雪静：《高科技产业原始创新驱动因素分析与实现路径设计》，《科技进步与对策》2015 年第 6 期。

⑤ 邓少军：《多层次信息消费驱动我国传统产业转型升级的机理研究——动态能力理论视角》，《社会科学》2014 年第 1 期。

⑥ 张其仔：《比较优势的演化与中国产业升级路径的选择》，《中国工业经济》2008 年第 9 期。

术产业经济增长的核心因素：知识溢出。知识溢出又可以分为专业化溢出和多样化溢出，知识溢出影响技术创新，而技术创新又会促进经济增长，但是由于区域范围、发展阶段、技术水平等不一致，知识溢出对创新活动的影响又有所不同。[①] 刘晓露、裴少峰采用面板数据分析法，发现投资和政府规模等因素仍主导着产业转型升级的进程。[②] 王新红、李世婷从创新驱动角度出发，分析了产业升级能力的物质保障是基础环境，关键要素是科技创新，基础要素是产业结构，支撑是效益状况。[③]

（2）关于创新驱动产业发展评价指标的相关研究

国内学者在创新驱动产业发展的评价指标设置方面，一般采取一级指标下设二级指标来构建指标体系。[④] 张群等以齐齐哈尔市为例，运用因子分析法进行测量分析，设立了主体要素、环境要素和资源要素三个评价指标。[⑤] 余利丰、肖六亿在定量分析框架下，选择了六个关于创新驱动的一级评价指标：资金投入、人员结构、传统产业装备水平、信息化程度、高新技术在传统产业中的应用效果和对生态环境的改善程度。[⑥] 倪明选择了跟随创新、原始创新和集成创新三方面，应用 EAHP 方法求解模型，指出对于不同样本，可能关键指标不一致。[⑦] 运用粗支持向量机模型进行分析，可以从知识创造能力、区域创新环境、知识获取能力、企业创新能力和创新效益五方面选取。[⑧] 基于因子分析法，创新驱动产业发展测评指标也可

① 马胜利：《中国创新驱动发展的路径选择》，《党政干部学刊》2014 年第 12 期。
② 刘晓露、裴少峰：《区域产业结构升级的影响因素研究——基于河南省地市级面板数据的分析》，《河南科技大学学报》（社会科学版）2014 年第 5 期。
③ 王新红、李世婷：《基于创新驱动的产业升级能力影响因素分析》，《技术与创新管理》2017 年第 2 期。
④ 丁华、左新兵：《创新驱动发展评价指标体系构建》，《开放导报》2014 年第 4 期。
⑤ 张群、吴石磊、郭艳：《区域创新能力评价研究——以齐齐哈尔市为例》，《哈尔滨商业大学学报》（社会科学版）2013 年第 1 期。
⑥ 余利丰、肖六亿：《高新技术改造提升传统产业效果评价体系研究——以河南省为例》，《科技进步与对策》2015 年第 5 期。
⑦ 倪明：《企业自主创新能力评价模型及评价方法研究》，《科技进步与对策》2009 年第 5 期。
⑧ 苗强、窦艳杰：《基于粗支持向量机的区域创新能力评价研究》，《商业时代》2011 年第 17 期。

分为创新投入类、创新产出类、自主创新活动类和创新资源环境类。① 基于主基底变量筛选和主成分分析方法，创新驱动产业发展评价指标可分为科技资源、科技成果、高新技术、教育环境、经济环境、开发环境、基础设施七类。② 在研究连云港产业转型升级时，遵循系统性、针对性和3R原则，陈国华和郭燕总结了产业创造力、创新力和发展力三个创新驱动产业发展评价指标。③

（3）关于创新驱动产业发展的支撑体系及实现路径研究

第一，关于创新驱动产业发展支撑体系的研究。

国内学者对于创新驱动产业发展的支撑体系主要集中于制度体系、金融体系和政策体系。其中对于金融体系的研究，国内学者大致分为两个阵营：一类是无条件地相信金融体系对于创新能力的提升在很大程度上具有促进作用，另一类则分情况讨论了金融体系是否会影响企业的自主创新能力。

其中在第一类的研究中，政府、市场、银行和网络的共同作用显得尤为重要。胡永健、周寄中通过建立计量模型进行实证分析，认为政府资助的创新基金直接促进了创新驱动产业的发展。④ 张玉明、梁益琳依据企业层面调研数据，建立多元资金支持模型，总结出除金融支持体系外，还有政府和企业的投入都对创新驱动有重要影响。⑤ 张宏彦认为金融支持政策围绕高新技术企业和中小企业两个主体，应该更多地关注中小企业融资的问题，除风险投资和信贷外，还需要依靠资本市场和信用担保。⑥ 基于Bootstrap方法的实证分析，徐玉莲、王宏起总结了另一重要因素——财政

① 罗登跃：《基于因子分析的企业自主创新能力评价研究》，《科技管理研究》2010年第8期。

② 郭丽娟、仪彬、关蓉、王志云：《简约指标体系下的区域创新能力评价——基于主基底变量筛选和主成分分析方法》，《系统工程》2011年第7期。

③ 陈国华、郭燕：《基于创新驱动的连云港产业转型升级机理及评价》，《市场周刊》（理论研究）2016年第4期。

④ 胡永健、周寄中：《政府直接资助强度与企业技术创新投入的关系研究》，《中国软科学》2008年第11期。

⑤ 张玉明、梁益琳：《企业自主创新的多元资金支持模型实证研究》，《科技进步与对策》2011年第20期。

⑥ 张宏彦：《基于科技创新导向的金融支持政策研究》，《科技进步与对策》2012年第14期。

科技投入，实际上就是政府资助在创新驱动产业发展中的重要作用。① 陈伟总结出以政府为引导，以银行为主导，且由多方主体共同参与的一套市场化金融体系。② 张岭、张胜认为对于不同的发展阶段，投资方式也不尽相同。在种子期时，产业发展多依靠天使投资和政府方面的资助；初创期依靠风险投资；成长期依靠私募投资；成熟期则依靠银行信贷。③ 在基于产业结构差异，通过建立空间计量模型的基础上，祝佳认为应该在"互联网+"的平台上，促进信息技术与现代制造业和服务业的融合创新，推动实现大众创业、万众创新。④ 邰传林、王丽萍认为金融体系分为银行主导型和市场主导型两类。⑤

关于另一类的研究，叶子荣、贾宪洲就带着金融体系是否促进了自主创新的疑问，基于中国省级动态面板数据模型，使用系统广义矩估计方法进行研究，得出结论：金融体系对于技术模仿有显著影响，但对于技术创新则无显著影响。⑥

第二，关于创新驱动产业发展实现路径的研究。

随着产业转型升级的迫切进行以及创新驱动发展战略的实施，国内学者也越来越关注创新驱动产业转型升级实现路径的研究。其中一些学者注重研究技术创新在创新驱动产业转型升级中的作用。李海超等认为创新实现路径可以分为自主技术创新路径、模仿技术创新路径、合作技术创新路径。⑦ 刘良灿、张同建总结自主技术创新包括三方面的内容。一是原始创新。原始创新是最基础的创新，原始创新是指前所未有的重大科学发现、技术发明、原理性主导技术等创新成果。二是集成创新。集成创新是指对

① 徐玉莲、王宏起：《科技金融对技术创新的支持作用：基于 Bootstrap 方法的实证分析》，《科技进步与对策》2012 年第 3 期。
② 陈伟：《金融支持江苏创新驱动战略研究》，《江海纵横》2012 年第 5 期。
③ 张岭、张胜：《金融体系支持创新驱动发展机制研究》，《科技进步与对策》2015 年第 9 期。
④ 祝佳：《创新驱动与金融支持的区域协同发展研究——基于产业结构差异视角》，《中国软科学》2015 年第 9 期。
⑤ 邰传林、王丽萍：《创新驱动发展与金融支撑体系研究新进展》，《北京化工大学学报》（社会科学版）2016 年第 2 期。
⑥ 叶子荣、贾宪洲：《金融支持促进了中国的自主创新吗》，《财经科学》2011 年第 3 期。
⑦ 李海超、李美葳、陈雪静：《高科技产业原始创新驱动因素分析与实现路径设计》，《科技进步与对策》2015 年第 6 期。

创新的技术、内容和成果等汇聚融合，形成具有市场竞争力的产品。三是引进吸收再创新。引进吸收再创新是指引进国外先进的创新技术和知识，然后在自己充分吸收的基础上再创造出新的东西。① 程强、武笛提出科技创新驱动传统产业转型升级发展的实现路径有四种方式：一是通过技术创新提升传统产业的自主创新能力，二是通过产业创新培育更多的新兴业态，三是通过合作创新延长传统产业链，四是通过空间创新形成特色产业园区。他们主要是讨论科技创新如何更好地从各个方面对传统产业进行改造。②

还有一些学者在研究创新驱动产业发展实现路径的过程中更注重产学研协同创新的作用。产学研协同创新是创新驱动产业转型升级的另一重要实现途径。③ 产学研协同创新要求高等院校、企业和科研机构一起合作创新，在共同交流合作的基础上实现创新发展。以前也有类似高校与企业的合作，但那只是项目合作，项目一旦结束，双方合作也将终止。产学研协同创新不是简单的合作，更不是三种机构的简单融合，需要学校、企业和科研机构三方分享知识与技术，交流合作实现创新。知识和信息都有个创造、扩散、整合、共享的阶段，④ 经由这个阶段的传播学习，实现知识信息的更新换代。现如今的大数据时代，信息更是千变万化、数不胜数，如何分辨信息并获得自己需要的信息，然后吸收信息转化为自己的知识便是一种能力。产学研协同创新的过程亦是如此，在这个过程中，高等院校和科研院所承担着知识创造与扩散的责任，企业则承担知识吸收与技术创新的责任，生产型服务机构负责知识的整合，另外一个不可或缺的角色，即政府，则承担知识引导的重要责任。⑤ 政府在产学研协同创新的过程中至

---

① 刘良灿、张同建：《知识产权战略与自主技术创新的联动效应研究——基于我国产业集群升级的视角》，《特区经济》2011 年第 7 期。

② 程强、武笛：《科技创新驱动传统产业转型升级发展研究》，《科学管理研究》2015 年第 4 期。

③ 郭广银：《以产学研合作推进实施创新驱动战略》，《群众》2011 年第 6 期；洪银兴：《现代化的创新驱动：理论逻辑与实践路径》，《江海学刊》2013 年第 6 期。

④ 王娇俐、王文平、王为东：《产业集群升级的内生动力及其作用机制研究》，《商业经济与管理》2013 年第 2 期。

⑤ 程强、宋颖、赵琴琴：《供给侧改革下科技创新驱动我国传统产业转型升级发展研究》，《科技与经济》2017 年第 4 期。

关重要，这不仅需要政府加强对三方机构的协调，还需要政府制定相关的政策制度，为产学研协同创新营造一个非常良好的环境和条件。洪银兴在创新驱动产业转型升级实现路径方面还提到加大创新投入、制度创新和创新环境建设三个重要方式。[①] 我国目前在研发费用这部分虽然相较于过去来说投入很大，但与世界发达国家相比还有很大差距，仍需加大投入，尤其是对人力资本的投入要高于对物质资源的投入；制度创新和创新环境建设则都涉及市场和政府两个重要主体，健全体制机制创新，为创新驱动营造良好的竞争环境。

3. 研究评述

国外学者不管是对于区域创新能力、产业转型升级还是对于创新驱动产业转型升级的研究中，都提到了外部联系或者说外部合作交流在这些过程中的重要作用。外部联系固然重要，但是有些学者可能过于夸大了外部交流的作用，甚至认为在对创新的影响方面，外部联系的作用大于内部自身创新能力培养的作用，可能失之偏颇。不管是区域创新的实现还是产业的转型升级，首先最基本的都应该是从企业或者说公司的内部进行，这就涉及企业家创新意识、企业家精神以及人才培养的重要性，企业家首先有创新的想法和能力，才能进一步激发整个企业的创新发展，进而才能通过外部的交流联系与合作推进整个行业、整个区域的创新，实现产业转型升级。本书在第一章的理论，即三螺旋创新机构中就强调了企业在推动产业转型升级方面的作用，第五章在研究创新驱动产业转型升级制约因素时，提到一个因素，即企业因为自身创新能力不足而影响了产业的转型升级。

国内学者对于创新驱动产业转型升级的研究，不管是内在机理、影响因素，还是支撑体系、发展路径，都习惯于从市场与政府两方面或者产学研三方机构协同创新入手讨论，有些趋同以及类化，只是在这样的大方向下稍微进行不同的分类研究，没有更加新颖的角度。除此之外，国内关于珠江—西江经济带创新驱动产业转型升级的研究颇少，没有针对性，大都是以总体的趋势结构进行讨论，甚少有专门关于珠江—西江经济带的创新驱动产业发展的研究，这是国内学者稍有欠缺之处。本书基于珠江—西江

---

① 洪银兴：《论创新驱动经济发展战略》，《经济学家》2013 年第 1 期。

经济带的实证，刚好弥补了国内在这方面的研究不足，通过以珠江—西江经济带 11 个城市调研的数据为依据，以广东、广西沿经济带城市的发展转变为证，进一步论证创新驱动产业转型升级的动力、影响因素和路径等，以便更好地实施创新驱动发展战略，促进中国经济发展繁荣。

三　研究内容

本书主要对珠江—西江经济带创新驱动产业转型升级的理论基础、发展现状、影响因素、作用机制、评价体系、实证研究、支撑体系、发展路径等内容进行系统研究，各章节的要点如下。

绪论部分着重阐释了本书的研究背景、目的与意义，基本概念界定与文献述评，研究内容，研究方法。

第一章内容是创新驱动产业转型升级发展的理论基础。本章介绍了大量的发展理论，主要是追本溯源，研究创新的发展脉络和进程，创新理论最早可追溯到马克思主义，其后发展到国家创新和创新驱动发展战略，以及用演化经济学路径依赖等理论来分析创新机制，还谈到了个人、企业和政府等各种行为主体在创新驱动产业发展中所发挥的重要作用。

第二章内容是创新驱动产业转型升级：动力机制与实现路径。创新的动力机制因不同性质的产业和同一产业在不同的成长阶段而异，本章讨论不同情况下的动力机制，以及创新驱动企业转型升级的实现路径，即有了创新之后如何实现产业的转化问题，也即创新的商业化和运用问题。

第三章内容是创新驱动产业转型升级评价指标体系的构建。创新驱动产业转型升级评价方法很多，我们主要采用区位商、权重确定方法——熵值法、耦合协调度模型、灰色关联分析、数据包络分析、因子分析和 Tobit 回归分析等评价分析方法，来选取不同的评价指标，对创新驱动产业转型升级的结果进行评价分析。

第四章内容是珠江—西江经济带创新驱动产业转型升级的现状评价。本章主要从创新环境现状、创新投入现状和创新产出现状三个方面分别来阐述珠江—西江经济带的发展现状，然后依据不同的评价分析方法如数据预处理方法、权重确定方法及绩效评价模型理论等，对珠江—西江经济带创新驱动产业转型升级现状进行实证评价，进而探讨在此过程中的影响因素。

　　第五章内容是创新驱动产业转型升级发展的制约因素分析。本章主要分析珠江—西江经济带产业转型升级过程中所面临的来自内外部的制约因素，内部制约因素主要是科技成果转化率较低和企业内部创新能力不足、缺乏人才、技术瓶颈等因素，外部则包括政策支持不足、需求侧管理缺失等因素。

　　第六章内容是创新驱动产业转型升级的国内外经验借鉴。本章主要从国内外分别选取了有代表性的城市、国家和经济体，分析其实施背景、发展历程、具体做法、发展模式和实施效果。国内主要以成都、杭州和深圳龙岗为例，国外以美国、日本、欧盟和孟加拉国为例，分析国内外创新驱动产业转型升级的共性和差异性，从中获取实践经验。

　　第七章内容是珠江—西江经济带创新驱动产业转型升级支撑体系构建。本章主要从鼓励研发的激励机制设计、鼓励成果转化的激励机制设计和鼓励创新创业的激励机制设计三方面来构建制度支撑体系；从鼓励设立各类珠江—西江经济带创新驱动产业转型升级天使基金、设立珠江—西江经济带创新驱动产业转型升级政府引导基金、建立珠江—西江经济带创新驱动产业转型升级企业贷款绿色通道制度三方面来建立金融支撑体系；从珠江—西江经济带创新驱动产业转型升级发展的基础设施环境支撑和珠江—西江经济带创新驱动产业转型升级发展的中介环境支撑两方面来构建公共政策支撑体系。

　　第八章内容是促进珠江—西江经济带创新驱动产业转型升级发展的对策思路。本章主要提出了以园区为龙头、以企业为主体、以农户为基础的创新驱动产业转型升级的对策建议。搭建创新驱动平台，促进产学研协同创新；提高资源配置率，优化企业内部环境，培养创新人才，激发企业内部创新能力；开展对农户的创新意识宣传，加大补贴，推进农户自主创新等方面为珠江—西江经济带产业转型升级提供意见建议。

四　研究方法

（一）多学科研究法

　　多学科研究法就是运用多种学科的理论、方法和成果从整体上对某一课题进行综合研究的方法。本书研究的是创新驱动产业转型升级，本身就是经济学的内容，在经济学的大框架之下，又涉及了管理学、组织行为学和社会学等学科领域。本书中绪论部分提到了创新的扩散，还有知识创新对于产业转型升级发展的作用机制，这些都属于管理学的范畴。在第一章理论基础部分，谈到了路径依赖理论，路径依赖大意就是延续之前就已经选择的路径惯性地坚持下去，将路径依赖引入经济学领域，这就涉及组织行为学。本书第二章实现路径以及第三、第四章评价指标体系的构建和对珠江—西江经济带创新驱动产业转型升级的现状评价，运用了定性和定量分析方法，调查研究方法以及通过建立计量模型分析进行实证研究，这些又属于社会学领域。

（二）理论分析与实践分析相结合

理论分析主要是指运用现代科学理论进行实际问题分析的方法。着眼于当前社会或学科现实，通过事例和经验等从理论上推理说明，那就属于实证分析。本书第一章在阐述大量理论基础的前提下，将路径依赖、演化经济、生命周期等理论融入创新驱动产业转型升级的研究中，试图从这些理论中找到依据，为珠江—西江经济带转型发展提供理论支撑。在对珠江—西江经济带沿线 11 个城市调研的基础上，本书第五章中以具体的城市发展过程为例，如广州市和云浮市等，来深入研究珠江—西江经济带转型升级中遇到的问题和制约因素。

（三）定性分析与定量分析相结合

定量分析法是对社会现象的数量特征、数量关系与数量变化进行分析的方法。定性分析法亦称"非数量分析法"，属于预测分析的一种基本方法，二者相辅相成，定性是定量的依据，定量是定性的具体化。本书第三、第四章使用了定量分析法，在搜集相关数据的基础上建立统计计量模型，运用耦合协调度分析法、灰色关联分析法、因子分析法等方法来研究创新驱动产业转型升级的评价指标体系，并对珠江—西江经济带发展现状进行了描述和实证评价，在第二章分析珠江—西江经济带产业承接与转型升级的实现路径时，采用定性分析法进行描述，阐述了当前存在的问题与影响因素。

（四）文献分析与调查研究相结合

文献分析法主要指搜集、鉴别、整理文献，并通过对文献的研究，形成对事实科学认识的方法。调查研究法是指通过考察了解客观情况直接获取有关材料，并对这些材料进行分析的研究方法。本书以创新驱动产业转型升级为核心，围绕区域创新能力、产业转型升级等内容对相关文献进行搜集、整理和评述，分析了现有研究的进程和成果，并结合珠江—西江经济带创新驱动产业转型升级的现状，来界定本书研究的方向和基本框架。在本书写作之前，围绕珠江—西江经济带产业转型升级，在奔赴 11 个城市实地调研的基础上，获取了大量第一手真实、可靠的资料和丰富的直观感受，增加了对珠江—西江经济带各城市产业转型升级现状的把握，进而再建立模型进行深入分析和探究。

（五）归纳法与演绎法相结合

归纳法又称归纳推理，就是从个别性知识推出一般性结论的推理。演绎法或称演绎推理，是指人们以一定的反映客观规律的理论认识为依据，从服从该认识的已知部分推知事物的未知部分的思维方法，是由一般到个别的认识方法。本书在分析创新理论的演化进程以及第二章创新驱动产业转型升级的发展路径时，都使用了归纳推理法，力图从个体发展中推演出一般性的结论。本书第七章，从一般的创新驱动产业转型升级的支撑体系来总结出珠江—西江经济带产业转型升级的支撑体系，包括制度、金融和政策支撑体系，第五、第六、第八章通过分析自身的制约因素并结合国内外的经验，提出了适合珠江—西江经济带自身产业转型发展的对策建议，都使用了演绎推理法。

第一章

创新驱动产业转型升级发展的理论基础

追溯经济思想史可以发现，创新思想在许多经济学先贤的著作中均有体现，但将创新思想理论化的第一人当属熊彼特。作为创新理论的奠基人，熊彼特在《经济发展理论》中提出基于创新的经济周期及经济发展理论，对后世产生了深远影响。技术创新理论、制度创新理论、国家创新系统理论、产业生命周期理论和创新驱动发展理论，均是对熊彼特创新理论的推进和发展。

一 熊彼特的创新理论

熊彼特从瓦尔拉斯一般均衡理论分析方法出发，从马克思的著作中吸取营养，将创新理论纳入经济学分析范畴，成功开创了创新经济学。

（一）熊彼特创新理论的源泉：马克思的创新思想

马克思的创新思想大多是后人通过其著作整合表达出来的。然而，仔细研究马克思的论著可以发现，尽管马克思并未明确使用"创新"一词，但在《机器、自然力和科学的应用》及《资本论》中，在"资本有机构成的变化"和"技术变革"等术语中，都蕴含着丰富的创新思想。

熊彼特在谈及其创新理论时曾说，他的创新思想源于马克思。[①] 经济

---

① 〔美〕约瑟夫·熊彼特：《经济发展理论》，何畏、易家祥等译，商务印书馆，1990，第68页。

学家保罗·思威齐也看到了熊彼特理论与马克思理论的关系，他指出："熊彼特的理论在某些地方酷似马克思的理论。创新过程的断续现象是经济周期的基础，这一关于创新和经济周期的概述，熊彼特和马克思都看到生产方法的变革是资本主义的一个特征。"①

1. 马克思关于新机器使用的论述

马克思认为，新机器的使用是为了"缩短工人为生产其工资所必需的劳动时间（必要劳动时间）"②，以便占有更多的相对剩余价值。可见，在马克思看来，机器是"生产剩余价值的手段"③。新机器的使用可以视为一次技术创新的过程。

马克思通过对相对剩余价值的分析，指出创新的推动力主要在于资本家逐利的本性，他们通过新技术的使用榨取更多的相对剩余价值。当只有单个或者个别资本家采用新机器时，"采用新机器的工厂中的必要劳动时间相对地缩短了……使暂时还受旧生产方式支配的工人的必要劳动时间延长了"。④ 这时候，率先进行创新的资本家占有超额利润。当整个社会采用这种新技术的时候，生产该产品的社会必要劳动时间就会缩短，超额剩余价值就会消失，整个社会的生产力得到了发展。此时，由于资本家追逐超额剩余价值的动力不变，个别资本家将继续寻找并采用更新的生产技术以保持超额利润。由此，整个社会会呈现螺旋递进式的发展。

2. 马克思关于技术变革社会性的论述

马克思在社会的进步和制度的确立中强调技术变革的巨大作用。他指出："现代工业通过机器、化学过程和其他方法，使工人的职能和劳动过程的社会结合不断地随着生产的技术基础发生变革。这样，它也不断地使社会内部的分工发生革命，不断地把大量资本和大批工人从一个生产部门

---

① 〔美〕保罗·斯威齐：《资本主义发展论》，陈观烈、秦亚男译，商务印书馆，2011，第113页。

② 马克思：《机器、自然力和科学的应用》，自然科学史研究所译，人民出版社，1979，第1~4页。

③ 马克思：《资本论》（第一卷），中共中央马克思恩格斯列宁斯大林著作编译局译，人民出版社，1972，第408页。

④ 马克思：《机器、自然力和科学的应用》，自然科学史研究所译，人民出版社，1979，第14~17页。

投到另一个生产部门。"① 生产技术的变革使资本主义生产方式发生巨大的改变，劳动生产率的大幅度提高使"资产阶级在它的不到一百年的阶级统治中所创造的生产力，比过去一切世纪创造的全部生产力还要多，还要大"。②

3. 熊彼特对马克思创新思想的吸收

马克思关于新机器使用及技术变革在资本主义社会中作用的思想，即"变革劳动过程的技术条件和社会条件"从而"变革生产方式本身的过程"③，被熊彼特用技术创新过程重新进行表述。在马克思看来，技术变革推动社会进步是一个动态的过程。熊彼特在此后的评价中说道："谁都没有能看到这样明显而且很久以前马克思就曾强调过的一个事实——资本主义，在本质上是经济变动的一种形式或方法，它不仅从来不是，而且也永远不可能是静止的……它不断地从内部使这个经济结构革命化，不断毁灭老的，又不断创造新的结构。"④ 正是马克思关于创新对社会变化过程影响的思想，催生了熊彼特形成独具特色的创新理论。

（二）熊彼特创新理论的主要内容

1. 创新的内涵

熊彼特在《经济发展理论》一书中将"创新"一词引入经济学，提出"创新"就是把生产要素重新组合形成新的生产函数，并且把该生产函数引进生产体系之中。在该书中，熊彼特提出了创新的五种具体情形⑤：使用新产品，这种产品首次出现在市场上；利用新技术生产新产品；探索并进入新的市场；获得原材料新的供应来源，无论这种供应来源过去是否存在；实现新的工业组织，也就是说促成垄断或者打破垄断。这五种创新可

---

① 《马克思恩格斯选集》（第二卷），中共中央翻译局译，人民出版社，1995，第213页。
② 《马克思恩格斯选集》（第一卷），中共中央马克思恩格斯列宁斯大林著作编译局译，人民出版社，1972，第256页。
③ 马克思：《资本论》（第一卷），中共中央马克思恩格斯列宁斯大林著作编译局译，人民出版社，1975，第349页。
④ 〔美〕约瑟夫·熊彼特：《资本主义、社会主义和民主主义》，绛峰译，商务印书馆，1979，第103～104页。
⑤ 〔美〕约瑟夫·熊彼特：《经济发展理论》，何畏、易家祥等译，商务印书馆，1990，第73～74页。

依次归纳为产品创新、技术创新、市场创新、资源配置创新和组织创新。其中，前两者属于技术创新，后三者则为非技术创新。

2. 企业家的作用

熊彼特在其创新理论中尤其强调企业家的作用。根据熊彼特的观点，经济增长的首要要素是非经济的，他将工业化国家所发生的巨大增长归因于企业家的活动。在他看来，企业家并不仅仅是经营者或管理者，企业家具有独特性，生来就是风险承担者，并将生产要素和生产条件的新组合引入经济体。他认为，将创新引入生产活动，是企业家唯一的职能。

熊彼特指出，企业家创新的动力源自资本的逐利性。在他的分析中，创新并不是技术范畴而是经济范畴。由于社会存在某种潜在利益，企业家为了获得这种潜在利益，就会引入资本进行创新活动，创造新的生产方式以获得该利益。当然，熊彼特并未因此而忽略其他层面的因素，他认为推动企业家进行创新除了追求潜在利益外，还有从精神上得到的满足，即从施展自我的才华与从事情的成功中获得欢乐，这就是熊彼特所说的企业家精神，创新就是企业家精神的灵魂。①

3. 大企业的作用

熊彼特强调，大企业是"技术进步最有力的发动机"②，创新产品能不能出现以及是否能用于商业，都带有不确定性，而大企业在市场的垄断地位是承受风险的先决条件。他指出，技术创新通常来自大企业内部，新技术的出现会带来超额利润，占有新的市场形成垄断，有利可图会使模仿者学习该技术从而削弱垄断，然后大企业又会进入新一轮的创新。

4. 创新与经济周期的关系

熊彼特指出，创新过程是资本主义经济周期出现的主要因素。一个或几个企业家通过创新获得社会潜在利益，其余企业家看到有利可图，通过模仿获取潜在利益，于是创新的扩散引起经济的繁荣。但是，随着越来越多企业瓜分潜在利益，潜在利益最终会消失，社会经济便会进入萧条阶

---

① 〔美〕约瑟夫·熊彼特：《经济发展理论》，何畏、易家祥等译，商务印书馆，1990，第82~105页。

② 〔美〕约瑟夫·熊彼特：《资本主义、社会主义和民主主义》，绛峰译，商务印书馆，1979，第108~134页。

段，大量的投资造成投资过剩，资源过度浪费，严重阻碍经济的发展，于是社会经济出现停滞，直到下一次创新的出现带动新的社会发展，这就是资本主义衰退、复苏、萧条、停滞的经济周期过程。[①]

5. 创新与经济发展的关系

熊彼特认为，创新是生产过程中内生的、自发的，根本原因来自利益的驱使。然而，这种来自微观主体的创新结果，却与经济发展密不可分。他强调指出，创新是一个过程，属于发展的范畴，最初的创新可能是小步骤，然后经过不断的完善最终实现从旧组合到新组合的转变，创新由此从发展走向成熟，继而实现经济发展的动态性和循环性。他将创新的行为过程分为两类：一类是改变经济结构的创造性破坏过程，另一类是积累性的创新过程。所谓创造性破坏是说资本主义每一次大规模的创新都淘汰旧的技术和生产体系，完成新生产体系的建立。

二 技术创新理论

技术创新被认为是创新中最重要的一环，熊彼特的追随者以技术如何演化并向社会蔓延为研究对象，提出了极具影响力的技术创新理论。

（一）技术创新理论的主要内容

1. 技术创新的分类

根据克里斯托夫·弗里曼（Freeman）与卡洛塔·佩雷斯（Perez）的观点，技术创新可以分为四类：渐进性创新、根本性创新、技术系统的变革以及技术经济模式的变更。[②] 渐进性创新是指对技术的微小改进，一般起着节约生产资料、提高产品质量等作用，可以有效提升生产要素的使用率。根本性创新是全新的技术原理应用在商业上，这类创新历时较长、投资较大，非大企业无法承担，根本性创新成果的出现可以改变一个产业的

---

① 〔美〕约瑟夫·熊彼特：《经济发展理论》，何畏、易家祥等译，商务印书馆，1990，第236~284 页。

② Freeman, C., Perez, C., "Structural Crises of Adjustment, Business Cycles and Investment Behaviour," in Dosi, G., et al., eds., *Technical Change and Economic Theory*（London: Pinter Publishers Limited, 1988），pp. 38-67.

结构，带来产业的转型升级。技术系统的变革是渐进性创新和根本性创新的结合，一般以创新群的模式出现，并导致新部门的出现。技术经济模式的变更则指更加深远的技术创新，它包含多个技术系统的变更，会影响社会方方面面的变化，带动时代的发展。

2. 影响技术创新的因素

第一，技术推动。普莱斯（Price）和巴斯（Bass）发展了熊彼特关于技术推动创新的理论，提出技术创新是一个有序的过程，包括从新知识的开发到应用于市场，在这一过程中，技术的研发尤为重要。[①] 施穆克勒（Schmookler）则在技术推动创新的基础上发展出需求拉动理论，他指出："专利活动也就是发明活动，与其他经济活动一样，基本上是追求利润的经济活动，它受到市场需求的引导和制约。"[②]

第二，市场竞争程度。莫尔顿·卡曼（Kamien）和南塞·施瓦茨（Schwartz）认为，市场竞争机制推动企业进行技术创新。[③] 高度竞争的市场结构有利于企业通过技术创新降低成本，提高产品质量，并通过产品的差异化优势迅速占领市场从而获取超额利润。而在高度垄断性的市场结构中，由于其他企业难以进入该行业，垄断企业可以形成技术保护。总体而言，中等竞争程度的市场结构对企业技术创新最为有利，此时，创新动力源于垄断前景和竞争前景，前者是预期技术创新能带来垄断利润而采取技术创新，后者是因为担心市场竞争丧失利润而进行技术创新。

第三，企业规模。莫尔顿·卡曼和南塞·施瓦茨强调指出，技术创新面临不确定性风险，需要大量的资金和人力支持，因此，企业规模越大，给予技术创新支持的力度也越大。此外，企业规模大小也决定技术创新所带来的市场规模大小，从而决定技术创新带来的商业影响力的大小和回收

---

① Price, W. J., Bass, L. W., "Scientific Research and the Innovative Process," *Science* 164 (1969): 802-806.

② Schmookler, J., *Invention and Economic Growth* (Cambridge: Harvard University Press, 1966), pp. 204-208.

③ Kamien, M. I., Schwartz, N. L., "Market Structure, Elasticity of Demand and Incentive to Invent," *Journal of Law & Economics* 13 (1970): 241-252.

利润的多少。[1]

3. 决定技术创新成功的因素

第一，企业自身因素。作为创新主体的企业，具备哪些条件更容易获得技术创新的成功？彼特斯（Peters）和沃特曼（Waterman）的研究发现，企业技术创新成功的因素包括企业家的创新倾向、主动接触消费者、有企业家精神、重视人才、价值驱动创新的传递、精确定位企业的位置以及有积极创新的员工等。[2] 英国经济学家兰格力士（Langrish）等亦持有类似观点，他们将技术创新成功的企业层面因素总结为创新组织中的权威人物、对市场需求清晰的定位以及组织内部良好的合作。[3]

第二，政策因素。弗里曼（Freeman）等学者在大量实证研究的基础上指出，为促进企业成功实现技术创新，政府需提供三套政策[4]：一是扶持、资助鼓励技术发明的政策，二是推动技术创新扩散与应用的政策，三是引进国外先进技术的政策。

4. 技术扩散的过程

技术如何扩散是技术创新的一大难题，曼斯菲尔德（Mansfield）为此提出了技术"模仿说"。[5] 他认为技术扩散的过程其实是技术模仿的过程，这一过程呈现 S 形状，它受到三个主要因素的影响。一是模仿的比例。采用新技术的企业越多，企业采用新技术的可能性就越大。二是盈利率。企业采用新技术后，盈利率越高，技术扩散越快。三是投资额。采用新技术需要的投资额越多，技术扩散越慢。曼斯菲尔德的技术模仿说，在技术的创新和技术的扩散之间搭起一座桥梁，极大地丰富了技术

---

[1] Kamien, M. I., Schwartz, N. L., "Market Structure, Elasticity of Demand and Incentive to Invent," *Journal of Law & Economics* 13 (1970): 241-252.

[2] Peters, T. J., Waterman, R. H., *In Search of Excellence : Lessons from America's Best-run Companies* (New York: Harper & Row, 1982), pp. 89-318.

[3] Langrish, J., et al., *Wealth from Knowledge: A Study of Innovation in Industry* (London: Palgrave Macmillan, 1972), pp. 66-69.

[4] Freeman, C., Clark, J., Soete, L., *Unemployment and Technical Innovation: A Study of Long Waves and Economic Development* (London: Frances Printer Publishers, 1982), pp. 191-195.

[5] Mansfield, E., "Technical Change and the Rate of Imitation," *Econometrica* 29 (1961): 741-766.

创新理论的内容。

（二）技术创新理论的发展

1. 引入技术因素的新古典增长模型

熊彼特创新理论对新古典学派产生了重要影响，突出表现为在其增长模型中引入了技术进步因素，其中，罗伯特·索罗和保罗·罗默是最具代表性的人物。

1951 年，卡洛琳·索洛（Solo）在《资本化过程中的创新：对熊彼特理论的述评》中提出，创新成立的条件是新思想的来源和其后阶段的实现发展①，这为后来的创新理论发展奠定了基础。1957 年，罗伯特·索罗（Solow）在《技术变化和总量生产函数》中建立了增长速度方程，将技术创新作为经济增长的基本因素。② 保罗·罗默（Romer）沿着这一线索建立了技术内生经济增长模型，提出劳动分工程度和专业化人力资本的积累水平决定了创新水平。③

2. 引入路径依赖的技术创新理论

路径依赖是指一旦人们选择了一个路径，就会有惯性的力量沿着这条路径继续走下去。路径依赖的程度对分析技术创新有关键性的作用，被阿瑟（Arthur）用来描述技术变迁的自我强化和自我积累性质。④ 阿瑟认为，自我强化主要表现在新技术的采用可以凭借占先的优势地位，形成规模从而使单位成本降低，在学习效应和协调效应的驱使下，该技术在生产中越来越受欢迎，人们也就越来越相信它，从而形成自我强化。而与之相反的后发技术，虽然性能更加优良，但由于晚一步进入市场，也可能陷入恶性循环。

---

① Solo, C. S., "Innovation in the Capitalist Process: A Critique of the Schumpeterian Theory," *Quarterly Journal of Economics* 65 (1951): 417-428.

② Solow, R. M., "Technical Change and the Aggregate Production Function," *The Review of Economics & Statistics* 39 (1957): 554-562.

③ Romer, P. M., "Endogenous Technological Change," *The Journal of Political Economy* 98 (1990): 71-102.

④ Arthur, W. B., "Increasing Returns and Path Dependence in the Economy," *Economy University of Michigan* 37 (1994): 157-162.

三　制度创新理论

自熊彼特提出创新理论之后，部分经济学家意识到交易成本妨碍了社会潜在利益的获得，因而需要通过确立相应制度进行挖掘，当旧制度不能继续获取潜在利益时，制度就会变迁。在此基础上，诺思等人将制度理论与熊彼特的创新理论结合起来提出了制度创新理论。

（一）新制度学派的制度理论

1. 制度的作用

制度理论起源于新制度学派关于制度对现有社会经济发展的思考。科斯（Coase）在《企业的性质》中将交易成本引入经济学分析，将制度界定为一系列被制定出来的规则、服从程序和道德伦理的行为规范。[①] 诺思（North）继承并推进了科斯关于制度的思考，他曾坦言，"我的制度理论是建立在一个有关人类行为的理论与一个交易费用的理论相结合的基础上的，当我们将这二者相结合的时候，就能理解诸种制度为何会存在，及它们在社会运行中发挥了何种作用"[②]，"制度在一个社会中的主要作用是通过建立一个人们相互作用的稳定的结构来减少不确定性"[③]。

2. 制度的类型

在诺思看来，制度是一种约束条件："制度是一个社会的博弈规则，更规范一点说，它们为决定人们相互关系而人为设定的一些制约。制度构造了人们在政治、社会或经济方面发生交换的激励结构。"[④]这种激励结构包括正规规则和非正规约束的行为标准、文化习俗以及将两者实施的措施。正规规则既有经济规则，也有政治制度，政治制度决定了与经济相关

---

① Coase, R. H., "The Nature of the Firm," *Economica* 4 (1937): 386–405.

② North, D. C., *Institutions, Institutional Change and Economic Performance* (Cambridge: Cambridge University Press, 1990), p. 27.

③ 〔美〕道格拉斯·C. 诺思：《制度、制度变迁与经济绩效》，刘守英译，上海三联书店，1990，第 7 页。

④ 〔美〕道格拉斯·C. 诺思：《制度、制度变迁与经济绩效》，刘守英译，上海三联书店，1990，第 3 页。

的产权、权利、义务等制度。①

（二）制度创新理论的主要内容

1. 制度创新决定经济增长

诺思和托马斯指出，"有效率的经济组织是经济增长的关键……有效率的组织需要在制度上做出安排和确立所有权，以便造成一种刺激，将个人的经济努力变成私人收益率接近社会收益率的活动"。② 在此基础上，他们进一步阐述道："我们列出的原因并不是经济增长的原因，它们就是增长。"③ 也就是说，在诺思和托马斯看来，以往所有的经济增长理论所提出的经济增长原因本质上都不是原因，而是制度创新所引起的，因而，决定经济增长的本质因素还是制度创新。

2. 制度创新的动力源于对潜在利润的追求

制度创新是由于现存制度下出现了潜在获利的机会。诺思等把诱致人们创新制度的收益来源分为"规模经济、外部性、风险和交易费用"四类。④ 他们进一步分析认为，市场规模扩大、生产技术发展、人们对现存制度下成本-收益看法的改变等因素都会引起潜在利润的产生，但这些潜在利润由于经济、政治等障碍无法在现有制度下实现。当潜在利润大于这些障碍所造成的成本时，就会有人为了获取潜在利润而率先克服这些障碍，于是，一项新的制度安排就会出现。

3. 制度创新中政府处于优势地位

制度创新的决策者分为第一行动集团和第二行动集团。第一行动集团

---

① 〔美〕道格拉斯·C. 诺思：《制度、制度变迁与经济绩效》，刘守英译，上海三联书店，1990，第 50~75 页。

② 〔美〕道格拉斯·C. 诺思、罗伯斯·托马斯：《西方世界的兴起》，厉以平、蔡磊译，华夏出版社，1999，第 5 页。

③ 〔美〕道格拉斯·C. 诺思、罗伯斯·托马斯：《西方世界的兴起》，厉以平、蔡磊译，华夏出版社，1999，第 7 页。

④ 〔美〕道格拉斯·C. 诺思等：《制度变迁的理论：概念与原因》，载科思等编《财产权利与制度变迁：产权学派与新制度学派译文集》，杭行等译，上海三联书店，1991，第 276~277 页。

的组成包括个人、团体及政府，其成员相当于"熊彼特意义上的企业家"。① 第二行动集团起到辅助第一行动集团的作用。

在制度创新的"第一行动集团"成员中，政府有着无可比拟的优势。首先，政府比个人或团体发展更加完善，更有利于制度的创新。其次，政府具有强制性，有时潜在利润的实现受到私人财产权的阻碍，政府必须发挥它的强制性，来实现潜在利润的获取。再次，有时制度创新所创造的潜在利润被社会全体成员获取，这时候个人或团体不愿意承担制度创新所需的成本，那么政府必须承担这种制度创新所需的成本，以便其能够实现。最后，在实现社会公平的情况下，需要伴有强制性措施的创新，而由政府机构来施行这种创新，保证社会的稳定是最合适的。所以，诺思强调："制度的创新来自统治者而不是选民。"②

4. 制度创新的过程分为五个阶段

诺思（North）将制度创新过程分为五个阶段：第一阶段形成"第一行动集团"，第二阶段由"第一行动集团"提出制度创新方案，第三阶段由"第一行动集团"在制定的所有制度创新方案中选择可使利润最大化的方案，第四阶段形成"第二行动集团"，第五阶段由"第一行动集团"与"第二行动集团"协同合作实现制度创新。③

在完成上述五个阶段后，如果无法通过制度创新继续获得潜在利润，表明制度处于均衡状态，但这种均衡不会一直存在，它有可能被以下三种情况打破：一是生产技术产生变化，这种变化意味着潜在利润重新有了获得的可能性；二是制度发生变化，如出现新发明、形成新组织形式以及经营管理方式等；三是法律和政治情况的变化而使社会环境发生了变化，需要新的制度来约束社会运行，降低新的交易成本。

① North, D. C., Davis, L. E., *Institutional Change and American Economic Growth* (Camridge: Camridge University Press, 1971), p.8.

② 〔美〕道格拉斯·C. 诺思：《经济史中的结构与变迁》，陈郁等译，人民出版社，1994，第32页。

③ North, D. C., *Institutions, Institutional Change and Economic Performance* (Cambridge: Cambridge University Press, 1990), pp.8-9, 51-57.

（三）制度创新理论的发展

制度创新理论被提出之后，如何将制度创新与技术创新结合起来成为研究者的一项重要工作，制度创新理论也因技术创新的融入得以发展。例如，纳尔逊等提出技术与制度协同演化的理论，指出技术进步的速度和特征受到支撑它的制度结构的影响，而制度创新也强烈地以新技术在经济体系中是否和怎样被接受为条件，因而，制度可以被看作一种社会技术。①

培利坎（Pelikan）则接受诺思的制度"约束规则"功能，强调技术创新能降低制度建立的成本，制度的建立也能消除社会各部门的技术黏性，激励技术创新，进而引导技术向好的路径发展。② 默尔曼尼（Murmann）进一步论证了技术创新与制度创新的协同作用对产业转型升级的影响，指出良好的制度效应可使市场规范、技术创新流程成熟、转化效率大大提高，而技术创新获得的潜在利润则为制度创新提供资金支持。③

四　国家创新系统理论

当越来越多的国家通过创新带来了经济繁荣，学者们意识到创新可能并非单一的线性化行为，更多的时候，创新是一个国家整体的行为。弗里曼、纳尔逊在对日本和美国各阶层进行深入调查后，沿着熊彼特的创新思想，建立了以国家为单位，国家内各个子系统相互协作的国家创新系统理论。

（一）国家创新系统理论的主要内容

1. 国家创新系统的内涵

弗里曼将其对日本创新行为考察的重要结论表述为，国家创新系统是

---

① 〔美〕理查德·R. 纳尔逊、悉尼·G. 温特等:《经济变迁的演化理论》，胡世凯译，商务印书馆，1997，第 19~29 页。

② Pelikan, P., "Bringing Institutions into Evolutionary Economics: Another View with Links to Changes in Physical and Social Technologies," *Journal of Evolutionary Economics*, 13 (2003): 237-258.

③ Murmann, J. P., *Knowledge and Competitive Advantage: The Coevolution of Firms, Technology, and National Institution* (Cambridge: Cambridge University Press, 2003), pp. 194-230.

日本经济高速发展的核心动力。弗里曼指出，国家创新系统即公私部门机构组成的网络，其活动和相互作用促成、引进、修改和扩散了各种新技术，主要功能是优化创新资源配置，协调国家的创新活动。[①] 纳尔逊透过对美国企业的研究发现，创新的出现必须经过各子系统的互相配合，各部门在行使自己内部职能的同时，需与其他部门产生资源的流动效应。[②] 经济合作与发展组织（简称 OECD）在 1997 年《国家创新体系》报告中断言，创新是不同要素与企业之间相互复杂作用的结果，技术变革是系统内部各要素之间互相作用和反馈的结果。[③] 可见，创新是技术创新和一个国家体制共同作用、相互促进的过程，这一过程对经济发展有强大推动作用。现代国家创新体系在制度上复杂交错，既有各种制度和技术行为因素，也有致力于公共技术知识的大学和政府基金一类的机构。

2. 国家创新系统的要素

国家创新系统的基本要素包含六个方面，即创新活动的行为主体、行为主体的内部运行机制、行为主体间有效的联系和合作、对创新活动产生影响的法律法规和政策总和、作为创新背景的市场环境以及国际联系。

3. 国家创新系统的构成

国家创新系统由六大部分组成：一是以企业为主体构成的创新系统，主要由熊彼特创新理论中的五种情况构成；二是以科研单位为主体构成的知识创新系统，包括知识的研究和开发；三是以政府为主体构成的创新系统，主要功能是为制度创新创造良好环境；四是以科技中介机构为主体的服务系统，主要是保证科技创新成果转化；五是以金融机构为主体的系统，主要是为创新提供资本支持；六是以信息网络为主体构成的系统，它使国家创新系统的各个方面相互作用，推动创新不断实现自我发展和完善。

---

① 〔英〕克里斯托夫·弗里曼：《技术政策与经济绩效：日本国家创新系统的经验》，张宇轩译，东南大学出版社，2008，第 1 页。

② 〔美〕理查德·R. 纳尔逊编《国家（地区）创新体系比较分析》，曾国屏等译，知识产权出版社，2011，第 635 页。

③ OECD, *National Innovation System* (Paris：OECD Publications, 1997), pp. 9-10.

（二）国家创新系统理论的发展

三螺旋创新理论是国家创新系统理论在知识经济时代的发展。三螺旋原本是用来解释基因、组织和环境之间的关系，经济学引入三螺旋旨在分析政府、企业和大学之间在知识经济时代的互动关系。三螺旋结构指产生知识的学术界与产业、政府所代表的创新主体之间如何借助市场需求这个纽带，如何相互协调使知识转化为社会利益所形成的三方互相纽结螺旋上升的结构。三螺旋创新理论认为，大学、产业部门和政府部门除了各自的职能外，还相互交叠、互动发挥一些新的职能，最终产生以知识为基础的创新型社会。根据三螺旋创新理论，在知识经济下，"高校-产业-政府"三个层次应该相互协调发展，通过三个层次的共同作用来推动知识的生产、转化、应用、产业化以及升级。①

五　产业生命周期理论

产业生命周期理论是用来分析单一产业从成长到衰退发展过程的理论。该理论源于弗农（Vernon）在 1966 年提出的产品生命周期理论②，后经 A-U 产业创新动态过程模型③、G-K 产业生命周期模型④的发展而流行。

（一）产业生命周期理论的主要内容

G-K 模型是学界第一个产业生命周期模型，此后在众多研究者的推进下，形成了用于描述产业生命周期的形成期、扩张期、成熟期和衰退期的四阶段模型。

1. 形成期

在形成期，产业逐渐成形，某些生产或某些社会活动不断发育和集

① Etzkowitz, H., "Innovation in Innovation: The Triple Helix of University-Industry-Government Relations," *Social Science Information* 42 (2003): 293-337.

② Vernon, R., "International Investment and International Trade in the Product Cycle," *Quarterly Journal of Economics* 80 (1966): 190-207.

③ Utterback, J. M., Abernathy, W. J., "A Dynamic Model of Process and Product Innovation," *Omega* 3 (1975): 639-656.

④ Gort, M., Klepper, S., "Time Paths in the Diffusion of Product Innovations," *Economic Journal* 92 (1982): 630-653.

合，构成产业的基本要素。产业之所以能形成，主要原因是潜在需求被市场接纳转化为现实需求，厂商生产的产品有了需求才能形成产业。产业形成一般来说不会顺利，呈现高风险、低收益、低进入壁垒、弱竞争性的特点。

从企业角度来看，形成时期的产业刚刚诞生，该产业市场上仅有少数几家企业生产产品，由于市场小、产品未成形、技术存在不确定性、消费者需求量不大，企业主要致力于产品、市场、服务上的发展以占领市场份额，这一过程需要投入大量的研发经费和市场开拓成本，企业面临投资风险。

从产业角度来看，形成期经历产业萌芽和产业形成两个阶段。产业萌芽表现为新企业的出现和新技术的开发。由于产业萌芽是从"无"到"有"的过程，此时生产体系尚未成形，市场获利较少。当产业萌芽完成后，具备产业的基本要素，产业开始形成。产业形成的前提是资本投资形成产业的各个要素，并推动新技术的推广和应用，从而推动产业成形。

产业形成有分化、衍生和新生三种方式。产业分化是指新生产业从原有的成熟期的产业中独立而来。分化的动机从内部看是创新的出现使产业之间的功能及规模与原产业不能兼容，从外部看是社会经济环境的需要催生而来。产业衍生是指一种产业作为另外一种成熟产业的配套而产生，这种产业协作性更强，一般和原产业具有很强的相关性。产业新生是科技突破带来的一种新兴的、有高度独立性的产业，这种产业的成长期时间更长，从产品的出现到消费者接受需要一定的时间。

2. 扩张期

扩张期是在产业形成后，吸纳各种经济资源从而实现自我扩张的阶段。在这一阶段，产业向社会索取资源，其目的是自我扩张，产业的扩张不仅意味着该产业在市场上量的扩张，也意味着技术进步，产业文化的形成，产业组织更加合理。

在扩张期，产品技术趋于完善，产品经过形成期的宣传，逐渐获得消费者的信任，消费者对产品的需求量逐渐上升，产品生产体系逐步完善，生产成本下降，利润增多，越来越多的厂商投资于该产业，使得产品供给量增多，产品供给也从单一产品到多元化产品，同时，越来越多的投资者使该产业资金流动频繁从而促进了产业的扩张。

扩张期是产业能否步入成熟期的关键阶段，是市场选择产业的过程。符合市场需要的产业在经历扩张期后会步入成熟期，不符合市场需求的产业会退出市场。由于厂商增多、竞争压力变大，一些不符合消费者选择的厂商开始退出市场，市场上的厂商数量先上升后下降，之后趋于稳定。

3. 成熟期

当产业的生产能力和生产空间的扩大渐渐停滞不前时，产业步入成熟期。产业成熟说明该产业各个方面已经完善，市场稳定，在经历成长期的产品竞争后，少数厂商占据大部分市场份额，市场垄断程度增强。此时，产业内厂商的竞争转向提高质量、改善性能和加强售后服务等非价格手段竞争。

从市场来看，处于成熟期的产业，其规模已达到可利用资源下的最大，产品普及率达到极限，产品在市场上的地位巩固，产品受消费者青睐，企业拥有大量的资金，企业形成自己的文化，员工工作情绪高涨。

从生产能力来看，处于成熟期的产业，生产能力达到饱和，需求达到最大，买方市场开始成形。成熟期的产业，成了社会的支柱型产业，在国民经济中占有重要的地位，为政府提供了大量的税收。

产品的成熟是产业成熟的基本标志，处于成熟期的产业，首先，产品的性能、质量、样式、规格等已经定型，消费者已经接受该产品；其次，产品的生产工艺已经成熟，产品生产的次品率降到最低；最后，产业组织已经成熟，产业内分工协作明确，生产效率达到最高。

4. 衰退期

产业发展经历成熟期后，逐渐步入衰退期。在这一阶段，产业的生产能力过剩，产品老化，产品种类与竞争厂商大量退出该产业。产业衰退的根本原因是创新能力的衰弱，致使产品无法升级，无法满足消费者对品质提升的需求。这样，产业的产量必然会降低，利润下降，产业竞争力降低，生产要素开始退出该产业，产业开始衰退。此时，在新产业的冲击下，旧产业的市场慢慢萎缩，直到消失。

判断产业是否进入衰退期有三个标志：综合生产能力的大量过剩导致生产成本过高，主要产品开始滞销和长期积压导致再生产出现危机，厂商开始退出该产业且没有新厂商愿意进入导致整个产业呈现萧条。

当然，产业衰退不是即刻完成的，来自以下方面的逆作用力会延缓衰退的过程。从消费者角度来看，部分消费者可能有消费惯性，对某种产品有执着的忠诚度，从而会继续购买衰退产业的产品；从企业角度来看，企业会进行技术创新改进产品，从而努力挽救衰退的产业；从政府角度来看，产业衰退会引起社会就业的波动，政府一方面有动力通过一系列政策减缓产业的衰退，另一方面也会采取措施促进该产业进行转型升级。

由上可见，产业生命周期展示了一个产业如何从出现、发展到巅峰最后直至衰亡的全过程。该理论强调了创新的重要性，通过创新驱动产业转型升级，可以延长产业成熟期、缩短衰退期，这为产业政策的制定提供了理论基础。

（二）产业生命周期理论的发展

围绕 G-K 产业生命周期模型，理论界主要通过两条路径进行发展。

1. 技术内生化的 G-K 模型

1990 年，科里佩（Klepper）和格雷迪（Graddy）对 G-K 模型进行技术内生化处理，提出 K-G 模型。K-G 模型按照厂商在市场上的存在数目把产业周期划分为成长、淘汰和稳定三个阶段，强调过程创新产生的成本竞争效应，从而解释了淘汰阶段产业产出仍有较大增长的现象。[①]

2. 引入危险率因素的 G-K 模型

阿加瓦尔（Agarwal）和戈特（Gort）两位学者将危险率因素引入 G-K 模型进行分析，发现危险率与企业年龄呈负相关，较早进入该产业的企业，其危险率在淘汰阶段会有显著增加，而在最后阶段所有企业的危险率均上升。这一结论为企业选择进行技术革新的时间和制定发展战略提供了理论依据。[②]

---

① Klepper, S., Graddy, E., "The Evolution of New Industries and the Determinants of Market Structure," *Rand Journal of Economics* 21 (1990): 27-44.

② Agarwal, R., Gort, M., "The Evolution of Markets and Entry, Exit and Survival of Firms," *The Review of Economics & Statistics* 78 (1996): 489-498.

六 创新驱动发展理论

国外针对创新驱动发展的研究起源于 20 世纪 50 年代，随着经济全球化的发展，对于创新驱动发展的需要也日渐强化。在我国，创新驱动发展已上升为国家战略。党的十八大明确提出"科技创新是提高社会生产力和综合国力的战略支撑"，强调实施创新驱动发展战略。随后，《国家创新驱动发展战略纲要》出台。党的十九大再次强调"创新是引领发展的第一动力，是建设现代化经济体系的战略支撑"。

（一）创新驱动发展的提出

创新驱动发展最早由美国管理学家迈克尔·波特提出。迈克尔·波特在其国家竞争优势理论中，将国家经济发展划分为生产要素驱动、投资驱动、创新驱动和财富驱动四个阶段。[①] 这是首次提出"创新驱动"这一概念。他认为创新驱动是以高技术和新知识作为重要的资源，以增强企业的创新意识和创新能力，从而驱动经济发展。[②]

（二）创新驱动发展理论的主要内容

在经济全球化的背景下，迈克尔·波特以早期的钻石模型为分析工具，在与传统理论的对比中提出了创新驱动发展理论，该理论也得到了发展经济学家阿瑟·刘易斯的呼应。

1. 创新驱动是国家经济持续发展的根本

传统理论认为，一国要素禀赋往往与自然资源有关，产业参与国际竞争时，由于资源的稀缺性，经济增长将收敛于某一极值。与此不同，迈克尔·波特声称"专业性和高级生产要素通常是创造出来的"[③]，只有使产业从低层次的依赖禀赋资源和资本投资的生产，转向高层次的主要依靠技术

① 〔美〕迈克尔·波特：《国家竞争优势》，李明轩、邱如美译，华夏出版社，2002，第534~535 页。

② 〔美〕迈克尔·波特：《国家竞争优势》，李明轩、邱如美译，华夏出版社，2002，第541~542 页。

③ 〔美〕迈克尔·波特：《国家竞争优势》，李明轩、邱如美译，华夏出版社，2002，第75 页。

进步，通过创新提高单位劳动产出的生产，才能从根本上推动一个国家的经济增长。国家要实现可持续发展，必须从要素驱动转化为创新驱动。发展经济学家阿瑟·刘易斯也极为强调创新的重要性，推断创新是国家经济增长的长期推动力。① 阿瑟·刘易斯指出，自然资源、资本、智力和技术是经济增长的基本要素，受制于边际效益递减规律，自然资源和资本对经济增长的贡献度呈递减趋势，因此，经济的长期增长取决于智力和技术。

2. 创新驱动使产业获得全方位发展

在创新驱动阶段，产业发展体现为纵向深化发展和横向水平发展。纵向深化发展指的是产业的高层次发展会扩散到下游产业，下游产业的产品竞争力提升又将带动上游产业发展。具有纵向深化发展的现象表明国家已具备创新能力。横向水平发展则是产业具有更大的产业集群，产业竞争力稳步上升，生产性消费呈现多样化特点。于是，大量投资者进入该产业，市场竞争机制使产业中的厂商不断进行创新寻求市场份额，从而推动产业稳步发展。迈克尔·波特指出，"当产业处于纵向、横向交织发展状态中，企业有非常多改善和创新的路径可以提高本身的生产力"。②

---

① 〔英〕阿瑟·刘易斯：《经济增长理论》，周师铭、沈丙杰、沈伯根译，机械工业出版社，2015，第254~270页。
② 〔美〕迈克尔·波特：《国家竞争优势》，李明轩、邱如美译，华夏出版社，2002，第542~543页。

第二章

创新驱动产业转型升级：动力机制 与实现路径

地区之间的产业竞争力分异，主要表现为技术创新能力的差异，即一个地区的产业竞争力很大程度上取决于该地区的产业转型升级情况，该地区的经济发展本质上是由产业转型升级所推动，具体表现为各产业由价值链低端向高端攀升的过程。产业转型升级是一个长期的过程，而创新则是推动产业转型升级过程的主要动力。第一，产业转型升级在微观层面主要表现为企业技术能力的不断提升，这涉及企业层面的组织创新和技术创新。第二，企业层面的创新实际上依赖于一整套支持创新的制度体系，这就涉及宏观层面的"区域创新系统"（RSI）。第三，创新如何传导至产业层面？这一问题涉及创新驱动产业转型升级的实现路径问题。本章主要阐述创新驱动产业转型升级的宏观和微观层面的动力机制，以及从创新到应用的传导机制和实现路径。

一 创新驱动产业转型升级的微观动力机制：组织创新的视角*

影响技术创新的因素有很多，但大部分的研究都忽视了企业组织的末端——生产车间对创新的贡献。根据艾尔斯（Ayers）的工具自发组合原理，即工具的组合是技术创新的重要源泉，而对工具进行组合的正是生产

---

* 第一节、第二节全文引用张海丰的前期研究成果。张海丰、杨虎涛：《组织创新与技术创新互动：一种演化分析视角》，《贵州社会科学》2015年第9期；张海丰：《追赶型工业化的演化经济学分析》，学术论文联合对比库，2016；张海丰：《新制度经济学的理论缺陷及其演化转向的启发式路径》，《学习与实践》2016年第9期。

一线的车间工人和工程师。① 现代人力资源管理理论基本将技术创新归功于企业的研发人员，笔者认为忽视生产车间产业工人和工程师在生产制造环节创造的实践知识，将对企业技术创新和组织创新产生不利影响，因此将生产车间的产业工人纳入组织学习是重要的。主流的创新研究大多只关注技术创新对于组织变革的影响，将组织创新归因于对外部冲击所做出的反应。② 也就是说，组织创新是被动的和外生的，很少关注组织内部的结构对组织自身演化和对技术创新的影响。笔者基于演化的视角，认为组织创新和技术创新的互动是企业成长的根本动力。为了适应信息技术的快速发展和分工的深化，现代企业有必要通过扩展组织学习范围和创新组织学习方式，从而提升组织整合能力和加快知识创造的步伐，更好地推动组织创新与技术创新的协同演化。

（一）从个体创新到组织创新

现代创新理论之父熊彼特将创新分为五种类型：一是采用一种新的产品，二是采用一种新的生产方法，三是开辟一个新的市场，四是取得原材料和半成品的一种新的供应来源，五是实现任何一种工业的新组织。他认为，创新主要在于用不同的方式去使用现有的资源，利用这些资源去做新的事情，而不管这些资源的增加与否。③ 他还特别强调企业家在实现新组合和经济发展中的作用，认为新组合的实现就是我们所称的"企业"，而实现新组合的人就是"企业家"。创新因为存在不确定性和风险，人们无法用现有的经验去预测，因而实现创新在现有的经济体系中是困难的，这就更显企业家才能的珍贵和对于经济发展的重要性。易言之，企业家就是创新和经济发展的驱动力。熊彼特早期的研究强调单个企业家的作用，例如新人创造新企业，通常被称为"熊彼特Ⅰ型"，企业家创造新企业、新市场或是新技术的特质被称为企业家精神。正是企业家的这种特质打破了

① 〔美〕艾尔斯：《经济进步理论》，徐颖莉等译，商务印书馆，2011，第118~134页。
② 〔英〕艾丽斯·兰姆：《组织创新》，载〔挪〕詹·法格博格、〔美〕戴维·莫利、理查德·R.纳尔逊主编《牛津创新手册》，知识产权出版社，2012，第117~141页。
③ 〔美〕约瑟夫·熊彼特：《经济发展理论》，邹建平译，中国画报出版社，2012，第69~71页。

资本主义的"循环流转"，实现了创造性毁灭。在后来的研究中，熊彼特开始关注大企业在创新中的重要作用，通常被称为"熊彼特 II 型"。[1] 随着分工的日益深化和知识的爆炸式增长，生产变得越来越复杂，凭借单个企业家的力量越来越难以适应日益复杂的经济系统，组织的整合和协调变得非常重要。

对组织创新的研究最早可以追溯到亚当·斯密，他在《国富论》中对制针企业分工协作的描述就是很好的组织创新范例。与个体创新不同，组织创新表现为集体性、交互性和学习的累积性等特点。由于创新的不确定性特征，人们无法预测创新的成败，大量的经验积累和组织学习过程能够提高创新的成功率。企业过去成功的经验和失败的教训通过组织学习，存储于组织之中，成为累积性的集体知识，这些组织创造的知识为技术创新和组织自身的演化奠定了基础。这种组织知识成为企业内部共享的认知机制和普遍存在的共识，正是这些知识推动了企业内部的知识共享和知识转化，企业本质上就是不断学习和创造知识的组织。[2] 这与纳尔逊和温特在描述组织能力时提出的"组织惯例"（Organizational Routines）概念类似，他们认为组织惯例存在于组织记忆之中，是支撑企业复杂行为模式和协调的基础。[3] 和其他复杂性系统一样，组织也表现出路径依赖的特征。利文索尔和马奇（Levinthal and March）认为，组织常常会受到"学习近视症"的困扰，他们倾向于维持自己现有的优势，过于强调他们独特的能力，结果反而会落入"能力陷阱"。[4]

拉让尼克和奥苏丽文认为，组织学习的集体性、知识的累积性与创新过程的不确定性决定了一个创新企业需要特定的社会条件确保这些过程。

---

[1] 〔挪〕詹·法格博格：《创新：文献综述》，载〔挪〕詹·法格博格、〔美〕戴维·莫利、理查德·R. 纳尔逊主编《牛津创新手册》，知识产权出版社，2012，第 6 页。

[2] Argyris, C., Schon, D. A., *Organizational Learning II*: *Theory*, *Method* and *Practice* (Reading, MA: Addison-Wesley Publishing Co., 1996).

[3] 〔美〕理查德·R. 纳尔逊、悉尼·G. 温特等：《经济变迁的演化理论》，胡世凯译，商务印书馆，1997，第 112 页。

[4] Levinthal, D. A., March, J. G., "The Myopia of Learning," *Strategic Management Journal* 14 (1993): 95–112.

他们指出，支持创新的三个社会条件包括财务承诺、组织整合和内部人控制。① 这其中，财务承诺是企业创新的先决条件。创新的不确定性与累积性必然意味着企业的创新行为不必然产生成果，企业必须保持持久稳定的资金投入来确保创新的累积性，并能承受创新失败带来的财务负担。组织整合即企业组织的集体学习，知识的自由流动要求企业组织学习结构应该趋向扁平化，上下级以及同级之间的知识流动应该更加通畅，外来新知识可以更快地融入组织知识当中。最终，实现以上这一切的保障就是控制着企业运转的管理层，这些内部人不仅控制着组织的学习结构与创新积累的财务保证，也能敏锐地发现创新方向并引导组织与市场的互动过程。从这个意义上说，管理者（企业家个体）融入了组织创新的过程，成了组织创新的一部分和重要推动者。

根据彭罗斯的企业成长理论，企业成长就是充分利用企业资源和经济资源的结果，企业的能力主要表现在挖掘未利用资源的能力上。② 按照这个定义，我们也可以认为组织创新就是企业不断学习和提升组织整合能力的过程，组织创新伴随于企业的整个成长过程。从现有的文献来看，"组织创新"到目前为止还没有一个学界公认的、统一而清晰的定义。笔者在现有的研究基础上，将组织创新定义为："组织内部各层级（成员）之间通过频繁的交流和互动，从而创造新的知识，并运用这些知识提升组织整合（organizational integration）能力的集体学习过程。"

（二）技术创新与组织创新互动：一个历史考察

根据弗里曼、伦德瓦尔和纳尔逊的"国家创新系统"概念，我们也可以将企业看作一个微观的创新系统，这个系统又由组织创新和技术创新两个子系统组成，企业成长可以理解为技术创新和组织创新互动的结果，这种系统内各要素间的互动具有典型的演化和自组织特征。张美丽等将企业创新系统视为一个复杂系统，从演化的视角出发，论证了企业组织创新与

---

① 〔美〕威廉·拉让尼克、玛丽·奥苏丽文：《公司治理与产业发展》，赵晓译，人民邮电出版社，2004，第 227 页。
② 〔英〕伊迪丝·彭罗斯：《企业成长理论》，黄一义译，格致出版社、上海三联书店、人民出版社，2010，第 292~295 页。

技术创新的匹配效应与涌现机理。他们认为，组织创新与技术创新在自组织过程中会经历选择、交互和变异三个阶段，最终涌现出不同层次水平的匹配效应。① 武巧珍在构建以组织学习为中心的技术创新与组织创新互动模型基础上，指出企业只有实现技术创新与组织创新的良性互动，才能适应复杂多变的外部环境，在竞争中始终处于有利地位。② 我们将从历史的角度，考察英国、美国和日本工业领先地位的更替及其微观机制，工业革命的历史实际上就是技术创新与组织创新互动的历史。

英国作为第一次工业革命的发源地，以其领先的技术和强大的纺织业制造能力，一举奠定世界工业霸主地位。在英国纺织业迅速扩张的年代，英国资本家为了将具有较高技能的技术工人从传统的家庭作坊中吸引进入工厂工作，在管理权限上对他们做出了一定的让步，允许他们保持对生产过程的直接控制，包括雇用学徒和对机械的操作、维护，形成了"机械看护工-接线工体制"，而协商工资表的出现又将这种体制制度化。③ 这种技术工人控制生产的制度在工业化早期确实给资本家带来了益处，以技术工人负责岗位培训的方式保证了充裕的技术劳动力供给，节约了资本家的人力资本投入。英国这种独特的生产车间组织管理模式是对当时生产技术的一种反应，是技术创新和组织创新互动的结果，在相当长一段时期二者是匹配的。但是，这种技术工人对生产的控制制度通过工会组织的建立得到了加强，并使技术工人在与资本家讨价还价的过程中占据了一定的优势，这种控制局面一直持续到二战以后，最终导致英国棉纺织业的资本家丧失了对生产车间的控制。当外部竞争环境发生变化，资本家想要更新设备和技术时，被这种车间管理模式所掣肘，阻碍了棉纺织业的技术进步，最终导致英国棉纺织业的衰落。英国纺织业资本家忽略了对管理结构的投资，也就失去了对车间生产组织活动进行管理的权力，英国的纺织企业车间仿佛成了一个独立王国，与整个企业的管理脱节。这种内部承包制不仅在纺

① 张美丽、石春生、贾云庆：《企业组织创新与技术创新匹配效应涌现机理研究》，《软科学》2013 年第 6 期，第 44~47 页。

② 武巧珍：《网络经济条件下企业技术创新与组织创新互动研究》，《经济管理》2006 年第 7 期，第 37~42 页。

③ 〔美〕威廉·拉让尼克：《车间的竞争优势》，徐华、黄虹译，中国人民大学出版社，2007，第 104 页。

织工业，而且最后蔓延到整个制造业领域①，这种技术工人控制制度致使生产一线的车间工人游离于组织学习之外，导致企业组织整合能力的下降，最终使英国逐渐丧失了制造业的竞争力，被美国取而代之。

随着技术进步、产业结构调整以及市场扩张，在 19 世纪晚期和 20 世纪早期的"第二次工业革命"中，美国企业为适应大规模的生产，爆发了被钱德勒称为"管理革命"的企业组织变革。钱德勒认为，新技术和市场的扩大使得管理协调变得必要②，在世界工业领导权从英国向美国转移过程中，资本主义的制度特征发生了急剧变化。联合持股取代单人业主制和合伙制成为主导的企业产权模式。财产所有权和管理权的分离消除了企业扩张的资金和管理瓶颈。通过自我积累或者通过纵向和横向一体化的方式做大的企业，越来越依赖于一个管理层来规划和整合它们跨地域、跨产业活动。③ 与英国将技术工人排除在企业管理层之外不同，美国企业专门将技术专家纳入管理层，这种经理制企业的一个显著特点是，拿薪水的经理与工人之间存在明确的组织分隔（Segmentation）。这种生产体系与标准化、精密设计的部件的大规模生产联系在一起，不需要熟练工人把这些部件安装在一起，它们就能在一个产品上被互换使用。这种"把技能从车间现场夺走"的管理模式不仅使管理层控制了工人的招募和培训，还控制了车间工人的工作方式和速度。这种相对集权的大批量生产管理体制获得了空前的成功，美国一举超越英国成为世界工业的领袖。在 20 世纪 20 年代的繁荣时期，大规模生产企业的生产能力依然取决于操作机器的"半熟练"生产工人的长期受雇。而到了 20 世纪 30 年代的大萧条时期，这种稳定的雇佣关系一度消失，随着行业工会的兴起，工人们才重新获得长期的雇佣保障。但参加工会的雇员在工作组织和技术变革上必须接受单方面的管理控制。在二战后的几十年里，生产工人得到了雇佣保障和工资增长，但他们普遍没有与经理人员一起加入企业的组织学习过程中去。美国的这一模式

---

① 〔美〕威廉·拉让尼克：《车间的竞争优势》，徐华、黄虹译，中国人民大学出版社，2007，第 200 页。

② 〔美〕艾尔弗雷德·D. 钱德勒：《看得见的手——美国企业的管理革命》，重武译，商务印书馆，1987，第 571 页。

③ 〔美〕威廉·拉让尼克：《车间的竞争优势》，徐华、黄虹译，中国人民大学出版社，2007，第 233 页。

存在一个根本缺陷，这一缺陷在 20 世纪七八十年代的国际竞争中暴露无遗。日本企业的经验证明，为了培养创新能力，不仅可以像美国企业一样建立起高度集成的管理组织，还可以培育车间工人的技能，并将他们的努力整合到企业的集体性学习过程中。①

到 20 世纪 80 年代，作为世界制造业霸主的美国越来越意识到它的市场份额正在不可逆转地被它的竞争对手——日本所侵蚀。以汽车制造业为例，一开始认为日本的竞争优势主要在于低工资的观点，导致美国企业做出的反应对策是，把工厂搬到工资低廉和没有工会的地方。但是这些做法并不能阻止日本汽车持续地侵入美国市场，通过对日本的深入研究，美国终于认识到日本的制造业优势不仅在汽车产业上，日本在其他如家电、电力机械、半导体和钢铁等方面都居于领先地位。日本的价值创造力不仅来自其拥有产品设计和生产技术上的优势，更根本的在于日本制造业企业组织生产的方式。② 正如科恩和泽斯曼（Cohen and Zysman）推断的那样，"我们的竞争力恶化根本原因可以在生产环节找到，我们是输在车间里"。③ 日本的车间竞争优势源于 20 世纪 50 年代日本大企业的创始人以及它们聘请的管理者对固定资产投资的重视。这两类人所共有的有关二战前日本工业企业建立的独特的内部技能网络的广泛经验，领取薪水的管理者自身就在网络中得到训练并一步步走到高层管理岗位，创始者们也有意创造这种网络。这些管理者和创始人都意识到有关构成网络的工程师和工人们的信息的重要性，反过来也得到他们的尊重。这种企业组织内部各层级之间的广泛信任，降低了内部管理的交易成本和大规模固定投资的风险，使得高层管理者确信经理、工程师和工人经过他们的培训，会在竞争的环境中改进他们的产品特性、公司的特殊技能，形成一个紧密的网络，顺利接受他

---

① 〔美〕威廉·拉让尼克：《创新型企业》，载〔挪〕詹·法格博格、〔美〕戴维·莫利、理查德·R. 纳尔逊主编《牛津创新手册》，知识产权出版社，2012，第 41~42 页。

② Lazonick, W., *Business Organization and the Myth of the Market Economy* (New York: Cambridge University Press, 1991), p. 2.

③ Cohen, S., Zysman, J., *Manufacturing Matters*: *The Myth of the Post-Industrial Economy* (New York: Basic Books Press, 1988), p. 11.

们引进的技术和设备，结果将是形成更强的组织能力。① 还有就是，日本的企业工会实际上将终身雇佣制度化，这个就业保障赢得了工人对企业的忠诚，又刺激企业去开发工人的生产能力。这个制度与美国管理革命的中心思想——技术与管理人员在组织上的整合并没有什么原则上的不同，但在一个极其重要的方面除外：在美国，拿薪水的经理与车间工人之间有明显的区别，而二战后的几十年内，日本企业里的车间工人都被整合到整个企业范围内的组织学习过程中去了。② 日本的这种组织一体化过程深入了组织科层的最底层，把车间工人也囊括其中，使得车间工人可以参与到生产协调管理当中，培养车间工人的技能并共同参与组织学习。日本制造业的崛起再一次证明了组织创新和技术创新的互动与匹配对企业成长、价值创造和竞争力提升都至关重要。

本书通过对英国、美国和日本在世界工业史上领袖地位更易的历史考察不难发现，组织创新和技术创新的互动与匹配是企业竞争力提升和成长的关键因素。一国企业的组织结构能够在多大程度上将组织内部成员整合到整个企业的集体学习过程和知识创造过程中，是决定企业成败的关键所在。因此，组织结构的性质直接影响创新的潜质和企业成长，甚至一国的长期经济增长。

（三）组织结构及其创新潜质

不同的组织结构是对现有技术和环境的适应，不同的组织类型对应不同的创新潜质。因此，对不同的组织结构进行分类有助于我们更好地理解组织创新。传统的组织设计理论认为在诸多的组织形式中存在"最好的组织形式"，这一假设在 20 世纪六七十年代受到了权变理论的挑战。权变理论认为，一个"最佳结构"就是最好地适应一个给定的权变要素的结构，例如运行规模、技术或环境。③ 伯恩斯和斯塔克（Burns and Stalker）提出

---

① 〔美〕艾尔弗雷德·D. 钱德勒主编《大企业和国民财富》，北京大学出版社，2005，第334~335 页。
② 〔美〕威廉·拉让尼克：《创新型企业》，载〔挪〕詹·法格博格、〔美〕戴维·莫利、理查德·R. 纳尔逊主编《牛津创新手册》，知识产权出版社，2012，第45 页。
③ 〔英〕艾丽斯·兰姆：《组织创新》，载〔挪〕詹·法格博格、〔美〕戴维·莫利、理查德·R. 纳尔逊主编《牛津创新手册》，知识产权出版社，2012，第119 页。

了两种截然不同的组织形式，即机械性组织和有机性组织，揭示了技术和市场环境在变化速度和复杂性方面的差异如何影响组织结构和创新管理。① 按照这种划分，企业可以分为与稳定环境相适应的僵化和等级化的企业以及与快速变化环境相适应的易变和灵活的企业两种类型。这两种企业随着外部环境的变化，组织结构随之变化。明兹伯格（Mintzberg）在此基础上，提出了有效的组织构建需要组织设计变量与权变因素协调的假说，他将组织划分为五种类型，每种类型具有不同的创新潜质。这五种类型分别为：简单结构、机械官僚制、专业官僚制、分部制结构和团队式结构（见表 2-1）。② 从表 2-1 中我们可以看到，机械官僚制在稳定环境中运行较好，但缺乏创新且不能很好地应对变革。与之相反，团队式结构更具有机性和灵活性，能在一个多变的环境中进行根本性创新。

表 2-1　明兹伯格的组织结构类型及其创新潜质

组织类型	主要特征	创新潜质
简单结构	由一人控制的有机性组织，能对环境变化做出快速反应。例如高科技行业中的小型初创企业	具有企业家精神，通常保持高度创新性，不断寻求高风险的环境。缺点是易受到个人的决策失误和成长的资源限制
机械官僚制	机械性组织表现为高度分工、标准化和集中控制。通过员工技能和经验的不断标准化来持续改进日常任务。例如规模生产的企业	组织设计的目的是提高效率和稳定性。有利于处理程序化问题，但过度僵化不能适应创新与变革
专业官僚制	一种分权的机械性组织，它给予专家个体高度的自主权。权力和地位集中于"授权专家"。典型组织：大学、医院、法律和会计公司	在专业领域，专家个人可能具有高度创新性，但跨职能和学科造成成员之间的合作存在困难，这对组织整体的创新能力是一个极大的限制

① Burns, T., Stalker, G. M., *The Management of Innovation* (London: Tavistock Press, 1961), pp. 103-108.

② Mintzberg, H., *The Structuring of Organizations: A Synthesis of the Research* (London: Prentice Hall Press, 1979).

续表

组织类型	主要特征	创新潜质
分部制结构	一种分权的有机性组织,有一个中央执行机构主持下的若干关联松散且半独立的组织组成。典型形式是大型组织为了适应当地竞争环境设立的分部(事业部)	能使组织集中资源在特定利基市场取得竞争优势。缺点为分部发展将产生对核心研发的"离心力";分部之间的竞争将限制知识共享
团队式结构	以项目为基础的高度灵活的组织,用来适应环境的不稳定性和复杂性。解决问题团队能被迅速组织起来以应对外部变化和市场需求。典型形式有专业合作伙伴和软件工程公司	具有快速学习和"忘却学习"的能力,具有高度适应性和创新性。然而结构不稳定容易导致组织的短寿,并且有可能随着时间的变化转变成官僚机构

资料来源:〔挪〕詹·法格博格、〔美〕戴维·莫利、理查德·R. 纳尔逊主编《牛津创新手册》,知识产权出版社,2012,第112页。

日本和美国公司不同的组织结构就是很好的例证。由于终身雇佣制的存在,日本企业的技术人员相对稳定,这种典型的机械官僚制组织模式很可能使组织知识锁定在某一特定领域且缺乏创新潜质,例如技术成熟的汽车制造及电子产品等大型企业。而美国硅谷的高科技公司一开始都采用团队式结构,由于这种组织结构高度的灵活性,能够很好地应对外部环境的剧烈变化,这些企业的技术创新速率快且往往能产生颠覆性的创新成果。日本企业的组织结构可以利用员工丰富的经验排除障碍并实现渐进式的技术创新和工艺创新,这也可以解释为什么日本在汽车制造与电子产品生产上对美国企业的巨大优势。但在新兴产业的表现方面,美国的硅谷模式则更胜一筹。我们认为,导致日本传统制造业大型企业的组织模式与美国硅谷高新技术企业的组织结构形成巨大差异的原因,除了环境因素之外,当然还有纳尔逊和温特指出的受到以往"企业惯例"的路径依赖影响。但我们可能忽视了一个更为重要的因素,两国的企业处在不同性质的"创新网络"① 之中,不同网络性质对应不同的组织间知识传递和分享方式,因此组织结构也会出现差异。

---

① 〔美〕沃尔特·鲍威尔、斯汀·格罗达尔:《创新网络》,载〔挪〕詹·法格博格、〔美〕戴维·莫利、理查德·R. 纳尔逊主编《牛津创新手册》,知识产权出版社,2012,第58~82页。

　　无论何种组织形式，知识的创造都离不开累积性的集体学习，不同的组织模式对应不同的学习模式。日本的大型制造企业，通过组织整合深度的推进（将一线产业工人纳入组织学习过程），虽然组织结构的灵活性不如美国硅谷的高新技术企业，但超强的组织整合能力使其传统制造业不断实现工艺创新，一直保持强劲的竞争优势。而美国的高新技术企业的优势在于产品创新，虽然创新的速度高于日本的制造企业，但创新的不确定性较大，与之相对应的是员工的流动性大，因此要设计更加灵活和有机性的组织结构。团队式结构的组织学习不仅依赖于组织内的知识交流，还有赖于处在同一创新网络中其他组织的知识互动。因此，企业既要保持其外部边界和特性，又要保持组织的开放性，使内部知识的累积和外部知识的获取统一于组织学习过程中。我们认为，虽然团队式结构由于组织结构的扁平化，更有利于组织内部成员之间的互动和交流，从而加速知识创造的过程，但机械官僚制结构只要能将组织学习渗透至生产车间，同样可以保有创新能力。因此，无论是哪一种组织形式，组织学习范围的扩大和组织整合能力的提升才是组织创新和技术创新的根本保证。

（四）以组织创新引领技术创新

　　按照新制度经济学契约理论的观点，企业是一系列契约的集合。笔者认为，企业得以顺利运转的本质是企业内部各组织成员之间的信任，契约是防范信任缺失的一种补充，但它不能代替信任。而这种关乎企业协调和竞争力的信任是内嵌于整个组织学习过程中的，成为组织记忆的一部分。企业的核心竞争力在于企业的知识创造能力，以及运用这些知识实现组织创新和技术创新的能力。而这些能力只能通过不断地组织学习获得，并以隐性知识（Tacit Knowledge）[①] 的形式存储于组织和组织成员之中，这种不可编码和难以传递的知识是一个组织区别于其他组织的本质特征，也是企业组织创新和技术创新的不竭源泉。

　　进入 21 世纪以后，全球范围内的分工日益深化，再加上生产的模块

---

① 〔英〕迈克尔·波兰尼：《个人知识——迈向后批评哲学》，许泽民译，贵州人民出版社，2000，第 108~109 页。

化，对企业的整合能力和协调能力提出了新的挑战，特别是跨国公司这样的跨区域组织，由于物理空间上的分隔，组织内部的交流变得困难，传统的组织学习方式受到限制。因此，为了适应这种全球化，组织学习方式必须进行变革。互联网技术的迅猛发展，特别是借助移动互联网技术，能够在一定程度上消除交流上的物理空间分隔障碍，使得全球范围内扁平式组织学习变得可能。正如里夫金指出的那样，"扁平式学习是基于一个对学习本质完全不同的定义。知识不再是客观独立的，而是我们对共享经历的解释。寻找真相就是懂得万事万物是如何联系起来的，通过与他人深入互动，我们才能发现这些联系。我们的经历和相互关系越多元化，我们就越容易理解现实，越容易理解我们每个人是如何融入整个大背景的"。① 组织学习和知识创造是实现组织创新与技术创新的根本前提，新的组织学习方式将推动组织创新与技术创新的协同演化，谁掌握了新的组织学习方式，谁就能在竞争中立于不败之地。这对正处产业转型升级大潮中的企业而言至关重要，组织创新是理解技术创新促进产业转型升级最重要的微观机制。

二 创新驱动产业转型升级的宏观动力机制：区域创新系统的视角

仅从技术的角度分析不能很好地解释创新及产业转型升级，因为一旦分析技术进步就不得不考虑导致技术进步的因素。当前的大量研究表明，技术创新的产生和持续源于一个复杂的、支持创新的系统，尤其是其中的制度对创新作用是重大的。近年来越来越多的演化经济学家开始关注创新系统，从而矫正以往对技术创新过多的研究。企业技术能力决定着一个企业的创新能力，如果大量企业拥有良好的技术能力，则意味着产业转型升级会取得成功。所谓技术能力包括对技术的获得、内化、应用及改造等方面。制度对于创新能力的获得有着重要作用，包括政府创新政策、大学及科研机构的研究制度、金融制度、约定俗成的制度等，所以以系统的思维研究创新及产业转型升级更有价值和意义，而且构建一个能够促进创新持

---

① 〔美〕杰里米·里夫金：《第三次工业革命：新经济模式如何改变世界》，张体伟、孙豫宁译，中信出版社，2012，第259页。

续发生并实现产业转型升级的区域创新系统就成了实现产业转型升级的关键所在。

（一）区域创新系统的前身——国家创新系统概述

"国家创新系统"的概念由弗里曼最早提出，他指出"国家创新系统"是一个由生活在一个经济体中的私人部门和政府部门通过各种联系组成的网络，在这个网络中新技术得以提出、发展、应用、推广，以实现国家和社会的进步。后来纳尔逊（Nelson）及伦德瓦尔（Lundvall）又在此基础上发展了"国家创新系统"的概念，他们的著述成为"国家创新系统"研究领域最主要的两本著作。纳尔逊的著述通过案例研究一国的创新系统，其理论研究较少[①]；而伦德瓦尔更倾向于理论研究，他将用户——生产商的互动创新和互动学习作为研究重点，发展了一种有别于新古典经济学传统的新的研究范式[②]。根据弗里曼和苏特的研究，"国家创新系统"概念与李斯特的"国家生产系统"十分接近，李斯特在《政治经济学的国民体系》中对古典经济学家忽略科学、技术、技能在国家发展中所起的作用进行了批评。李斯特不仅提出了幼稚产业保护理论，并且支持国家为实现和加快工业化与经济增长制定一系列的政策，而这一系列政策大部分与掌握和应用新技术有关。[③] 从经济思想史角度，赖纳特指出国家创新系统的思想最早可追溯到16世纪意大利经济学家安东尼·舍拉（Antonio Serra）。[④] 创新系统的思想之所以在20世纪80年代得以复兴，与当时创新研究范式的转变有关。创新研究实际上经历了从机械到系统的演变过程，20世纪50年代主流经济学将技术进步视为一个线性过程，而从20世纪70年代开始，随着演化经济学的复兴，特别是通过新熊彼特学派经济学家和技术史学家

---

① Nelson, R. R., *National Systems of Inovation: A Comparative Study* (Oxford: Oxford University Press, 1993), p. 3.

② Lundvall, B. A., *National Systems of Inovation: Towards a Theory of Innovation and Interactive Learning* (London: Pinter, 1992), p. 1.

③ 〔英〕克里斯·弗里曼、罗克·苏特：《工业创新经济学》，华宏勋等译，北京大学出版社，2004，第372~373页。

④ 〔挪〕埃克里·S. 赖纳特：《富国为什么富，穷国为什么穷》，杨虎涛译，中国人民大学出版社，2013。

的共同努力，创新的概念得到了拓展并被看作一个系统的、非线性的过程。在之后对日本和韩国的追赶研究中，这种创新的系统观点得到了大量经验事实的支撑，研究者认识到创新依赖于一群异质性行为主体之间的互动和协调。作为创新主体的企业技术能力的提升不仅取决于内部知识的创造，也要依靠外部知识的获取，企业的创新活动嵌入一组广泛的国家制度体系之中。随着研究的深入，人们日益感到用一种系统的、考虑情境和历史特定的方法研究技术追赶过程是极其重要的。

　　"国家创新系统"是一个相对庞杂的概念体系，目前仍然没有一个学界公认的定义。伦德瓦尔（Lundvall）认为，"生产的结构"和"建立制度"是创新系统两个最重要的维度。[1] 纳尔逊和罗森博格则强调了支持R&D组织的重要性，他们把促进知识创造和扩散的组织视为创新的主要来源。纳尔逊和伦德瓦尔都以影响创新过程的决定因素来定义"创新系统"，虽然采用了同一术语，但二者提炼的影响创新的主要因素存在差异。艾德奎斯特（Edquist）在更一般的意义上定义了国家创新系统，他认为"所有能够影响创新的开发、扩散和使用的重要的经济、社会、组织、制度因素及其他因素都可归入创新系统范畴"。[2] 演化经济学家们对创新系统的定义虽存在差异，但大多数研究者把制度作为国家创新系统的核心要素。在一些国家创新系统的文献中，将企业、R&D实验室等市场制度以及大学、公共研究机构等非市场制度都看作支持创新的正式制度，它们之间存在联系和互动，制度与环境之间也存在互动。纳尔逊将支持创新的制度称为"社会技术"，主要关注正式制度对创新的影响[3]，而伦德瓦尔还强调了习俗、惯例等非正式制度的作用。[4] 此外，国家创新系统也有广义和狭义之分：狭义的国家创新系统通常只考虑与创新过程直接相关的组织和政策体系，

① Lundvall, B., *National Systems of Inovation: Towards a Theory of Innovation and Interactive Learning* (London: Pinter, 1992), p. 10.

② Edquist, C., *Systems of Innovation: Technologies, Institutions and Organizations* (London: Pinter, 1997), p. 14.

③ Nelson, R. R, "The Co-volution of Technology, Industrial Structure, and Supporting Institutions", *Industrial & Corporate Change* (1) 1994: pp. 47-63.

④ Lundvall, Bengt-Åke, *The New Knowledge Economy in Europe*, (E. Elgar Pub., 2002), p. 220.

比如企业、大学、公共研究机构和技术政策等；而广义的国家创新系统除了上述因素之外，还包括教育、金融和法律体系等，甚至还涵盖了文化和历史因素。综上，我们可以对国家创新系统进行一个大致的分类（见表2-2）。

表 2-2 国家创新系统分类

分类	狭义的国家创新系统	广义的国家创新系统
正式	狭义上的创新网络：企业、专利、R&D实验室等，大学和非大学研究机构、出版物等，技术转移机构，技术政策和项目	嵌入整个创新过程的正式制度：教育和金融系统、劳动力市场、工会、立法、税收以及环境和竞争之类的政策
非正式	创新过程中的非正式认知和行为模式：消费者和供应商之间的联系质量，互动式学习的质量，企业之间竞争和合作的程度，企业和科研机构的合作意愿，企业和技术政策之间的关联度	文化和历史因素：价值观与态度（风险偏好、创新精神、相互信任、时间偏好、对待技术的态度以及共识的定位等），历史发展（教育和金融系统的历史沿革）

资料来源：Feinson, S., "National Innovation System：Overview and Country Cases in 'Knowledge Flows and Knowledge Collectives：Understanding the Role of Science and Technology Policies in Development Volume 1：Knowledge Flows, Innovation, and Learning in Developing Countries'," *Center for Science Policy & Outcomes*, 2003。

（二）区域创新系统促进产业转型升级的作用机制

产业转型升级是一个复杂的系统工程，正如法格博格和菲斯配齐（Fagerberg and Verspagen）指出的那样，技术创新不是用一种新技术替代旧技术的简单问题，而是持续的技术、经济和制度的转型过程。[①] 从把经济发展看作一种综合性的社会转变过程的角度来看，区域创新系统对产业转型升级研究提供了一种有用的思路。产业的复杂性和系统性特点也表明，创新系统分析方法明显优于主流经济学的分析方法。[②] 产业转型升级过程中构建一个运行良好的创新系统是十分重要的，创新系统方法与产业转型升级问题具有内在联系。区域创新系统是以学习和技术能

[①] Fagerberg, J., Verspagen, B., "Technology Gaps, Innovation Diffusion and Transformation：An Evolutionary Interpretation," *Research Policy* 31（2002）：1291-1304.

[②] Arocena, R., Sutz, J., "Innovation Systems and Developing Countries," Druid Working Papers, No. 2-5, 2002.

力构建为核心的系统，一旦具备运行良好的创新系统，可以大大加快产业转型升级的进程。下文将简要阐释区域创新系统分析方法的优点。

1. 强调情境和历史特定性

有别于主流经济学的标准化理论，演化经济学将创新的主体——企业视作一个嵌入广阔的社会、经济、政治环境中的组织，这种环境是对历史和文化轨迹的反映。由于重视历史脉络和文化特殊性，演化理论视野中的创新往往强调特定的、本土化的特征。将创新理解成一个本土化、情境特定和社会性的决定过程，对产业转型升级来说是极其重要的。企业的知识积累对于引进、转化和吸收技术是相当重要的，从外部获取技术和"技术内在化"① 有赖于一系列的支持性制度。区域创新系统思路中明显带有演化色彩的非线性、累积性和本土化的技术观与主流经济学忽视国家、边界和知识默会性的全球化技术观具有本质的区别。不同区域所处的发展阶段不同，加之不同文化和发展历程在塑造区域创新系统中发挥的作用，必然导致创新系统的多样化。广义的创新系统包括了企业和 R&D 实验室、教育和研究机构、科技和创新政策，以及一般意义上的政府政策、金融机构和其他知识载体，还包括其他影响创新的获取、利用和扩散的因素。在不同区域和制度环境下的创新系统必定有着不同的发展轨迹，这种嵌入特定历史情境的动态学解释了不同区域产业转型升级的分异和创新系统的不同发展轨迹。主流经济学基本忽略这种情境特定性和历史因素，因此不能很好地解释产业转型升级中的趋异现象。演化经济学无论是理论解释还是政策建议都强调历史和情境特定性，对区域产业转型升级战略的制定更具启发意义。

2. 强调非经济因素的重要性

伦德瓦尔基于创新的复杂性特点指出，如果不从广义上定义区域创新系统，就无法确立从创新到增长与发展之间的因果关系。② 卡西拉托和拉斯特雷斯（Cassiolato and Lastres）从系统论的角度出发，指出广义的创新

---

① Lastres，H. M. M.，Cassiolato，J. E.，Maciel，M. L.，*Pequena Empresa：Cooperacão e Desenvolvimento Local*（UFRL，2003）.

② Lundvall，B. A.，*National Systems of Innovation：Towards a Theory of Innovation and Interactive Learning*（London：Printer 1992）.

系统应该包括不同的、相互连接的、受到各种情境影响的子系统。① 这一观点强调非经济因素在创新系统中扮演的重要作用，这与波兰尼在《巨变：当代政治与经济的起源》一书中"经济"与"社会"相互嵌入的思想一致，而对于没有完成社会转型以及经济与社会良性互动的后发国家来说，必须将非经济的因素纳入分析视野。② 这也是创新系统研究的先驱弗里曼提出"生产和创新的国家系统"概念的初衷，弗里曼认为五个次级领域与相关制度之间共同演化的动态学决定了工业起飞：科学和知识的产生，新人工制品和新生产技术的发展、改进和采用，组织生产商品服务于收入分配的经济以及经济主体之间的信息流动和激励模式，政治和法律结构，塑造价值、规范和习俗的文化领域。③ 尽管这些因素之间是如何共同演化的具体机制还需要进一步探索，但与主流经济学相比，这种系统的、动态的方法更适合于研究产业转型升级问题。

3. 可以容纳制度变迁和结构转型

产业转型升级本质上是一个制度变迁和结构转型的过程，运用创新系统方法分析产业转型升级就要关注如何通过制度变革来促进创新系统转型的问题。现有的创新系统研究文献只强调制度确保企业创新发生和成功所必要的稳定性和一致性，主要是从发达地区的角度来探讨创新系统的功能的。而对欠发达地区来说，制度变革和创新系统转型才是最重要的，正如东亚国家实现成功追赶所揭示的那样：创新系统转型背后的制度变革在产业发展和技术能力提升中起着核心作用。纳尔逊和桑巴特（Nelson and Sampat）④ 以及默曼（Murmann）对德国 19 世纪末 20 世纪初合成染料工业的研究表明：由产业所资助的应用性研究部门、专业化研究机构、德国化

---

① Cassiolato, J. E., Lastres, H. M. M., "Discussing Innovation and Development: Converging Points between the Latin American School and the Innovation Systems Perspective?," Globelics Working Paper, 2008.

② 〔匈〕卡尔·波兰尼：《巨变：当代政治与经济的起源》，社会科学文献出版社，2013。

③ 〔英〕克里斯托夫·弗里曼：《技术政策与经济绩效：日本国家创新系统的经验》，张宇轩译，东南大学出版社，2008。

④ Nelson, R. R., Sampat, B., "Las Instituciones Como Factor Que Regula el Desempeño Económico," *Revista De Economía Institucional* 3 (2001).

学行业协会和新的专利法等正式制度对该产业的发展和创新具有决定性作用。[①] 但是真正采取从动态的、历史的视角来探讨制度变革与创新系统转型的文献不多，例如在欠发达地区非常普遍的非生产性寻租就是一种阻碍创新或创新系统构建的非正式制度。此外，欠发达地区为了推进技术学习，需要异质性知识主体之间营造有利于正反馈回路形成的制度环境。因为欠发达地区的"大学–产业–政府"联系一般都非常微弱，大学系统与生产性组织和其他社会组织的连接不够紧密，而这种连接正是产业转型升级的重要动力。

三 创新驱动产业转型升级的实现路径

从创新系统的一般构成要素来看，创新驱动主要由创新环境要素、创新功能要素及创新主体要素三个互相关联的部分组成，其中创新主体要素是源点，创新功能要素是核心，创新环境是基础性要素。广义的创新功能要素包含资本创新、市场创新及技术创新等。第二节论述了区域创新系统如何作用于企业创新，并以此为基础进一步简单介绍了区域创新系统与产业结构升级的关系，此外本节从市场创新、资本创新、技术创新等创新功能要素以及创新环境和创新主体的角度，对创新驱动推动产业结构升级的实现路径进行理论层面的详细分析（见图2-1）。

（一）技术创新促进产业结构升级的作用机制

1. 技术创新提高劳动生产率

劳动生产率的提高为经济增长提供了主要动力，也对产业结构的优化有重要影响。技术创新首先作用于劳动生产率，进而影响产业发展及经济增长，这里的技术创新即指知识创新，又包含技术进步。Romer提出的技术内生增长模型可以用来解释技术创新驱动产业结构升级，他指出技术进步与研发是经济增长的根本原因，经济社会的投资推动了技术知识的积累，技术知识的积累又反过来形成对投资的刺激、引导，从而形成良性的研发–投资循

---

① Murmann, J. P., *Knowledge and Competitive Advantage: The Coevolution of Firms, Technology, and National Institution* (Cambridge: Cambridge University Press, 2003), pp. 194-230.

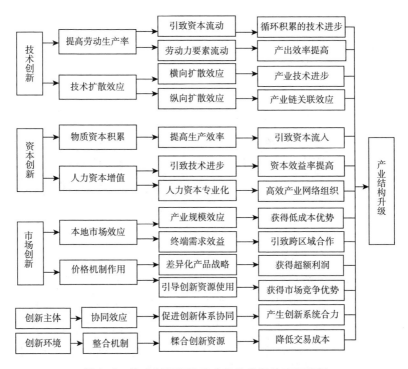

图 2-1　技术创新促进产业结构升级的实现路径

环体系，实现经济的持续不断增长。[1]罗默模型的形式如下：

$$Y_{(t)} = \left[(1-\alpha_K) K_{(t)} \right]^{\alpha} \left[(1-a_L) A_{(t)} L_{(t)} \right]^{1-\alpha}, 0<\alpha<1$$

$$A_{(t)} = B \left[\alpha_K K_{(t)} \right]^{\beta} \left[a_L L_{(t)} \right]^{\gamma} \left[A_{(t)} \right]^{\theta}, \beta \geq 0, \gamma \geq 0, \theta > 0$$

$$K_{(t)} = s Y_{(t)}$$

$$L_{(t)} = n L_{(t)}$$

其中，$Y_{(t)}$、$A_{(t)}$、$K_{(t)}$、$L_{(t)}$ 分别代表 t 时刻全社会的产出量、技术水平、资本及劳动力，a_L 是经济中投入技术研发部门的劳动力数量与社会总量之比，β 是移动系数，表示系统外随机因素的影响，α_K 是经济中投入技术研发部门的资本数量与总量之比，n、s 是经济社会的折旧率及储蓄率。

---

① Romer, P. M. , "Increasing Returns and Long-Run Growth," *Journal of Political Economy* 94 (1986)：1002-1037.

由上式可以看出，技术进步对于经济增长有决定性作用，当 $A_{(t)} > 0$ 时，技术进步可以有效地促进经济增长，使得最终产品和中间产品的产出产生规模递增效应。技术创新效率的提升对加快最终产品产量的速度是有利的，从而可以提高社会劳动生产率。国民经济的技术水平及人均产出会对产业的人均产出产生影响，式中 $\alpha > 0$ 意思是该产业的资本产出弹性为正，这时候的技术进步对产业的人均产出有积极的正面影响。技术进步使得人均产出水平快速提高，进而促进劳动生产率的提高，所以欲对这些产业进行扶持，可以推动技术创新水平的提高，以达到提高产业产出水平的目标。

一个产业的劳动生产率提高将引致资本流动。一方面，许多社会资本进入生产率提高迅速的产业，从而增加该产业的原始资本积累，进而为技术创新提供了有利条件，技术创新能力的提升又反过来促进产业生产率的提高，影响产业的产出水平，推动产值比重的增加，从而使得经济社会整体的产业结构发生改变；另一方面，劳动力要素也向生产率高的产业流动，使得劳动力的产出效率随之提高，为产业产出水平的提高提供了动力，进而使产业的产出水平提高。相反，资本会寻求流出劳动生产率较低的产业，所以劳动生产率低的产业产值水平呈现收缩趋势。总之，技术创新通过使劳动生产率发生变化，从而引致资本在产业部门之间发生流动，进而使具有不同劳动生产率的不同产业产生了不同的产值水平。技术创新能力较高的产业对技术创新能力较低的产业形成挤出效应，对于社会经济总体来说，这种挤压的结果是技术创新促进了产业结构向高级化调整，推动了国民经济增长水平的提高。

2. 技术扩散效应提升产业结构水平

Schumpeter 提出，技术创新的扩散是在模仿中实现的，新技术首先出现在最具创新能力的企业中，当其他企业发现这一新技术后，为了追求更高的经济效益便会对这一技术进行模仿，于是新技术便得以在大多数企业中得到应用，便产生了产业的技术进步和产业转型升级。[①] Ireland 和 Stoneman 认为技术扩散是"一项新技术的广泛应用和推广"，指出技术创

[①] Schumpeter, J. A., *Business Cycles: A Theoretical, Historical and Statistical Analysis of the Capitalist Process* (University Microfilms International Out-of-Print Books on Demand, 1939), pp. 223-229.

新是一个学习的过程。① 与熊彼特提出的大面积模仿模式不同的是，Stoneman 更愿意强调新技术在全社会形成的示范效应。②

技术创新是通过横向扩散和纵向扩散两种扩散效应作用于产业结构升级的。横向技术扩散存在于产业内的螺旋式技术创新驱动模式中，当一种新技术出现时，企业会结合自身经营及市场情势，考虑进行技术学习的投入和产出，形成对引入新技术的合理预期，把新技术的投入当作对其他企业进行新技术应用所产生的不利影响的平衡方案，从而减少本企业在本轮技术创新中产生的利润损失。产生的结果是一项技术创新引发存在竞争关系的厂商进一步寻求创新，这就是螺旋式上升技术创新模式。该横向的企业间技术扩散过程不断产生市场需求增加、产品成本降低等正向的创新红利，增加厂商的生产能力，提升厂商的利润率，从而使整个产业的发展水平得以提升。在长期中，技术创新通过横向扩散效应使得创新产业的获利能力及生产效率不断提升，挤压低效率的产业，逐渐使一个经济体的产业结构实现优化。纵向扩散效应指的是技术进步通过产业链对产业结构产生关联影响。新技术出现使得中间产品的成本降低、产量增加，这使得下游企业的生产成本得以降低，进而增加了需求，使得整个产业的产值得以提升。另外，下游产业受到上游技术进步的影响会预期上游产业的技术创新形成新的市场情况，便会引进新技术扩大生产以达成预期的市场均衡，至此形成了上游产业技术进步诱导下游企业的技术进步。纵向的技术创新就是这样通过扩散效应、产业链关联效应形成系统、动态的影响过程，利用相关产业的技术进步带来的低成本优势增加产值、增强产业竞争力，促进技术密集型产业挤占市场份额，进而实现经济体系的产业结构升级。

（二）资本创新促进产业结构升级的实现路径

发展经济学认为，资本是经济社会发展所必需的基本条件。而在马克思主义政治经济学中，资本有资本家对工人阶级的剥削关系的内涵，资本不单是一个存量的概念，而且包括再生产中的金融资本和各种无形、有形

---

① Ireland, N., Stoneman, P., "Technological Diffusion, Expectations and Welfare," *Oxford Economic Papers* 38 (1986): 283–304.

② 李汝凤：《我国稀贵金属产业创新驱动发展研究》，博士学位论文，云南大学，2014。

资本的投入，在社会生产的整个过程中都存在资本。根据创新驱动中资本创新的特点，本小节从物质资本积累及人力资本增值两个方面论述资本创新是如何促进产业结构升级的，即探讨资本创新促进产业结构升级的实现路径。

1. 物质资本积累推进产业结构演进

随着经济社会工业化步伐的加快，经济增长的主导因素已逐渐从自然资源和劳动力要素转向物质资本积累。发展经济学中的"贫困恶性循环"理论[1]、"大推进"理论[2]等经济增长理论均认为，推动区域经济快速发展的决定性因素在于物质资本的积累。

20 世纪 50 年代，Nurkse 首次提出"贫困恶性循环"理论，常用来解释发展中经济体贫穷、收入低状况的成因。Nurkse 研究发现，从供给角度看，发展中国家普遍产生了收入较低导致的储蓄率低，储蓄率低意味着形成资本的资金不足，资金不足使得厂商无法充分扩大生产获得规模效应，这反过来使得发展中国家的劳动效率低下，进而收入水平低。这样周而复始，长此以往便导致所谓的"贫困恶性循环"。从需求角度看，发展中经济体的低收入使得人们的消费能力和购买力不足，较低的收入无法引致厂商努力扩大生产规模，导致产出水平长期处于较低水平。Nurkse 指出，通过全面的、大规模的物质资本投入提高全社会的储蓄水平可以打破这种贫困的恶性循环。Murphy 等提出的"大推进"理论认为，发展中国家和地区要想改变供给与需求之间的相互限制及双重发展障碍，一方面可以通过对有互补关系的工业部门进行大规模投资，实现扩大市场经济，创造市场需求；另一方面可以通过对相互补充的产业部门投资，实现增加产业超额利润、降低产业生产成本从而促进产出水平提升。

综上可见，产业产出水平提高的基础是物质资本的投入。通过各经济部门的投资引致效应，促进资本的形成，最终劳动生产率得以提升。如果物质资本投入生产效率较高的产业，将对该产业产生推动与加速作用，进

---

[1] Nurkse, R., *Problems of Capital Formation in Underdeveloped Countries* (Basil Blackwell, 1953).

[2] Murphy, K. M., Shleifer, A., Vishny, R. W., "Industrialization and the Big Push," *Journal of Political Economy* 97 (1989): 1003-1026.

而使其产值提高，竞争力增强。一个产业竞争优势的建立会进一步吸引更多资本的进入，从而使得该产业的竞争力进一步增强，产值进一步增加，这样持续下去，该产业便会呈现生产力快速提升，产业迅速升级的状态。从整体上看，物质资本投入力度的加大及存量水平的提升都会使得产业发展模式朝正向发展，进而以产业结构升级的形式表现出来。

2. 人力资本增值促进技术进步

Schultz 最早提出人力资本的概念，他指出人力资本是人作为消费者及生产者的一种能力，"是体现于劳动者身上，通过投资并由劳动者的知识、技能、体力所构成的资本"。[1] 内生经济增长理论提出，人力资本结构的优化及存量的增加将使边际生产率水平提高，Lucas 增长模型也指出了人力资本因素在经济发展中的重要作用。[2] 经济在均衡增长的条件下运行时，卢卡斯模型得出了产业产出与人力资本增值关系，表达式如下：

$$Q_t = A_t K_t^{\alpha} (\mu_t H_t^{1-\alpha})$$

$$H_t = B(1-\mu_t)^{\beta} H_t$$

$$H/H = B(1-\mu)^{\beta}$$

$$Q/Q = H/H = \frac{A/A}{(1-\mu)}$$

其中，$\alpha>0$，$\beta<1$，A、$B>0$，K 为物质资本存量，Q 为产出，μ 是行为人用于生产的时间，H 表示人力资本中用于资本形成的部分。通过以上表达式，Lucas 把人力资本看作一个独立的因素，并将之纳入增长模型中，提出只有具有劳动技能的专业化、个体化的人力资本才能对产出效率产生影响，从而从更微观的分析视角把人力资本作为另一种促进经济增长的动力形式。

在 Lucas 增长模型中，一方面，人力资本的变化率可以表示技术进步的程度，而人力资本的变化率由人力资本原有存量与人力资本形成所用的时间决定，人力资本建设时间越短、存量越大，那么效率越高，技术进步

① Schultz, T. W., "Investment in Human Capital," *Economic Journal* 82 (1961): 787.
② Lucas, R. E., "Why Doesn't Capital Flow from Rich to Poor Countries?," *American Economic Review* 80 (1990): 92-96.

水平越高。技术进步使得资本收益率提高，进而提高产业剩余价值积累，提高产业竞争力。另一方面，人力资源的专业化、精细化细分，使得分工更深入，这有利于形成效率高的产业网络组织，网络组织中的资源共享降低了交易成本，推动产业的发展，最大限度地发挥网络集群的特点，增强产业竞争的优势，提高产业市场份额及整体产值水平。可见，人力资本的积累性是经济持续增长的推动力，人力资本的结构优化和总量积累发展越快，产业发展水平越高，经济部门产出增量越多，从而进一步推动产业结构向更加优化的方向调整，提高经济的产业结构水平。

（三）市场创新促进产业结构升级的实现路径

创新成果转化为产品的必要条件是市场创新。从微观看，市场创新有供给创新和需求创新两层含义，供给创新是指产品用途创新、产品外观创新、产品种类创新；需求创新是指新技术的应用对市场需求的引导。从宏观看，市场创新意味着新的市场秩序的建立以及新的市场组织的形成。

1. 本地市场效应推进产业结构调整

市场创新的一个重要方面是需求创新，需求创新有改变需求结构及增加需求总量两种形式。Krugman 的本地市场效应理论指出，当某种产品存在运输成本且规模报酬递增时，对该种产品需求较大的地区或国家会产生经济效率提高与生产规模扩大的效应，从而使得本地区的该种产品除了能够满足本地区的需求，还具有进行外贸出口的优势。[①] 本地市场效应将更容易使区域产业走向集群化发展，产生集聚效应，提高产业集群的竞争力水平，促进区域经济增长。

一方面，技术创新带来新的产品，从而可以开辟新的市场，培育出新的需求，从而促进本地需求数量的增加，使区域市场的需求结构得到优化，实现增强和培育本地区的本地市场效应的作用。本地市场效应的增强又使当地生产规模扩张，实现规模效应，进而生产成本降低，最终形成低成本竞争优势。此外，需求量提高将引起地方产业集群发展，产生集聚效

---

① Krugman, P. A., "'Reciprocal Dumping' Model of International Trade," *Journal of International Economics* 15 (1983): 313-321.

应和溢出效应，提高经济增长水平。另一方面，本地规模市场通过产品的终端需求效应促进本地企业同跨区域企业合作，产生互动性关联，推进产业之间需求发现，需求发现诱导市场的形成及市场规模的扩张，从而反过来进一步为企业创造营业利润和提升知识技术水平提供支持。总之，创新型技术通过市场需求创新，作用于产业提高生产效率的全过程，从而加快具有高生产效率的产业发展，并挤占低生产效率产业的生产要素，使之逐渐被淘汰，最终完成产业结构优化升级。

2. 价格机制作用引导产业结构升级

市场机制在本质上是价格机制，价格在市场中有着传递供求信息、实现资源配置的功能，价格的波动反映的是市场产品的供求变化，价格反映消费者的消费意愿，是生产者生产中的边际成本。

一方面，市场创新通过供给创新增加产品的用途、进行产品种类多样化生产，从而形成产品的差异化优势。不同于低成本优势，产品差异化并不是以降低价格进入市场来占领市场份额，而是进行高价定位，以主场优势对客户目标群体进行选择，从而得到在产品供给创新过程中研发投入的弥补，甚至获得大量的超额利润。进行供给创新的企业实行差异化策略生产产品、制定产品价格来建立市场优势，获得超额利润并增加产值，减少了竞争性企业的市场占有率，为了求得生存其他企业不得不实行类似的差异化策略，并进行市场供给创新，从而慢慢演变成整个产业的市场创新。从长期看，由于产业进行市场供给创新获得了价格优势，进而通过价格机制的作用实现了产值的增加和经济效益的提升。另一方面，价格机制引导创新资源的流向。资源的成本决定了生产者的生产成本，生产者对资源的需求量受生产成本影响，根据成本收益比较，厂商决定是否利用资源进行创新以及用多少资源进行创新，成功使用创新资源进行创新的企业会得到低成本、超额利润的好处，企业会建立起市场竞争优势，这会使生产者引进高端人才、加大研发投入，进一步实现创新资源对传统资源的挤占，改变生产方式，最终表现为宏观层面的产业结构升级。[①]

---

① 王来军：《基于创新驱动的产业集群升级研究》，博士学位论文，中共中央党校，2014。

(四) 创新主体与创新环境促进产业结构升级的实现路径

1. 创新主体的协同效应推进产业结构优化

通过协同效应，创新主体可以促进创新体系更加健全，提升创新驱动的效率，推动产业结构及经济向高级化发展。协同效应是指创新系统内各种要素及各子系统之间通过相互之间的合作、协调或集体行动，产生经济效率"1+1>2"的结果。

一方面，协同效应能够使得"产学研用"各主体协同发展。企业、高校、政府、科研机构等创新主体以市场需求为连接点，主要通过价值链及产业链形成可持续、稳定的创新协作关系，创新主体之间相互联结、互相促进，在提升自身水平的同时推动区域经济发展；另一方面，伴随创新主体之间的协同效应还有各种创新方式和创新内容之间的协同，实现市场创新、资本创新、制度创新、技术创新等创新功能之间的共同发展。其中，高校等不仅通过基础研究和应用研究，为技术创新提供知识储备，而且为社会和企业提供高端人力资源，是知识创新和人力资本创新的主体；企业通过进行生产经营性活动成为应用科研机构成果、进行经济社会技术创新的主要主体；公共服务部门和政府则负责提供公共服务、制定产业政策、进行立法执法、维护市场秩序等，在国家宏观层面上进行适度干预为创新提供有利的外部环境，是构建创新环境的主体。伴随着经济体的创新发展，各创新主体之间通过协同效应联系起来，并形成强大的驱动创新的系统合力，推进经济发展和产业结构优化升级。

2. 创新环境的整合机制助力产业结构升级

区域创新环境作为创新的"孵化器"与"温床"，对于创新活动具有重要作用。[①] 创新环境包括软环境和硬环境，创新系统的软环境涵盖创新文化、经济环境、教育环境、法律规范等非物质性因素，创新文化是在悠久的历史中形成的，其区域创新系统的整体基调，一般认为创新文化可以在政府的引导下改变；发展公开、公平、公正的市场环境，健全的经济环境对创新主体有着正向的激励作用，可以引导各类研发机构和企业扩大创

---

① 盖文启：《论区域经济发展与区域创新环境》，《学术研究》2002 年第 1 期，第 60~63 页。

新产出规模，促进创新效率的提高，提升产出效率，获得竞争优势；要想获得科技创新能力必须获得高水平的教育，高水平的教育不仅是创新研发的基本前提，而且能够更好地把握经济活动的规律；健全的法律环境可以保护创新成果，实现对创新主体创新积极性的调动，有利于科技工作者积极交流科研成果，从而大大提高研发速度。创新系统的硬环境包括科研设备、产业基地、公共设施、高科技信息网络、科技园区等，完善的硬环境是创新活动的基础条件。

总之，创新环境通过整合机制协调创新体系中的创新资源，激励创新主体的创新活动，并使良好的创新环境成为区域创新的刺激因素，为创新驱动更好地发挥作用提供动力条件。打造良好的区域创新环境能够吸引技术、投资、人才和企业进入该区域，为区域发展提供优质的创新要素；降低交易成本以培育产业竞争力；促进本地机构和企业之间的协同与合作，降低机会主义发生概率。当创新体系与外部环境之间实现互利互补、相互协调时，外部环境就能更好地为创新体系提供创新要素支持，促使创新驱动能力的提高，维持并增强产业的竞争优势，实现产业结构升级。

第三章

创新驱动产业转型升级
评价指标体系的构建

　　珠江—西江经济带创新驱动产业转型升级涉及的研究领域众多，影响因素也较多，因此在构建创新驱动产业转型升级评价指标体系时需要立足珠江—西江经济带的发展现状，结合指标体系构建的原则，设立科学的评价指标体系。具体来说，指标体系的构建应遵循系统性和全面性原则、科学性和合理性原则、真实性和典型性原则、可操作性和可比性原则；在具体的指标设定上，在借鉴国内外学者指标构建的基础上，设立珠江—西江经济带创新驱动产业转型升级评价指标体系。

一　评价指标体系构建的原则

　　构建科学的评价指标体系是对创新驱动产业转型升级进行客观评价的重要基础，也是后续开展相关实证分析的重要条件。在实证分析过程中，最终的分析结果与指标的数量和具体的指标选择密切相关，因此，需要遵循一定的指标体系构建原则来构建科学的评价指标体系；同时，在构建创新驱动产业结构转型升级评价指标过程中，还要立足于珠江—西江经济带创新驱动和产业结构的发展现状及发展特点。创新驱动产业转型升级评价指标体系的构建需遵循以下原则。

（一）系统性和全面性原则

　　评价指标体系是由评价对象的各方面及相互联系的多个指标共同构成的具有内在结构的有机整体。创新驱动产业转型升级涉及的研究领域较广，影响因素也较多。因此，在分析创新驱动产业转型升级对产业结构的影响时，必须注意指标本身的关联性，同时评价指标要能够比较全面地反映研究对象的整体情况。同时，各指标之间要有一定的逻辑关系，它们不但要从不同的侧面反映出珠江—西江经济带创新驱动产业转型升级的主要特征和状态，而且要反映创新驱动与产业转型升级之间的内在联系。评价指标体系中的每一个子系统由一组指标构成，各指标之间相互独立，又彼此联系，共同构成一个有机统一体。因此指标体系必须由宏观到微观、自上而下层层深入，从而形成一个紧密相连的整体。在相应的评价层次基础上，全面考虑影响环境、经济、社会系统的诸多因素，并进行综合分析和评价。

（二）科学性和合理性原则

这一原则要求选取的指标既要具备深刻的经济内涵，又要能够体现研究问题的本质，而且要求我们在选取指标时要注意各个指标之间存在的相关关系。尽量避免选取那些不存在相关性或相关性较低的指标，从而使得最终的评价结果更有意义。因此，指标体系的设计及各评价指标的选择必须以科学性为原则，能客观真实地反映珠江—西江经济带创新驱动产业转型升级的特点现状和影响因素，并科学、合理地反映出各指标之间的真实关系。

（三）真实性和典型性原则

各评价指标应该具有典型性，不能过多、过细，使指标过于烦琐，相互重叠，指标又不能过少、过简，避免指标信息遗漏，出现错误、不真实现象，并且数据应容易获取且计算方法简明易懂。分析研究对象的最终目的是依据评价结果给出有针对性的对策和建议，因此，要保证评价结果的真实性，在指标选取环节就应该客观分析，应保证数据的真实可靠性，避免主观因素对评价结果产生影响。务必确保评价指标具有一定的典型性，尽可能准确地反映出珠江—西江经济带创新驱动产业转型升级的综合特征。即使在减少指标数量的情况下，也要便于数据计算和提高结果的可靠性。

（四）可操作性和可比性原则

在进行创新驱动和产业结构升级指标的选取时，应考虑到数据的可得性，应优先考虑有数据支撑的指标。同时，评价指标的计算口径应该保持相对一致。另外，同一指标还应在横向和纵向上具备动态可比性。在指标选择上，特别注意在总体范围内的一致性，指标选取的计算量度和计算方法应保持一致性，各指标尽量简单明了、便于收集，这就要求各指标应具有很强的现实可操作性和可比性，而且选取指标时也必须注意指标能否量化，以便于进行相应的数学分析和处理。

二　评价指标体系的构建与指标说明

（一）创新驱动产业转型升级评价指标体系的构建

国内外对创新驱动发展评价指标体系的构建尚无统一的定论。国家统计局社科文司《中国创新指数（CII）研究》课题组从创新环境、创新投入、创新产出、创新成效四个方面评估我国创新能力演进情况。崔有祥等从反映城市创新能力和水平的基本创新链、城市创新基础条件，搭建了城市创新驱动发展的评估框架。[①] 吴优、李文江按照创新驱动发展评价指标评估框架模型，构建了创新驱动发展评价指标体系，并对北京、上海、广州、深圳等地进行了相关实证研究。[②] 吴海建等设计了创新驱动发展评价指标体系，并进行了实证研究。[③] 程惠芳等从区域经济发展水平和民生改善能力等5个方面构建区域经济转型升级能力评价指标体系，并建立转型升级综合能力指数，对全国31个省（市）经济转型升级能力进行研究。[④] 李伟庆通过分析创新驱动、制造业转型升级等相关概念，结合制造业自身

---

① 崔有祥、胡兴华、廖娟等：《实施创新驱动发展战略测量评估体系研究》，《科研管理》2013年第1期，第308~314、338页。

② 吴优、李文江：《创新驱动发展评价指标体系构建》，《开放导报》2014年第4期，第88~92页。

③ 吴海建、韩嵩、周丽等：《创新驱动发展评价指标体系设计及实证研究》，《中国统计》2015年第2期，第53~54页。

④ 程惠芳、唐辉亮、陈超：《开放条件下区域经济转型升级综合能力评价研究——中国31个省市转型升级评价指标体系分析》，《管理世界》2011年第8期，第173~174页。

发展的特点，从产业结构、需求结构、劳动生产率、贸易竞争等方面深入研究了创新驱动制造业转型升级的作用机理。[1] 屠年松、李彦将产业转型升级分为产业间转型和产业内升级，基于 2002～2013 年省级面板数据对创新驱动产业转型升级进行了研究。[2] 乔虹选取河南省 20 个产业作为研究对象，采用因子分析法，构建产业创新能力的指标，对产业创新能力进行了评价。[3] 蒋玉涛、招富刚从创新及创新型区域的内涵出发，构建了创新驱动经济社会发展的过程模型，通过创新投入、知识创造、技术应用、创新产出、创新环境等 5 个方面指标对创新型区域建设状况进行了评价。[4] 唐清泉、李海威认为研发创新是影响产业结构和促进产业转型升级的重要因素，以广东的产业数据为样本，实证考察经济增长与 R&D 投入生产弹性、产业结构的关系。[5] 刘健民等选取 2002～2012 年湖南省 14 个市的面板数据，从方向和速度两方面测算了产业转型水平，运用面板数据分位数回归模型检验了财政分权等因素对产业转型升级的影响。[6] 王文寅、梁晓霞以山西省为例，对创新驱动能力影响因素进行了实证研究。[7] 陈东旭选择了适用的创新驱动能力测量指标对珠三角地区进行了实证研究。[8]

创新驱动产业转型升级能力评价指标体系用于衡量创新要素对产业转型升级发展的作用强度，在遵循指标构建的基本原则基础上，还应根据创新驱动产业转型升级发展的特征来构建指标，从而使得构建的指标体系体现科学性和典型性。在充分理解创新驱动作用机制的基础上，通

[1] 李伟庆：《创新驱动制造业转型升级的机理研究》，《科技视界》2015 年第 16 期，第 14 页。

[2] 屠年松、李彦：《创新驱动产业转型升级研究——基于 2002-2013 年省际面板数据》，《科技进步与对策》2015 年第 24 期，第 50～55 页。

[3] 乔虹：《产业创新能力的测度与评价》，《统计与决策》2016 年第 23 期，第 127～129 页。

[4] 蒋玉涛、招富刚：《创新驱动过程视角下的创新型区域评价指标体系研究》，《科技管理研究》2009 年第 7 期，第 168～169 页。

[5] 唐清泉、李海威：《我国产业结构转型升级的内在机制研究——基于广东 R&D 投入与产业结构的实证分析》，《中山大学学报》（社会科学版）2011 年第 5 期，第 191～199 页。

[6] 刘健民、陈霞、吴金光：《湖南省产业转型升级的水平测度及其影响因素的实证分析》，《湖南社会科学》2015 年第 1 期，第 143～147 页。

[7] 王文寅、梁晓霞：《创新驱动能力影响因素实证研究——以山西省为例》，《科技进步与对策》2016 年第 3 期，第 43～49 页。

[8] 陈东旭：《创新驱动能力测量、分析与改进策略探讨——基于珠三角统计数据的实证研究》，《武汉商学院学报》2017 年第 4 期。

过对国内外学者对创新驱动产业转型升级研究成果的分析，借鉴中国创新指数，利用创新环境、创新投入、创新产出和创新成效 4 个领域的发展情况来衡量创新驱动产业转型升级能力，并结合指标体系构建的原则，我们将珠江—西江经济带 11 个城市创新驱动产业转型升级能力评价指标划分为 4 个二级指标，并进一步细分为 10 个三级指标、36 个四级指标，共同组成珠江—西江经济带创新驱动产业转型升级能力评价指标体系，如表 3-1 所示。

表 3-1　珠江—西江经济带创新驱动产业转型升级能力评价指标体系

一级指标	二级指标	三级指标	四级指标
创新驱动产业转型升级能力评价指标体系	A1：创新环境	B1：经济	C1：GDP（亿元）
			C2：人均 GDP（元）
			C3：全市公共财政收入（亿元）
			C4：固定资产投资（亿元）
			C5：全市公共财政支出（亿元）
			C6：工业生产总值（亿元）
		B2：教育	C7：普通高等学校学生在校人数（万人）
			C8：普通高等学校数量（个）
			C9：普通高等学校专任教师人数（人）
		B3：信息化	C10：互联网宽带接入用户数（万户）
			C11：移动电话年末用户数（万户）
			C12：邮电业务收入（亿元）
		B4：基础设施	C13：每百人公共图书总藏量（册）
			C14：每万人拥有医院和卫生院床位数（张）
			C15：人均城市道路面积（平方米）
			C16：建成区绿化覆盖率（%）
		B5：对外开放度	C17：进出口总额占 GDP 比重（%）
			C18：出口额占工业生产总值比重（%）
			C19：实际利用外资额（万美元）

续表

一级指标	二级指标	三级指标	四级指标
创新驱动产业转型升级能力评价指标体系	A2：创新投入	B6：财力投入	C20：科学技术支出占全市公共财政支出比重（%）
			C21：教育支出占全市公共财政支出比重（%）
			C22：R&D 经费支出占 GDP 比重（%）
	A3：创新产出	B7：知识产出	C23：专利授权数量（件）
			C24：发明专利授权量占专利授权量比重（%）
			C25：专利授权量占专利申请量比重（%）
	A4：创新成效	B8：产业	C26：产业偏离度（%）
			C27：第三产业产值占 GDP 比重（%）
			C28：规模以上工业企业利润总额（亿元）
		B9：民生	C29：城镇登记失业率（%）
			C30：城市居民人均可支配收入（元）
			C31：农民纯收入（元）
		B10：环境	C32：（一般）工业固体废弃物综合利用率（%）
			C33：污水处理厂集中处理率（%）
			C34：生活垃圾无害化处理率（%）
			C35：单位 GDP 工业二氧化硫排放量（吨/万元）
			C36：单位 GDP 工业废水排放量（吨/万元）

（二）评价指标的选取与说明

从创新驱动的定义出发，要推动珠江—西江经济带创新驱动产业转型升级，需要考虑 4 个方面的因素。①创新环境：一个有利于创新能力发展的环境，将为后续的工作展开做好准备，为后续发展提供重要基础。②创新投入：创新活动的前提条件就是将创新资源投入各种活动中，这也是创新活动的起点。③创新产出：通过研发得到各种创新成果，这也是创新的核心。④创新成效：将研发得到的成果转化，从而扩散到各个领域，促进产业的转型升级，这是创新的目的。通过这 4 个方面，珠江—西江经济带 11 个城市创新驱动产业转型升级能力评价指标共分为 4 个二级指标，细分为 10 个三级指标、36 个四级指标。具体如下：

1. 创新环境

该领域主要反映驱动创新发展所必备的各种外部环境和条件情况，从经济、教育、信息化、基础设施和对外开放度 5 个方面进行衡量，共设 5 个三级指标。其中，经济指标有 6 个四级指标。GDP 不仅可以反映一个国家或地区的经济表现，还可以反映一国的国力和财富，因此常被公认为衡量国家或地区经济状况的最佳指标；但是 GDP 不能涵盖所有经济状况，选取人均 GDP 作为补充。同时，还选取反映地区财政绩效的全市公共财政收入和支出指标、反映资产状况的固定资产投资指标以及反映工业发展情况的工业生产总值指标来共同衡量经济指标。随着经济全球化的发展，教育的作用也越来越重要。考虑到人力资源的地域性特征，我们用普通高等学校学生在校人数、普通高等学校数量、普通高等学校专任教师人数来衡量一个地区的教育环境。信息化指标反映社会利用信息通信技术来创建、获取、使用和分享信息及知识的能力，以及信息化发展对经济社会发展的推动作用，我们用互联网宽带接入用户数、移动电话年末用户数及邮电业务收入来衡量信息化指标。用每百人公共图书总藏量、每万人拥有医院和卫生院床位数、人均城市道路面积、建成区绿化覆盖率来衡量基础设施指标，相对而言，基础设施越完善的地区，其创新环境就越好。对外开放度用进出口总额占 GDP 比重、出口额占工业生产总值比重、实际利用外资额这 3 个指标衡量，这 3 个指标均是正向指标，其比重越高、总额越大，其对外开放度就相对越高，创新环境越优越。

2. 创新投入

该领域主要通过创新的人力、财力投入来表示。由于较缺乏创新的人力和财力投入指标，且研发是当前我国创新的重要环节，所以这里的投入指标用研发投入作为财力投入的代理指标。基于数据的可得性原则，我们在此设置财力投入 1 个三级指标，包括科学技术支出占全市公共财政支出比重、教育支出占全市公共财政支出比重、R&D 经费支出占 GDP 比重 3 个四级指标，这 3 个指标能反映出全社会开展活动的资金支持力度，因此它们的比重越大，财力要素水平越充足，越具有开展创新活动的优势，三者均为正向指标。

3. 创新产出

该领域通过论文、专利、商标、技术成果成交额反映创新中间产出情况。专利技术的市场价值越来越大，竞争力也越来越强。我国专利主要有三种形式，包括发明、实用新型和外观设计。不同形式的专利在经济价值、技术重要性和研发所需的投入等方面也不同。由于发明专利更能体现研发成果的市场价值和竞争力，其在三种专利中的技术含量最高，同时，根据数据的可得性，选取了专利授权数量、发明专利授权量占专利授权量比重、专利授权量占专利申请量比重这 3 个指标来衡量创新产出能力。这 3 个指标综合反映知识产出能力，知识产出能力越强，基础研究越扎实，也越易于开展应用与试验研究，产生新技术、生成新产品、创新服务形式的能力就越强。

4. 创新成效

主要通过产业、民生和环境三个方面来衡量。产业指标下有 3 个四级指标。其中，产业偏离度衡量产业结构与从事该产业的就业结构间的偏离程度，采用三次产业结构比重与相对应三次就业结构比重之差的绝对值之和来表示；产业结构趋向合理的主要趋势是由第一、第二产业向第二、第三产业转移，因此用第三产业产值占 GDP 比重、规模以上工业企业利润总额这 2 个四级指标来衡量产业结构的合理程度。民生方面用城镇登记失业率、城市居民人均可支配收入、农民纯收入来衡量。环境方面利用（一般）工业固体废弃物综合利用率、污水处理厂集中处理率、生活垃圾无害化处理率、单位 GDP 工业二氧化硫排放量、单位 GDP 工业废水排放量来衡量。其中，（一般）工业固体废弃物综合利用率、污水处理厂集中处理率、生活垃圾无害化处理率是正向指标，利用率越高，说明产业转型升级越明显，创新的成效越明显。单位 GDP 工业二氧化硫排放量、单位 GDP 工业废水排放量这 2 个四级指标是负向指标，它们的排放量越高，说明创新驱动产业转型升级的能力越低。

三　创新驱动产业转型升级评价方法

（一）区位商

区位商，又称为区域产业专门化率，在区域经济学中用于判断某个产业在该区域中是否构成专业化部门。区位商指某地区的某个产业部门增加值在该地区总增加值中所占的比重与全国该部门增加值在全国总增加值中所占比重之间的比值，其计算公式为：

$$LQ_{ij} = \dfrac{\dfrac{L_{ij}}{\sum\limits_{j=1}^{m} L_{ij}}}{\dfrac{\sum\limits_{i=1}^{n} L_{ij}}{\sum\limits_{i=1}^{n} \sum\limits_{j=1}^{m} L_{ij}}}$$

其中，i 表示第 i 个地区（$i = 1, 2, 3, \cdots, n$），j 表示第 j 个行业（$j = 1, 2, 3, \cdots, m$），L_{ij} 表示 i 地区 j 行业的增加值，LQ_{ij} 表示第 i 个地区第 j 个行业的区位商。若 $LQ_{ij} > 1$，则第 i 个地区的第 j 个行业的专业化程度超过全国该行业的平均水平，在全国范围内具有比较优势；若 $LQ_{ij} > 1.5$，则说明比较优势突出；而 $LQ_{ij} < 1$，那么该行业的专业化程度处于全国平均水平之下，在全国范围内的竞争力不足，凸显出了比较劣势；若 $LQ_{ij} = 1$，则意味着该地区该行业的专业化程度相当于全国平均水平。

（二）权重确定方法——熵值法

在信息论中，熵是对不确定性的一种度量。熵越大，不确定性越大；熵越小，不确定性越小。根据熵的特性，可以通过计算熵值来评价一个系统的混乱或者无序程度，熵值越大，则说明系统越混乱，其涵盖的信息量越少；反之，则说明系统越有序，信息量越多。根据样本数据自身携带的信息量多少为基础，来确定指标变量对系统的影响程度从而决定指标的权重，熵值法是一种客观赋权法，能避免赋权时的主观随意性，使计算结果更可靠，因此广泛用于社会学、经济学等领域。计算过程如下。

1. 构建原始数据矩阵

设有 i 个待估样本，j 项评价指标，则原始数据矩阵为 $A = \begin{pmatrix} X_{11} & \cdots & X_{1j} \\ \vdots & \ddots & \vdots \\ X_{i1} & \cdots & X_{ij} \end{pmatrix}$。其中，$X_{ij}$ 为第 i 个样本第 j 个指标的原始数值。

2. 原始数据无量纲化

各项指标原始数据的正负性质、计量单位及具体含义不同，因此需要对原始数据进行无量纲化处理。具体如下：

$$\begin{cases} \dfrac{X_j - X_{\min}}{X_{\max} - X_{\min}}, & \text{当} X_{ij} \text{为正项指标时} \\[3mm] \dfrac{X_{\max} - X_j}{X_{\max} - X_{\min}}, & \text{当} X_{ij} \text{为负项指标时} \end{cases}$$

3. 计算第 j 项指标下第 i 个样本占该指标的比重

$$Y_{ij} = \dfrac{X_{ij}}{\sum\limits_{i=1}^{n} X_{ij}}, i = 1, 2, \cdots, I$$

4. 计算第 j 项指标的熵值 e_j

$$e_j = -k \sum_{i=1}^{I} (Y_{ij} \times \ln Y_{ij})$$

其中，$k > 0$，$\ln$ 为自然对数，$e_j \geq 0$，式中常数 k 与样本数 I 有关，一般令 $k = 1/\ln I$，那么 $0 \leq e_j \leq 1$。

5. 计算第 j 项指标的差异系数 d_j

对于第 j 项指标，指标值差异越大，其评价作用越明显，且熵值越小，而此时 d_j 越大。

$$d_j = 1 - e_j$$

那么，d_j 越大则指标越重要。

6. 计算第 j 项指标下第 i 个样本的权重 W_j

$$W_j = \dfrac{d_j}{\sum\limits_{j=1}^{J} d_j}$$

7. 计算各样本单指标评价得分 U

$$U = W_j \times X'_{ij}$$

式中，X'_{ij} 表示第 i 个评估样本中第 j 项评价指标经过无量纲化处理后的数值。显然 U 越大，样本效果越好。最终比较所有的 U 值，得出评价结论。

（三）耦合协调度模型

根据协调度发展模型，构建了珠江—西江经济带区域创新驱动与产业转型升级耦合协调度模型，对珠江—西江经济带创新驱动产业转型升级发展的整体状态及演变历程进行准确刻画。以下分别构建了区域创新子系统发展指数 U_1、产业转型升级子系统发展指数 U_2，其计算公式为：

$$U_1 = \sum_j^m \alpha_j X'_{ij} \ ; \ U_2 = \sum_j^m \beta_j X'_{ij}$$

其中，α_j、β_j 分别表示第 i 个被评价样本中的第 j 个指标的权重，利用熵值法计算得出，m 表示子系统中指标个数，X'_{ij} 表示标准化处理后各指标的值。

同时，进一步将区域创新子系统发展指数 U_1、产业转型升级子系统发展指数 U_2 根据权重加总求和，即可得到珠江—西江经济带创新驱动产业转型升级综合指数为：

$$T = \alpha U_1 + \beta U_2$$

式中的 α、β 分别表示各子系统的待定系数。在创新驱动产业转型升级发展过程中区域创新子系统、产业转型升级子系统同等重要，因此可令 $\alpha = \beta = \frac{1}{2}$。

引入物理学中"耦合"这个概念来反映两个及两个以上系统的相互作用强度，并进行修正得到创新驱动产业转型升级的耦合度模型，其公式为：

$$D_{it} = \left[(U_1 \times U_2) \Big/ \prod_1^2 (U_1 + U_2) \right]^{\frac{1}{k}}$$

其中，D_{it} 表示第 i 个评价样本在第 t 年的耦合度，D 取值为 [0，1]，D 取值越大，表明各子系统之间的耦合度越强，反之则越弱；k 为调整系数，且 $k \geq 2$。将耦合度划分为 4 个阶段：0.0~0.3 为低水平阶段，各子系统间相互独立，主要为反方向的作用力；0.3～0.5 为拮抗阶段，各子系统间还未形成良好的协同，有时甚至存在相反方向的作用力；0.5～0.8 为磨合阶段，各子系统间初步形成协同，开始出现相互促进的作用力；0.8～1.0 为高水平阶段，各子系统间形成高程度的协同，相互之间出现较强的作用力。

耦合度 D 只是刻画了各评价子系间的耦合作用强弱，无法从整体上有效反映各子系统耦合发展水平的高低。因此，综合考虑各子系统的发展水平和协调度，构建协调发展度模型，如下：

$$C_{it} = \sqrt{D_{it} \times T}$$

C 为区域创新与产业转型升级的协调度。T 为两者之间的综合协调指数，根据协调度的大小并借鉴相关文献[①]，将协调度划分为 9 个等级：$0.0 < D \leq 0.2$ 为严重失调，$0.2 < D \leq 0.3$ 为中度失调，$0.3 < D \leq 0.4$ 为轻度失调，$0.4 < D \leq 0.5$ 为濒临失调，$0.5 < D \leq 0.6$ 为勉强协调，$0.6 < D \leq 0.7$ 为初级协调，$0.7 < D \leq 0.8$ 为中级协调，$0.8 < D \leq 0.9$ 为良好协调，$0.9 < D \leq 1.0$ 为优质协调。

（四）灰色关联分析法

灰色关联分析法是一种根据因素之间发展趋势的相似程度或者相异程度（即灰色关联度）来测度因素之间关联度的分析方法。灰色关联分析主要用来分析系统中的母因素与子因素关系的密切程度，从而判断引起该系统发展变化的主要因素和次要因素，是对系统动态发展态势的量化比较分析方法，并且不管样本量多少和样本是否具有规律性都适用，弥补了回归分析、方差分析、主成分分析等传统数理统计分析方法进行系统分析所导致的缺憾。邓聚龙教授首先提出灰色关联分析模型，此后许多学者据此进行了很多有益的探索。研究过程从早期的基于点关联扩散至基于相似性和

---

① 黄木易、程志光：《区域城市化与社会经济耦合协调发展度的时空特征分析——以安徽省为例》，《经济地理》2012 年第 2 期，第 77～81 页；张明斗、莫冬燕：《城市土地利用效益与城市化的耦合协调性分析——以东北三省 34 个地级市为例》，《资源科学》2014 年第 1 期，第 8～16 页。

接近性构造的灰色关联分析模型，研究对象也从曲线之间的关系拓展到曲面之间的关系分析，再到三维空间立体之间的关系分析，乃至 n 维空间中超曲面之间的关系分析。①

灰色关联分析将研究对象视为动态发展的灰色系统，并以关联度作为衡量标准判断影响因素间发展趋势相近或相异，意图透过一定的方法，去寻求系统中各子系统（或因素）之间的数值关系，适合研究时刻处于动态变化中的经济问题。评价思路：由样本数据列于参考列数据之间曲线族的几何相似程度来确定数据的关联度，将最理想状态数据作为参考项，通过对象数据与最优样本曲线的相似程度，判定灰色关联度大小。操作流程如下。

第一步：确定分析序列，建立原始数据参考数列（母序列）和比较数列（子序列）。其中，参考数列是反映系统行为特征的数据序列，比较数列是影响系统行为的因素组成的数据序列。

参考数列：

$$X_0 = [x_0(1), x_0(2), \cdots, x_0(n)]$$

比较数列：

$$X_1 = [x_1(1), x_1(2), \cdots, x_1(n)]$$
$$X_2 = [x_2(1), x_2(2), \cdots, x_2(n)]$$
$$\vdots$$
$$X_m = [x_m(1), x_m(2), \cdots, x_m(n)]$$

第二步：变量的无量纲化。为了便于比较不同物理意义的因素，必须对数据进行无量纲化处理，一般常用标准法、初值法和均值法。

第三步：求参考数列 $X_0(k)$ 与比较数列 $X_m(k)$ 之间的差列 Δ_i。其计算公式为：

$$\Delta_1 = |X_0(k) - X_1(k)| = [\Delta_1(1), \Delta_1(2), \cdots, \Delta_1(n)]$$
$$\Delta_2 = |X_0(k) - X_2(k)| = [\Delta_2(1), \Delta_2(2), \cdots, \Delta_2(n)]$$
$$\vdots$$
$$\Delta_m = |X_0(k) - X_m(k)| = [\Delta_m(1), \Delta_m(2), \cdots, \Delta_m(n)]$$

---

① 刘思峰、蔡华、杨英杰等：《灰色关联分析模型研究进展》，《系统工程理论与实践》2013年第 8 期。

第四步：求关联度。鉴于关联系数是母序列与子序列在不同时刻的关联程度值，因此关联系数不止一个数值。为了避免信息分散对数据整体的比较，需要将关联系数求取平均值来作为关联度，其计算公式为：

$$\gamma[x_0(k), x_i(k)] = \frac{\min\limits_{i}\min\limits_{k}|x_0(k) - x_m(k)| + \lambda \max\limits_{i}\max\limits_{k}|x_0(k) - x_m(k)|}{|x_0(k) - x_m(k)| + \lambda \max\limits_{i}\max\limits_{k}|x_0(k) - x_m(k)|}, \lambda \in (0,1)$$

λ 为分辨系数，一般在 0 和 1 之间选取，一般取 0.5 为分辨系数。

$$\gamma_i = \gamma(X_0, X_i) = \frac{1}{m}\sum_{i=1}^{m}\gamma[x_0(k), x_i(k)]$$

第五步：关联度排序。

因素间的关联程度主要是用关联度的大小次序描述，而不仅是关联度的大小。将 m 个子序列对同一母序列的关联度按大小顺序排列起来，便组成了关联序，记为 $\{x\}$，它反映了对于母序列来说各子序列的"优劣"关系。若 $\gamma_{0i} > \gamma_{0j}$，则称 $\{x_i\}$ 对于同一母序列 $\{x_0\}$ 优于 $\{x_j\}$，记为 $\{x_i\} > \{x_j\}$。

（五）数据包络分析法

数据包络分析法（Data Envelopment Analysis，DEA）是由美国著名运筹学家 Charnes 等于 1978 年开始创建的[①]，DEA 使用数学规划模型测算具有多个输入和多个输出的部门或者单位（称为决策单元，Decision-Making Unit，DMU）之间的相对效率值。根据各 DMU 输入、输出数据的观测值判断其是否为 DEA 有效，本质上就是判断各 DMU 是否位于生产可能集的生产前沿面上。数据包络分析法常用的评估模型主要是 CCR 模型和 BCC 模型，分别用于评价各决策单元的总效率和技术效率。CCR 模型是假设决策单元属于规模报酬不变，设有 n 个评价对象，即决策单位 DMU_j（$j=1$，2，…，n），DMU_j 的输入、输出向量分别为：

---

① Charnes, A., Cooper, W. W., Rhodes, E., "Measuring the Efficieny of Decision Making Units," *European Journal of Operational Research* 2 (1978): 429–444.

$$X_j = (x_{1j}, x_{2j}, \cdots, x_{mj})^{\mathrm{T}} > 0 ; Y_j = (y_{1j}, y_{2j}, \cdots, y_{sj})^{\mathrm{T}} > 0$$

决策单元评价指数为：

$$h_j = \frac{U^{\mathrm{T}} Y_j}{V^{\mathrm{T}} X_j} = \frac{\sum_{k=1}^{s} U_k Y_{kj}}{\sum_{i=1}^{m} V_i X_{ij}} (j = 1, 2, 3, \cdots, n)$$

其中 $U = (u_1, u_2, \cdots, u_s)^{\mathrm{T}}$，$V = (v_1, v_2, \cdots, v_m)^{\mathrm{T}}$ 分别为输入和输出变量的权重向量。正是由于在生产过程中，每一个输入和输出指标的作用和地位不同，所以对于不同的 u 和 v，我们总能使得 $h_j \leqslant 1$，而 h_j 越大，表明 DMU_j 能够用较少的输入得到相对较高的产出。应用线性规划对偶理论，引入非阿基米德无穷小量 ε，松变量 s^- 和剩余变量 s^+ 建立基本的数学模型：

$$\begin{cases} \min\theta - \varepsilon(s^+ + s^-) \\ \mathrm{s.\,t.} \sum_{j=1}^{n} \gamma_j x_j + s^- = \theta x_0, \sum_{j=1}^{n} \gamma_j y_j - s^+ = y_0 \\ \gamma_j \geqslant 0, j = 1, 2, \cdots, n \\ 0 < \theta < 1, s^+ \geqslant 0, s^- \geqslant 0 \end{cases}$$

其中，θ 为 DMU_j 的有效值，θ 越高，反映该决策单元的投入产出效率相对较高，以上该线性规划问题的最优解为 θ^*、γ^*、s^{-*}、s^{+*}，根据 DEA 有效性定义可知：若 $\theta^* = 1$、$s^{-*} + s^{+*} > 0$，则 DMU_j 为弱 DEA 有效；若 $\theta^* = 1$、$s^{-*} + s^{+*} = 0$，则 DMU_j 为 DEA 有效；若 $\theta^* < 1$，则说明 DMU_j 的每个投入指标应按 θ_j 比例减少，即投入资源未得到充分的运用。

Banker 等在 1984 年将 CCR 模型中的固定规模报酬的假设改为规模报酬可变（Variable Returns to Scale，VRS），又称 BCC 模型。[①] 该模型同时改变 CCR 模型的含义及使用范围，推导出纯技术效率及规模效率，即将技

---

① Banker, R. D., Charnes, A., Cooper, W. W., "Some Model for Estimating Techilical and Scale Inefficiencies in Data Envelopment Analysis," *Management Science* 30（1984）: 1078 - 1092.

术效率（TE）分解为纯技术效率（Pure Technical Efficiency，PTE）与规模效率（Scale Efficiency，SE），形成新的 BCC 模型，以测算不同规模报酬下的相对效率值，即在 CCR 模型中增加凸约束，得到规模报酬可变下的 BCC 模型，其有关系式 $TE_i = PTE_i^{VRS} \times SE_i$，即综合技术效率等于纯技术效率乘以规模效率。

但决策单元有可能属于规模报酬递增或规模报酬递减，决策单元在规模上无效率会影响整体效率，因此，必须分析和区分规模报酬递增和递减不同情况对整体效率的影响。Fare 等又提出了非递增规模报酬（Non-Increasing Returns to Scale，NIRS）模型[1]，即将 VRS 中的约束条件 $\sum_{j=1}^{n} \gamma_j = 1$ 改为 $\sum_{j=1}^{n} \gamma_j \leqslant 1$，求得效率指标 TE_i^{NIRS}，若 $TE_i^{NIRS} = TE_i^{VRS}$，则表明决策单元处于规模报酬递增阶段；若不相等，则处于规模报酬递减阶段。

（六）因子分析法

创新驱动产业转型升级是一个动态的过程，综合了诸多复杂要素，这为区分主要驱动因素增加了难度。因子分析方法在遵循变量之间客观关系的基础上，选取少数能反映原来因子信息的公共因子描述原来诸多复杂因子。因子分析法的计算过程如下。

1. 指标数据的标准化处理

指标中既有总量指标又有比率指标，为提高计算结果的准确率，采用标准化方法对原始数据进行统一化处理。标准化公式为：$X_{ik}^* = \dfrac{X_{ik} - \overline{X_k}}{\sigma_k}$，其中，$\overline{X_k} = \dfrac{1}{N} \sum_{i}^{k} X_{ik}$，$\sigma_k^2 = \dfrac{1}{N} \sum_{i}^{k} (X_{ik} - \overline{X_k})^2$。

2. 计算原始变量的相关系数矩阵

$$r_{ik} = \frac{\sum_{a=1}^{n} (X_{ai} - \overline{X_i})(X_{ak} - \overline{X_k})}{\sqrt{\sum_{a=1}^{n} (X_{ai} - \overline{X_i})^2} \cdot \sqrt{\sum_{a=1}^{n} (X_{aj} - \overline{X_j})^2}}$$

① Fare, R., Grosskopf, S., Lovell, C. A. K., "Productivity and Growth," 2008.

3. 计算相关系数矩阵的特征根和相应单位特征向量

根据特征值大于 1 （即方差大于 1）提取因子，使因子的累计方差贡献率大于 80%。

4. 建立因子载荷矩阵，对载荷矩阵进行方差最大正交旋转

$$l_{ik} = p(Z_b, l_i) = \sqrt{\lambda_b l_{bi}}$$

其中，$i = 1, 2, \cdots, p$；$k = 1, 2, \cdots, m$。

5. 计算因子得分，进行综合评价

$$Z_i = a_{1i}F_{1i} + a_{2i}F_{2i} + a_{3i}F_{3i} + a_{4i}F_{4i}, \ i = 1, 2, 3, \cdots, 11$$

其中，Z_i 为第 i 个城市的综合得分，F_{1i}、F_{2i}、F_{3i}、F_{4i} 为珠江—西江经济带各城市的因子得分，a_{1i}、a_{2i}、a_{3i}、a_{4i} 为各因子的信息贡献率，它是各因子的方差贡献率与四个主因子的累计方差贡献率的比值。

（七）Tobit 回归分析法

Tobit 回归模型，也叫截取回归模型，是因变量受限模型的一种。Tobit 模型的形式为：

$$\begin{cases} Y_i^* = X_i\beta + \mu_i \\ Y_i = 0, \ 若 \ Y_i^* \leq 0 \\ Y_i = Y_i^*, \ 若 Y_i^* > 0 \end{cases}$$

其中，Y_i^* 为潜在变量，Y_i 为被观察到的因变量，X_i 为自变量向量，β 为相关系数向量，μ_i 为误差项。从模型中可以看出，Y_i^* 的所有非正值均被定义为 0，即对这些数据在 0 处进行了左截距，而不是把观测不到的 Y_i^* 的所有负值简单地从样本中删掉。估计 Tobit 回归模型有两种方法，一是 Heckman 两阶段回归估计方法，二是最大似然估计法，后者可以保证得到具有一致性的参数估计结果，并提高有效性，因而比 Heckman 两阶段回归估计方法更为有效。

在 DEA 的基础上加入 Tobit 回归分析，形成 DEA-Tobit 两步法，在对效率及其影响因素的研究中已较为普遍和成熟，该方法已被广泛运用于银行系统效率评价、创新系统效率评价、企业绩效评价等方面。鉴于此，本书在 DEA 效率评价的基础上，用最大似然估计法估计出 Tobit 回归参数，将有利于了解不同区域产学研合作效率的影响因素和影响程度。

珠江—西江经济带创新驱动产业转型升级的现状评价

本章根据第三章所构建的评价指标体系，运用熵值法、耦合协调度分析、灰色关联分析、DEA-Tobit 评价、因子分析法多角度对珠江—西江经济带创新驱动产业转型升级状况进行评价，以期能够深入剖析珠江—西江经济带创新驱动产业转型升级的现状、水平、影响因素和效率等。

一 珠江—西江经济带创新驱动产业转型升级的现状分析

（一）珠江—西江经济带创新发展现状

1. 创新环境现状

以欧洲创新研究小组为代表的区域经济研究学派较早提出了创新环境的概念，强调产业区内的创新主体和集体效率以及创新行为所产生的协同作用。随后诸多学者提出了不同的定义及指标设计。其中中国科技发展战略研究小组的研究成果《中国区域创新能力报告（2002）》中的指标设计较为全面，且受到了国内外学者、政府等的认可。该报告中提到创新环境综合反映了驱动创新能力发展所必备的人力、财力等基础条件的支撑情况，以及政策环境对创新的引导和扶持力度，并设定了 5 个评价指标。[1] 良好的创新环境可以优化、整合区域内的创新资源，推动区域经济的持续发展，提高区域经济的竞争力，为区域经济内产业转型升级提供技术支

---

[1] 中国科技发展战略研究小组编《中国区域创新能力报告（2002）》，经济管理出版社，2003。

撑，从而形成更大规模的经济增长效应。① 以下将从经济、教育、信息化、基础设施及对外开放度 5 个方面分析珠江—西江经济带的创新环境。

（1）经济

由图 4-1 可以看出，各市的经济总量呈上升趋势，且地区差距明显。广州的 GDP 最高，较 2015 年，广州 GDP 是来宾的 32 倍、崇左的 26 倍，经济实力悬殊。

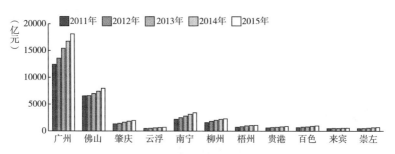

图 4-1 珠江—西江经济带各城市 GDP 统计

资料来源：历年《中国城市统计年鉴》。

图 4-2 是珠江—西江经济带 11 个城市近 5 年的人均 GDP，由图可知，珠江—西江经济带内各城市的人均 GDP 悬殊。广州、佛山人均 GDP 居于较高水平但年度变动大；肇庆、南宁、柳州 3 个城市的人均 GDP 居于中等水平，且呈连年上升的趋势；云浮、梧州、贵港、百色、来宾、崇左 6 个城市的人均 GDP 水平相对较低。

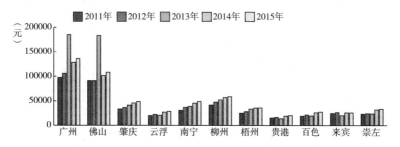

图 4-2 珠江—西江经济带各城市人均 GDP

资料来源：历年《中国城市统计年鉴》。

---

① 张宗益、张莹：《创新环境与区域技术创新效率的实证研究》，《软科学》2008 年第 12 期，第 123~127 页。

（2）教育

随着经济全球化的日益发展，人力资源作用越来越突出。中国教育资源极度不平衡，这是一个普遍的现象。高校作为知识和技术的中心与培育地，在地区发展中的作用也越来越重要。通过图 4-3 中 2011~2015 年珠江—西江经济带 11 个城市的高校数量变化情况，可以看出，广州高校数量遥遥领先，这也为广州的发展吸引和储备了大量人才；其次是南宁；其他 9 个城市的高校数量十分少。人力资源在珠江—西江经济带的分布也是十分不平衡的。

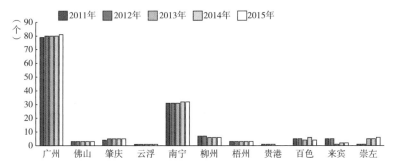

图 4-3　珠江—西江经济带教育环境（普通高等学校数量）

资料来源：历年《中国城市统计年鉴》。

（3）信息化

近年来我国宽带用户数量快速增长势头明显，在城市地区，随着光纤建设改造力度不断加大和光纤到户两项国家标准的实施落实，光纤到户已成为城市家庭的"标配"，全国地级市基本建成光网城市；在中西部偏远的农村地区，随着电信普遍服务试点的不断推进，已经有越来越多的农村贫困家庭用上了宽带网络。通过对珠江—西江经济带 11 个城市 5 年互联网宽带接入用户数的对比分析（见图 4-4）可知，广州、南宁的互联网宽带接入用户数最多，但整体处于下降趋势，总体不稳定；佛山、肇庆 2 个城市的互联网宽带接入用户数稳定增长且水平居中上；柳州、梧州 2 个城市的互联网宽带接入用户数年度变动较大；云浮、贵港、百色、来宾、崇左5 个城市的互联网宽带接入用户数处于相对稳步变动状态，水平较低。

（4）基础设施

除了教育，医疗设施等基础设施也是吸引人才的重要因素，通过 5 年

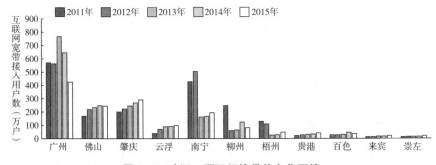

图 4-4　珠江—西江经济带信息化环境

资料来源：历年《中国城市统计年鉴》。

11个城市的每万人拥有医院和卫生院床位数的对比分析（见图4-5）可知，广州依旧处于领先地位。由于人员的流动、设施投入的变动等因素，每个城市的年度数据变化幅度均较大。从整体上来看，珠江—西江经济带的基础设施并不完善，对人才的吸引力不强，且地域差异大。

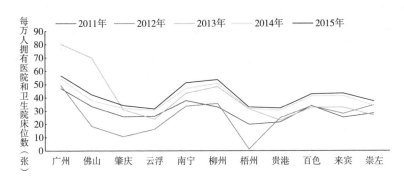

图 4-5　珠江—西江经济带基础设施环境

资料来源：历年《中国城市统计年鉴》。

人均城市道路面积指按城镇人口计算平均每人拥有的道路面积。参照国际上现代化城市的指标，人均城市道路面积应达到12平方米，这也是我国全面小康的目标值。如图4-6所示，广州、南宁、柳州5年均达到了全面小康目标值；肇庆在2011~2014年人均城市道路面积远超全面小康目标值，2015年又降到水平线下；佛山、梧州、百色3个城市5年的值变动趋势较大，整体在水平线徘徊；云浮、贵港、来宾、崇左4个城市的人均城市道路面积远低于目标值。

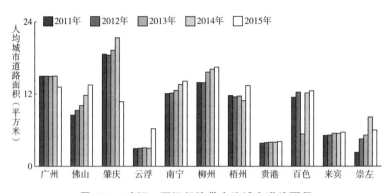

图 4-6 珠江—西江经济带人均城市道路面积
资料来源：历年《中国城市统计年鉴》。

作为一个国家最重要的公益性文化服务机构，公共图书馆不仅承担着保存人类文化遗产、传播先进文化和开展社会教育等多项重要职能，而且公共图书馆的发展对于提高全民族的科学文化素养、推进科技水平的进步和促进社会主义和谐社会的建设都发挥着重要的基础性保障作用。因此，一个地区的图书馆发展水平也折射了该地区的整体文明、经济发展程度。如图 4-7 所示，广州的每百人公共图书总藏量最高，且呈连年上升趋势；其次是佛山、南宁、百色、肇庆、来宾；云浮、柳州、梧州、贵港、崇左5 个城市处于相对较低水平。

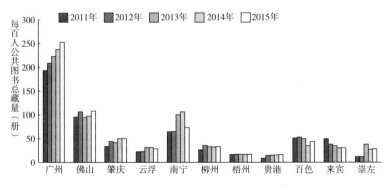

图 4-7 珠江—西江经济带每百人公共图书总藏量
资料来源：历年《中国城市统计年鉴》。

（5）对外开放度

实际利用外资额用于衡量市场对外开放度，是一个描述市场环境很好的指标。图4-8是珠江—西江经济带11个城市2011~2015年实际利用外资额情况。由图4-8可知，从整体来看，珠江—西江经济带的市场环境并不优越，地区发展差异十分明显。广州、佛山、肇庆的实际利用外资额远远高于其他8个城市，这也反映出广州、佛山、肇庆的市场环境远比其他8个城市优越；对于广西境内的7个城市而言，南宁、柳州、梧州3个城市的市场环境相对较好，南宁居于首位。但是南宁作为广西首府、广西第一大城市和广西的政治、经济、文化、交通中心，以及作为广西北部湾经济区核心城市和中国-东盟博览会的永久举办地，显然其优势地位并没有完全凸显出来。

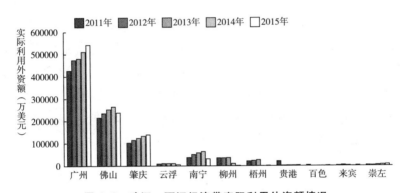

图4-8 珠江—西江经济带实际利用外资额情况

资料来源：历年《中国城市统计年鉴》。

从经济、教育、信息化、基础设施、对外开放度5个角度分析珠江—西江经济带的创新环境发现，珠江—西江经济带的创新环境地区间差异很大，整体创新环境状况并不乐观，因此，很有必要通过创新驱动战略加快区域一体化建设，提升创新驱动产业转型升级速度，促进珠江—西江经济带的整体发展。

2. 创新投入现状

创新驱动战略实施以来，各市全面贯彻落实创新驱动发展，把创新驱动发展战略作为核心战略和根本出路。通过加强发明创造、坚持提高自主创新能力、深化科技改革、坚定创新驱动发展路子不动摇、加大创新投入力度，着力弥补创新短板，科技创新工作取得良好成效，但是各地区间投入力度明显不同。以下将从人力投入、财力投入和创新主体三个方面分析各市的投入现状。

（1）人力投入

2015 年末，广州共有研究与试验发展（R&D）人员 79930 人，R&D 人员折合全时当量为 60946 人年，企业办研发机构数为 878 家，研发机构人员为 55345 人，其中硕士毕业及以上的人员为 6377 人。佛山市 R&D 人员为 68198 人，R&D 人员全时当量为 43266 人年，拥有 R&D 项目（课题）为 5334 个，研发机构为 1187 家，机构人员为 53656 人，其中博士和硕士为 3229 人。肇庆市国有企业、事业单位专业技术人员年末人数中科学研究人员为 95 人，全社会科技活动 R&D 人员为 3391 人，折合全时当量为 2787.68 人年，工业企业科技活动 R&D 人员为 13410 人。云浮市专业技术人员为 44780 人，R&D 人员为 2846 人。柳州规模以上工业企业 R&D 人员为 11021 人，R&D 人员折合全时当量合计为 8993 人年。企业办研发机构人员为 7329 人，其中，博士 71 人、硕士 814 人、本科 4500 人。贵港市全市工程技术研究中心共有博士 21 人、硕士 66 人、本科 379 人，拥有高级工程师 78 人、中级工程师 134 人、初级工程师 189 人。可见，各地区在人力投入方面差距较大。

（2）财力投入

政府科技计划项目的知识产权导向作用进一步强化。政府充分发挥科学研究与技术开发计划对全社会创新活动的引导作用，财政在研发项目和发明专利方面的投入进一步提高。财政科技拨款主要是指统计年度内由各级财政部门拨付的直接用于科技活动的款项，包括科学事业费、科技三项费、科研基建费及其他科研事业费。通过衡量各市科学技术支出占全市公共财政支出比重（见图 4-9），可以看到，近 5 年来，广州的科学技术支出占全市公共财政支出比重在持续上升，并且整体处于领先水平；其次是佛山，佛山的科学技术支出占全市公共财政支出比重年度变动较大；肇庆、云浮、南宁 3 个城市居中，且年度变动幅度不大；柳州、梧州、贵港、百色、来宾 5 个城市的年度变动较大，水平较低，尤其是来宾

2015 年的比重在整个经济带处于末位；崇左的历年比重变动不大，但水平较低。

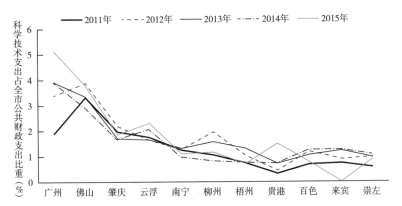

图 4-9　珠江—西江经济带科学技术支出占全市公共财政支出比重
资料来源：历年《广东科技年鉴》和《广西科技年鉴》。

R&D 经费投入额进一步加大，为发明专利的大量产出提供基础条件。R&D 经费指全社会研究与试验发展经费，包括实际用于研究与试验发展活动的人员劳务费、原材料费、固定资产购建费、管理费及其他费用支出。R&D 经费投入强度指全社会研究与试验发展经费支出与国内生产总值（GDP）之比。通过对近 5 年珠江—西江经济带 11 个城市的 R&D 经费投入强度的对比分析（见图4-10），可以发现，广州、佛山、柳州 3 个城市的 R&D 经费投入强度处于相对较高的水平；肇庆、云浮、南宁处于中等水平，且年度变化稳定；梧州、贵港、百色、来宾、崇左 5 个城市的 R&D 经费投入强度处于相对较低的水平，且来宾、崇左 2 个城市的 R&D 经费投入强度年度不稳定，变动较大。从整体来看，R&D 经费投入强度均未超过 4%，属于较低水平。

（3）创新主体

2015 年末，广州共有各类科技活动单位 234 家，其中自然科学类研发机构 133 家、高新技术企业 1462 家、规模以上工业企业 4643 家、有 R&D 活动的企业 1338 家、有研发机构的企业 707 家、企业办研发机构 878 家；佛山规模以上工业企业 5787 家，其中有 R&D 活动的企业 1416 家，有科研

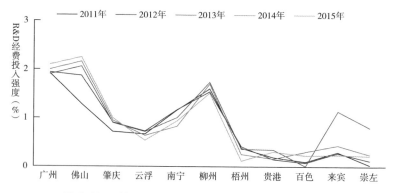

图 4-10 珠江—西江经济带 R&D 经费投入强度情况
资料来源：历年《广东科技年鉴》和《广西科技年鉴》。

机构的企业 8151 家，全市 R&D 经费支出为 929893.3 万元，拥有 R&D 项目（课题）5334 个、研究机构 1187 家；肇庆年末拥有科协机构 9 家；云浮各级学会及研究会 4 个、科技研究机构 21 家；南宁共有国家级科技企业孵化器 3 家、自治区级科技企业孵化器 5 家；柳州拥有企业办研发机构 84 家；贵港共有自治区级工程技术研究中心 4 家、市级工程技术研究中心 30 家、建设科技企业孵化器 2 家；百色、来宾 2 个城市的政府、企业也加大了创新投入，R&D 经费投入强度分别为 0.23% 和 0.24%；崇左在孵企业已有 20 家，引入在孵项目 25 个，全市共有高新技术企业 9 家，已认定自治区级创新型企业 1 家、自治区级创新型试点企业 2 家、崇左市创新型试点企业 7 家，自主创新能力保持良好增长势头。

3. 创新产出现状

创新产出是创新活动的核心环节，珠江—西江经济带各市的创新产出差异很大。以下将从知识产出和技术产出两个方面详细说明。

（1）知识产出

当今世界，知识经济发展迅猛，发明专利在国际经济、科技综合实力竞争中的地位和作用日益突出，发明专利拥有量是衡量区域创新能力、整体技术发展水平和经济科技竞争力的关键指标。表 4-1 展示了 2011~2015 年珠江—西江经济带 11 个城市专利授权数量情况。从表 4-1 中可以看出，广州的专利授权数量独占鳌头，其次是佛山、南宁、柳州、肇庆。云浮、贵港 2 个城市的专利授权数量连年增加但总体还是处于较低水平。百色、来宾、崇左 3 个城市的专利授权数量在整个经济带处于末位，这也反映出后发地区的创新基础薄弱，产出能力低的现状。

表 4-1　珠江—西江经济带 11 个城市专利授权数量

单位：件

年份	广州	佛山	肇庆	云浮	南宁	柳州	梧州	贵港	百色	来宾	崇左
2011	18339	5364	889	235	1156	864	184	130	49	36	45
2012	22045	5671	1227	369	1682	991	204	229	109	35	77
2013	26156	9979	1288	461	2065	1405	510	294	179	126	70
2014	28137	10751	1449	480	2651	1879	484	343	179	128	106
2015	39834	14327	1726	645	3937	2559	529	558	179	126	66

资料来源：历年《广东科技年鉴》和《广西科技年鉴》。

（2）技术产出

2015 年末，广州共获得国家级科技奖励成果 17 项，比 2014 年减少 6 项；国家发明奖 4 项，比 2014 年减少 1 项；国家自然科学奖 2 项；国家科技进步奖 11 项，比 2014 年减少 1 项；省级科技奖励成果 164 项；省级科技进步奖 164 项。高新技术企业产品销售收入为 77615086 万元，出口销售收入为 12130050 万元，增加值为 223971244 万元，总产值为 80525200 万元。佛山专利授权数量为 14327 件。肇庆获省级科技奖励成果 2 项。云浮获市级及以上科技奖励成果 6 项，技术合同成交额 22800 万元。南宁获重点成果推广项目 43 项，全年获得自治区级科学技术奖 24 项，全年获得市级科学技术奖 59 项，全年共签订各类技术合同 379 项，签约合同金额为 16842 万元。柳州专利所有权转让及许可数为 8 件，专利所有权转让及许可收入为 201 万元，新产品产值为 11646084 万元，新产品销售收入为 10667637 万元，出口为 76250 万元，发表科技论文为 973 篇，期末拥有注册商标 1814 件。2011~2015 年，梧州规模以上工业企业高技术产业总产值实现持续增长，同比增速逐渐平稳。高技术产业总产值从 2011 年的 61.69 亿元增加到 2015 年的 133.44 亿元，增幅达到 116.3%；增加值从 2011 年的 26.03 亿元增加到 2015 年的 42.94 亿元，增幅达到 65%；2015 年主营业务收入达 76.9 亿元。贵港产业园区规模以上工业总产值为 442.59 亿元，各工程中心完成转化成果 12 项，推广成果 63 项。

通过知识产出、技术产出两个主要方面对珠江—西江经济带创新产出现状进行了分析。结果表明，珠江—西江经济带整体创新产出不足，地区间差距明显，但整体上呈现上升趋势。

（二）珠江—西江经济带产业转型升级现状

1. 珠江—西江经济带产业发展现状

区位商在区域经济学中用于度量某个产业在该区域中的专业化程度。本部分采用区位商方法对珠江—西江经济带产业发展现状进行描述，数据来源于历年《中国统计年鉴》、《广东统计年鉴》、《广西统计年鉴》，以及广东、广西各地级市统计年鉴，珠江—西江经济带 11 个城市的《国民经济和社会发展统计公报》。选取 11 个城市 2011~2015 年三次产业的增加值，以此测算珠江—西江经济带三次产业在全国范围内的区位商，以分析珠江—西江经济带三次产业在全国视角下的比较优势。

（1）全国范围内珠江—西江经济带三次产业区位商

由 2011~2015 年珠江—西江经济带的三次产业增加值以及全国三次产业的增加值，测算出珠江—西江经济带三次产业的区位商值，如表 4-2 所示。

表 4-2　珠江—西江经济带三次产业区位商值

年份	第一产业	第二产业	第三产业
2011	0.67	0.99	1.06
2012	0.66	1.00	1.07
2013	0.64	1.02	1.05
2014	0.61	1.03	1.05
2015	0.61	1.04	1.03

从表 4-2 中可以看出，珠江—西江经济带第一产业在全国范围内不具备竞争优势，第二产业从 2013 年开始也在拉动珠江—西江经济带经济增长中体现竞争优势，且竞争优势逐年增加。这说明，随着工业化的进程加

快，珠江—西江经济带已经实现了资源及要素的投入不断由第一产业向第二、第三产业转移，因而第一产业的竞争优势转化为了第二、第三产业的竞争优势。此外，珠江—西江经济带第三产业发展水平近 5 年来一直处于全国平均水平之上，其是经济带的优势产业，在全国范围内的竞争力突出。

（2）珠江—西江经济带区域范围内各市各行业区位商

此外，由珠江—西江经济带 11 个城市三次产业内部各行业自 2011 年至 2015 年的增加值，包括第一产业中的农、林、牧、渔业，第二产业中的工业和建筑业，第三产业中的交通运输、仓储和邮政业，批发和零售业，住宿和餐饮业及金融业，并以此测算以珠江—西江经济带为区域总体下的经济带内 11 个城市各行业的区位商值，以此判断经济带内 11 个城市的各行业在以经济带为区域内的比较优势。

第一，珠江—西江经济带区域内第一产业各行业区位商值，如表 4-3 至表 4-6 所示。

表 4-3　珠江—西江经济带农业区位商值

地区	2011 年	2012 年	2013 年	2014 年	2015 年
广州	1.09	1.07	1.08	1.10	1.13
佛山	0.59	0.62	0.67	0.66	0.67
肇庆	0.89	0.89	0.90	0.90	0.91
云浮	0.78	0.78	0.77	0.76	0.76
南宁	1.03	1.05	1.06	1.08	1.07
柳州	1.13	1.12	1.11	1.11	1.12
梧州	0.97	0.99	0.98	0.99	0.97
贵港	0.83	0.86	0.86	0.85	0.82
百色	1.03	1.04	1.05	1.04	1.03
来宾	1.18	1.18	1.13	1.12	1.12
崇左	1.47	1.42	1.37	1.33	1.32

表4-4 珠江—西江经济带林业区位商值

地区	2011 年	2012 年	2013 年	2014 年	2015 年
广州	0.16	0.14	0.15	0.14	0.14
佛山	0.05	0.06	0.06	0.07	0.06
肇庆	1.88	1.85	1.79	1.83	1.84
云浮	1.46	1.44	1.65	1.79	1.80
南宁	0.78	0.74	0.69	0.62	0.59
柳州	1.12	1.20	1.05	1.01	0.95
梧州	1.87	1.86	1.95	1.98	2.00
贵港	0.88	0.83	0.86	0.73	0.75
百色	1.31	1.39	1.27	1.33	1.29
来宾	0.87	0.89	0.98	0.89	0.90
崇左	1.13	1.21	1.26	1.32	1.32

表4-5 珠江—西江经济带牧业区位商值

地区	2011 年	2012 年	2013 年	2014 年	2015 年
广州	0.72	0.77	0.76	0.67	0.62
佛山	0.96	0.89	0.83	0.77	0.77
肇庆	0.99	0.98	0.96	0.94	0.94
云浮	1.42	1.46	1.45	1.47	1.49
南宁	1.17	1.17	1.18	1.19	1.20
柳州	0.99	0.98	1.03	1.05	1.04
梧州	1.02	0.99	0.97	0.94	0.96
贵港	1.34	1.29	1.28	1.31	1.31
百色	1.02	1.00	1.01	1.01	1.03
来宾	0.96	0.96	1.02	1.08	1.07
崇左	0.72	0.74	0.75	0.78	0.79

表4-6 珠江—西江经济带渔业区位商值

地区	2011 年	2012 年	2013 年	2014 年	2015 年
广州	1.03	1.94	1.95	1.94	1.94
佛山	1.98	1.04	1.99	1.05	1.02

续表

地区	2011 年	2012 年	2013 年	2014 年	2015 年
肇庆	1.02	1.05	1.06	1.03	0.98
云浮	0.48	0.47	0.46	0.44	0.41
南宁	0.43	0.40	0.42	0.41	0.42
柳州	0.29	0.27	0.29	0.29	0.31
梧州	0.49	0.45	0.45	0.46	0.47
贵港	0.89	0.98	1.09	1.18	1.32
百色	0.56	0.51	0.53	0.53	0.54
来宾	0.29	0.26	0.27	0.28	0.29
崇左	0.31	0.32	0.35	0.37	0.38

由表 4-3 至表 4-6 可以看出，在农、林、牧、渔业的发展上，珠江—西江经济带内各城市的差异较为明显。在农业上，广东的广州、佛山、肇庆和广西的南宁的比较优势总体上呈缓慢上升趋势，贵港和来宾在经济带内的比较优势则总体上在下降；在林业上，珠江—西江经济带内各市之间存在较大差异，2015 年，林业发展水平最低的佛山与发展水平最高的梧州之间相差 1.94；由于自然条件约束，珠江—西江经济带的牧业发展基本一致；在渔业上，广东省总体上的发展优势更为显著。

第二，珠江—西江经济带区域内第二产业各行业区位商值，如表 4-7和表 4-8 所示。

表 4-7 珠江—西江经济带工业区位商值

地区	2011 年	2012 年	2013 年	2014 年	2015 年
广州	0.99	0.99	1.00	1.01	1.00
佛山	1.06	1.06	1.06	1.08	1.07
肇庆	1.00	1.01	1.03	1.05	1.04
云浮	0.97	0.97	0.98	0.98	0.97
南宁	0.81	0.81	0.81	0.82	0.82
柳州	1.01	1.01	1.01	0.46	1.00
梧州	1.00	1.01	1.02	1.03	1.02
贵港	0.95	0.92	0.92	0.93	0.91

续表

地区	2011 年	2012 年	2013 年	2014 年	2015 年
百色	0.96	0.96	0.95	0.95	0.94
来宾	0.93	0.88	0.85	0.85	0.80
崇左	0.94	0.93	0.93	0.94	0.91

表 4-8　珠江—西江经济带建筑业区位商值

地区	2011 年	2012 年	2013 年	2014 年	2015 年
广州	1.06	1.05	1.00	0.91	1.00
佛山	0.39	0.36	0.35	0.33	0.36
肇庆	0.98	0.86	0.74	0.60	0.64
云浮	1.26	1.25	1.18	1.13	1.30
南宁	2.91	2.88	2.95	2.51	2.67
柳州	0.89	0.87	0.94	5.64	1.00
梧州	1.04	0.94	0.84	0.75	0.86
贵港	1.49	1.76	1.83	1.61	1.87
百色	1.39	1.37	1.55	1.41	1.58
来宾	1.73	2.17	2.53	2.29	2.84
崇左	1.57	1.65	1.68	1.55	1.83

由表 4-7 和表 4-8 可以看出，工业发展大致相当，各市在经济带区域内部均没有明显的优劣；而在建筑业方面，南宁和来宾较其他城市优势明显。

第三，珠江—西江经济带区域内第三产业各行业区位商值，如表 4-9 至表 4-12 所示。

表 4-9　珠江—西江经济带批发和零售业区位商值

地区	2011 年	2012 年	2013 年	2014 年	2015 年
广州	1.09	1.07	1.01	1.06	1.04
佛山	1.14	1.15	1.13	1.01	1.05
肇庆	1.19	1.17	1.13	1.14	1.14
云浮	1.12	1.11	1.10	1.02	1.03

续表

地区	2011 年	2012 年	2013 年	2014 年	2015 年
南宁	0.91	0.90	0.92	0.91	0.93
柳州	1.02	1.04	1.02	0.95	0.89
梧州	0.89	0.93	0.99	1.01	1.00
贵港	0.81	0.79	0.77	0.80	0.80
百色	0.96	0.98	0.84	0.93	0.93
来宾	0.93	0.95	0.90	0.98	0.96
崇左	0.80	0.87	0.88	0.90	0.85

表 4-10 珠江—西江经济带交通运输、仓储和邮政业区位商值

地区	2011 年	2012 年	2013 年	2014 年	2015 年
广州	1.06	1.09	1.05	1.00	1.01
佛山	0.89	0.96	0.99	1.04	1.04
肇庆	0.86	0.90	0.93	0.95	0.98
云浮	0.81	0.83	0.92	0.88	0.90
南宁	0.91	0.83	0.92	0.84	0.81
柳州	1.06	0.91	0.89	0.63	0.73
梧州	1.20	1.11	1.10	1.03	0.98
贵港	1.90	1.94	1.99	1.84	1.77
百色	1.20	0.99	1.44	1.31	1.27
来宾	1.19	1.17	1.25	1.18	1.24
崇左	1.57	1.64	1.59	1.38	1.25

表 4-11 珠江—西江经济带住宿和餐饮业区位商值

地区	2011 年	2012 年	2013 年	2014 年	2015 年
广州	0.87	0.87	0.89	0.84	0.88
佛山	0.95	0.92	0.97	0.61	0.76
肇庆	1.73	1.75	1.84	1.68	1.90
云浮	1.65	1.67	1.66	0.79	0.97

地区	2011 年	2012 年	2013 年	2014 年	2015 年
南宁	1.30	1.29	1.05	1.07	1.31
柳州	1.04	1.16	1.23	3.91	1.44
梧州	1.35	1.29	1.15	1.03	1.34
贵港	0.87	0.88	0.90	0.92	1.12
百色	1.24	1.26	1.09	1.08	1.34
来宾	1.58	1.56	1.67	1.41	1.69
崇左	1.48	1.44	1.50	1.21	1.47

表 4-12　珠江—西江经济带金融业区位商值

地区	2011 年	2012 年	2013 年	2014 年	2015 年
广州	1.42	1.49	1.48	1.56	1.57
佛山	1.05	1.05	1.02	1.09	0.97
肇庆	0.61	0.59	0.62	0.60	0.63
云浮	0.64	0.64	0.61	1.14	1.04
南宁	1.31	1.41	1.49	1.40	1.48
柳州	0.90	0.94	0.96	1.12	1.24
梧州	0.86	0.90	0.87	0.96	0.92
贵港	0.59	0.65	0.67	0.71	0.70
百色	0.77	0.93	0.92	0.85	0.82
来宾	0.69	0.70	0.71	0.75	0.69
崇左	0.62	0.68	0.74	0.63	0.61

在第三产业所涉及的交通运输、仓储和邮政业，批发和零售业，住宿和餐饮业三大行业中，珠江—西江经济带内各市的区位商值大致均衡，说明人们的日常生活、交通出行以及相关的物价和消费水平等方面差异不大。而在金融业方面，广州则显示出了较强的区位优势，南宁的竞争优势也较为突出，而肇庆、云浮、贵港、百色、来宾和崇左则比较落后，这与城市的经济发展水平也有一定的联系。

2. 珠江—西江经济带产业转型升级现状

（1）珠江—西江经济带产业转型升级方向

产业转型升级主要是指产业结构的高级化，即产业结构由低层次、高能耗和低附加值向高层次、低能耗和高附加值状态变化，而产业结构的转化通常又都是沿着一定的方向进行的；同时，产业结构超前系数可以在较大程度上反映某个区域的产业结构的变动趋势和方向，主要通过某地区某一产业增长相对于整个地区平均增长的超前程度指标来衡量，可用公式（4-1）测算产业结构超前系数。

$$E_i = a_i + \frac{(a_i - 1)}{R_t} \tag{4-1}$$

$$R_t = \frac{[\ln(GDP_{报告期}) - \ln(GDP_{基期})]}{n} \tag{4-2}$$

其中，E_i 是指某一产业 i 的超前系数，a_i 是指第 i 产业部门的末期与初期所占份额之比，R_t 是指同时期整个地区经济系统的平均增长率。若 $E_i > 1$，则表示第 i 产业在整个地区经济系统中是超前发展的，其产业结构份额也将呈现增长趋势；若 $E_i < 1$，则表示第 i 产业在整个地区经济系统中属于发展滞后，该产业结构份额也将呈现减少趋势。可见，产业结构超前系数可以在较大程度上判断产业转型的升级方向。由公式（4-1），可计算出 2006~2015 年珠江—西江经济带 11 个城市三大产业的超前系数，将 T_{all}（2006~2015 年）划分为 T_1（2006~2010 年）和 T_2（2011~2015 年）两个时间段，来进一步对比分析珠江—西江经济带 11 个城市三大产业结构的变动趋势与方向，计算结果如表 4-13 所示。

表 4-13　2006~2015 年珠江—西江经济带各市三大产业超前系数

地区	T_1（2006~2010 年）			T_2（2011~2015 年）			T_{all}（2006~2015 年）		
	第一产业	第二产业	第三产业	第一产业	第二产业	第三产业	第一产业	第二产业	第三产业
广州	-1.593	0.296	1.601	-2.411	-0.436	1.925	-3.829	1.126	2.677
佛山	-1.394	0.959	1.303	-0.491	1.305	2.326	-2.724	0.573	2.058
肇庆	-1.998	4.830	0.605	-0.962	2.122	0.234	-3.140	7.231	0.458
云浮	-1.709	1.676	3.058	-1.195	1.006	2.211	-2.835	2.044	4.102

地区	T_1（2006~2010 年）			T_2（2011~2015 年）			T_{all}（2006~2015 年）		
	第一产业	第二产业	第三产业	第一产业	第二产业	第三产业	第一产业	第二产业	第三产业
南宁	0.049	1.498	0.971	-1.689	1.256	1.311	-1.457	2.286	0.881
柳州	-0.630	2.292	-0.547	-1.217	0.050	3.580	-1.700	1.155	1.587
梧州	-1.233	3.155	-0.571	-0.894	0.364	3.249	-2.459	2.968	0.285
贵港	-1.066	3.833	0.122	-0.419	0.052	2.612	-1.364	2.404	1.371
百色	-0.548	2.040	1.087	-0.310	0.458	2.389	-1.224	1.380	2.143
来宾	-1.543	3.487	1.830	1.103	-0.858	4.662	-2.243	1.114	5.135
崇左	-0.177	1.961	1.367	-2.749	0.915	2.845	-2.014	2.539	2.604

从表 4-13 可以看出，2006~2015 年，珠江—西江经济带 11 个城市第一产业的超前系数均为负数，但是第二、第三产业的超前系数都大于 0，且第二产业超前系数均大于 0.5，说明珠江—西江经济带 11 个城市的第一产业发展相对比较滞后，第二、第三产业发展相对超前。再来比较第二产业和第三产业，广州、佛山、云浮、柳州、百色、来宾和崇左第三产业的超前系数均高于第二产业，说明这些城市的第三产业份额不断增加且势头强劲，其发展速度快于第二产业；而肇庆、南宁、梧州和贵港的第二产业超前系数大于第三产业，也表明这些城市的第二产业发展所占的份额相对较大。

同时，通过对 T_1（2006~2010 年）和 T_2（2011~2015 年）两个时期进行比较，可以发现，珠江—西江经济带 11 个城市的第一、第二、第三产业的发展情况大致相同，除来宾外，各城市的第二、第三产业的超前系数均比第一产业的超前系数大；在 T_2（2011~2015 年）时期内，除了佛山之外，各城市第二产业超前系数均小于 T_1（2006~2010 年）时期第二产业超前系数；此外，珠江—西江经济带第三产业超前系数在 T_2（2011~2015 年）时期内，除肇庆外，均大于第二产业超前系数，且大于 T_1（2006~2010 年）时期内的第三产业超前系数（除肇庆、云浮外），表明珠江—西江经济带第三产业的发展速度不断提升，且快于第二产业，也表明珠江—西江经济带的三次产业结构处于不断优化的过程中。

（2）珠江—西江经济带产业转型升级速度测度

测度产业转型升级速度的方法有多种，常见的有 Lilien 指数和 More 值。本部分采用 More 值测定珠江—西江经济带产业转型升级的速度，并通过产业结构年均变动模型描述珠江—西江经济带产业结构的年均变动情况。More 值测定法是将产业部门引入空间维度，对应空间向量，将产业部门划分为 n 组，从而构成一组 n 维向量。产业结构变化程度就是通过衡量两组向量在两个时期的夹角来描述的，即 More 值。其值用公式（4-3）进行测算：

$$M^+ = \cos(\alpha) = \frac{\sum_{i=1}^{n}(w_{i0} \times w_{it})}{\sqrt{(\sum_{i=1}^{n}w_{i0}^2) \times (\sum_{i=1}^{n}w_{it}^2)}} \qquad (4-3)$$

公式（4-3）中，M^+ 代表某一地区产业结构的 More 值，也就是两个产业部门两个时期夹角 α 的余弦值 $\cos(\alpha)$，w_{i0} 表示该地区初期第 i 产业在整个经济系统中所占的比重，w_{it} 表示该地区末期第 i 产业在整个经济系统中所占的比重。那么，两组向量在两个时期间的夹角 α 的计算公式为：

$$\alpha = \arccos M^+ \qquad (4-4)$$

若夹角 α 越大，说明产业变化的速度越快；反之，则说明产业变化的速度相对较缓慢。

为了体现产业结构的年均变动情况，用 k 来代表产业的年均变动值，q_{i0} 和 q_{it} 分别代表初期和末期第 i 产业的构成比例，t 为初期至末期的年份数，m 为产业部门数，构建衡量珠江—西江经济带产业结构年均变动值的模型，如公式（4-5）所示：

$$k = \frac{\sum_{i=1}^{m}|q_{it} - q_{i0}|}{n} \qquad (4-5)$$

根据公式（4-3）至公式（4-5），分别计算出珠江—西江经济带 11 个城市 T_1（2006~2010 年）、T_2（2011~2015 年）、T_{all}（2006~2015 年）三个时期的 More 值、产业向量（矢量）夹角和产业结构年均变动值，计算结果如表4-14所示。

表 4-14 2006~2015 年珠江—西江经济带三次产业变化值

地区	More 值			矢量夹角 α（度）			产业结构年均变动值（%）		
	T_1	T_2	T_{all}	T_1	T_2	T_{all}	T_1	T_2	T_{all}
广州	0.998	0.995	0.986	3.427	5.690	9.591	0.681	1.120	1.902
佛山	1.000	0.999	0.998	0.952	2.199	3.368	0.191	0.583	0.667
肇庆	0.959	0.994	0.907	16.496	6.510	24.841	2.620	1.185	4.262
云浮	0.985	0.996	0.966	9.969	5.291	14.957	1.626	0.785	2.469
南宁	0.999	0.999	0.994	2.464	3.003	6.167	0.409	0.594	1.056
柳州	0.990	0.988	0.998	8.117	8.903	3.278	1.659	1.661	0.659
梧州	0.976	0.993	0.979	12.576	6.927	11.725	2.445	1.322	2.233
贵港	0.976	0.992	0.990	12.465	7.186	8.203	2.101	1.211	1.340
百色	0.996	0.997	0.995	5.353	4.685	5.960	0.979	0.900	1.072
来宾	0.973	0.979	0.970	13.434	11.755	14.121	2.156	1.723	2.077
崇左	0.994	0.987	0.971	6.252	9.245	13.802	0.995	1.383	2.308

从表 4-14 可以看出，珠江—西江经济带 11 个城市的 More 值均在 0.9 以上且接近 1，各个城市之间的变化差别不大。为了更准确地描述珠江—西江经济带各城市产业结构的变化差异，接下来对矢量夹角 α（所有 α 值均已转换成角度）进行分析。2006~2015 年，珠江—西江经济带 11 个城市的产业结构都发生了一定的变化，其中肇庆的矢量夹角 α 在 11 个城市中最大，在 20 度以上，说明肇庆产业转型的速度最快，其次是云浮、梧州、来宾和崇左，α 值均大于 10 度，而产业转型速度相对较慢的是佛山和柳州，其矢量夹角 α 值不到 4 度。通过比较 T_1（2006~2010 年）和 T_2（2011~2015 年）两个时期的矢量夹角可以发现，广州、佛山、南宁、柳州、崇左的矢量夹角在 T_2（2011~2015 年）时期要大于 T_1（2006~2010 年）时期，而其他地区的矢量夹角均是 T_1（2006~2010 年）时期比 T_2（2011~2015 年）时期大，说明广州、佛山、南宁、柳州、崇左的产业转型速度在 2011 年后加快，而其他地区的产业转型速度则在 2011 年后相对减慢。

就 2006~2015 年珠江—西江经济带产业结构年均变化情况来看，珠江—西江经济带各城市的产业年均变化值基本相差不大，在较小的范围内波动，其中数值变化较大的是肇庆，该城市的产业结构年均变动值为 4.262%，表现相对较差的佛山和柳州，其产业结构年均变动值都不足 1%，其他城市的产业结构年均变动值在 1%~3%。通过比较 T_1（2006~2010 年）和 T_2（2011~2015 年）两个时期可以发现，广州、佛山、南宁、柳州、崇左的产业结构年均变动值有所提高，其他城市都有较大幅度下降。

（三）珠江—西江经济带创新驱动产业转型升级现状

本节主要通过数据预处理方法、权重确定方法及绩效评价模型理论，对珠江—西江经济带创新驱动发展绩效评价模型进行实证分析，并对实证结果进行解释，进一步探索珠江—西江经济带创新驱动产业转型升级发展现状。

1. 指标数据预处理

本书实证分析主要以珠江—西江经济带 11 个城市为评价对象，对其近 2 年内的相关发展指标进行数据采集。通过检索 2014~2015 年《中国城市统计年鉴》及各省份的《国民经济和社会发展统计公报》等资料，获得了 2014 年、2015 年 11 个城市的相关指标数据，并对指标数据做如下处理。

负向指标同趋势化处理采用如下计算公式：

$$Y_{ij} = \max_{1 \leqslant i \leqslant m} x_{ij} - x_{ij} \tag{4-6}$$

单项指标的无量纲的均值化处理计算公式：

$$Y_{ij} = y_{ij} / \bar{y_j} \tag{4-7}$$

式中 i = 1，2，3，…，m，j = 1，2，3，…，n，x_{ij} 为第 i 个评价对象的第 j 个指标的统计值，y_{ij} 为第 i 个评价对象的第 j 个指标同趋势化后的数值，$\bar{y_j}$ 为第 j 个指标的平均值，Y_{ij} 表示在无量纲化后的数值。

本书采用变异系数法来计算创新驱动转型发展评价指标的权重值。变异系数法借助各个评价指标在被评价对象上观测值的变异程度的大小，对其各个评价指标进行赋权。因此，观测值变异程度越大的指标，越能更好地反映各个评估对象在此指标的差距，因而应赋予比较大的权重。

设 m 个评估对象第 j 个指标的均值为 M_j、标准差为 S_j，则第 j 个指标的变异系数为 V_j 为：

$$V_j = \frac{S_j}{M_j} \times 100\%$$

$$(4-8)$$

对所有的评价指标 j 的变异系数进行归一化处理，可得其权重 w_j，即：

$$w_j = V_j \Big/ \sum_{j=1}^{n} V_j$$

$$(4-9)$$

本书采用第三章的均值法数据标准化方法，用 SPSS 软件描述性统计功能对评价指标的原始数据标准化，即分别对 2014 年、2015 年同一时间水平轴下投入、产出等维度的测量指标数值进行标准化预处理，消除量纲因素的影响，预处理后部分指标数值如表 4-15 至表 4-18 所示。

表 4-15 创新环境部分指标标准化数据（2015 年）

指标	广州	佛山	肇庆	云浮	南宁	柳州	梧州	贵港	百色	来宾	崇左
C1：GDP（亿元）	5.933	2.518	0.478	0.053	0.965	0.589	0.176	0.104	0.143	0.000	0.042
C2：人均 GDP（元）	3.641	2.765	0.893	0.278	0.905	1.213	0.498	0.000	0.224	0.171	0.412
C3：全市公共财政收入（亿元）	5.946	2.343	0.459	0.073	1.158	0.474	0.227	0.000	0.138	0.034	0.148
C4：固定资产投资（亿元）	4.102	2.040	0.557	0.091	2.328	1.184	0.309	0.000	0.289	0.098	0.002
C5：全市公共财政支出（亿元）	5.307	2.207	0.429	0.060	1.294	0.569	0.252	0.157	0.571	0.000	0.153
C6：工业生产总值（亿元）	2.545	2.281	0.344	0.000	1.537	2.167	0.964	0.305	0.528	0.127	0.203
C7：普通高等学校学生在校人数（万人）	6.696	0.304	0.510	0.041	2.399	0.451	0.097	0.000	0.206	0.033	0.262

续表

指标	广州	佛山	肇庆	云浮	南宁	柳州	梧州	贵港	百色	来宾	崇左
C8：普通高等学校数量（个）	6.617	0.165	0.331	0.000	2.564	0.414	0.165	0.000	0.248	0.083	0.414
C9：普通高等学校专任教师人数（人）	7.215	0.214	0.362	0.042	2.238	0.404	0.075	0.000	0.204	0.036	0.209
C10：互联网宽带接入用户数（万户）	3.491	1.927	2.333	0.674	1.495	0.527	0.225	0.181	0.130	0.017	0.000
C11：移动电话年末用户数（万户）	5.951	2.333	0.497	0.110	1.173	0.431	0.092	0.192	0.197	0.000	0.023
C12：邮电业务收入（亿元）	5.484	2.730	0.497	0.160	1.426	0.106	0.100	0.159	0.316	0.000	0.021
C13：每百人公共图书总藏量（册）	5.179	2.005	0.741	0.270	1.244	0.366	0.017	0.000	0.599	0.313	0.265
C14：每万人拥有医院和卫生院床位数（张）	2.490	1.063	0.255	0.000	1.964	2.197	0.130	0.044	1.117	1.167	0.573
C15：人均城市道路面积（平方米）	1.406	1.460	1.031	0.336	1.558	1.916	1.445	0.000	1.308	0.243	0.299
C16：建成区绿化覆盖率（%）	1.194	1.156	0.869	1.262	1.280	1.314	1.116	0.000	0.881	0.707	1.221
C17：进出口总额占 GDP 比重（%）	1.606	0.831	0.894	0.566	0.330	0.176	0.150	0.052	0.321	0.000	6.075
C18：出口额占工业生产总值比重（%）	3.065	1.308	1.036	1.034	0.178	0.019	0.026	0.028	0.155	0.000	4.150
C19：实际利用外资额（万美元）	6.210	2.716	1.587	0.046	0.340	0.002	0.000	0.013	0.001	0.018	0.068

表 4-16　创新投入部分指标标准化数据（2015 年）

指标	广州	佛山	肇庆	云浮	南宁	柳州	梧州	贵港	百色	来宾	崇左
C20：科学技术支出占全市公共财政支出比重（%）	2.936	2.163	1.063	1.321	0.630	0.664	0.404	0.857	0.450	0.000	0.513
C21：教育支出占全市公共财政支出比重（%）	0.000	0.621	1.182	1.185	0.810	1.302	1.112	0.464	1.027	1.180	2.117
C22：R&D 经费支出占 GDP 比重（%）	2.674	2.876	1.188	0.567	1.112	1.881	0.000	0.257	0.149	0.162	0.135

表 4-17　创新产出部分指标标准化数据（2015 年）

指标	广州	佛山	肇庆	云浮	南宁	柳州	梧州	贵港	百色	来宾	崇左
C23：专利授权数量（件）	6.861	2.460	0.286	0.100	0.668	0.430	0.080	0.085	0.019	0.010	0.000
C24：发明专利授权量占专利授权量比重（%）	0.559	0.472	0.177	0.037	1.501	1.246	1.350	0.193	0.656	0.000	4.810
C25：专利授权量占专利申请量比重（%）	1.687	0.957	2.078	1.962	0.615	0.465	0.792	0.887	0.538	1.019	0.000

表 4-18　创新成效部分指标标准化数据（2015 年）

指标	广州	佛山	肇庆	云浮	南宁	柳州	梧州	贵港	百色	来宾	崇左
C26：产业偏离度（%）	0.000	0.570	0.711	1.063	0.433	0.284	1.519	1.679	2.147	1.238	1.355
C27：第三产业产值占 GDP 比重（%）	2.785	0.555	0.347	0.456	2.051	0.948	2.230	0.690	0.000	0.446	0.492
C28：规模以上工业企业利润总额（亿元）	3.550	4.700	0.713	0.196	0.682	0.276	0.623	0.151	0.073	0.000	0.035

续表

指标	广州	佛山	肇庆	云浮	南宁	柳州	梧州	贵港	百色	来宾	崇左
C29：城镇登记失业率（%）	0.681	0.786	0.792	0.858	1.002	1.827	1.159	0.000	1.598	1.336	0.963
C30：城市居民人均可支配收入（元）	3.659	2.548	0.000	1.753	0.853	0.792	0.343	0.182	0.193	0.530	0.147
C31：农民纯收入（元）	2.999	3.745	1.545	1.375	0.299	0.311	0.202	0.465	0.039	0.019	0.000
C32：（一般）工业固体废弃物综合利用率（%）	1.381	1.159	0.954	0.769	1.482	1.430	0.954	1.442	0.000	0.731	0.699
C33：污水处理厂集中处理率（%）	1.578	1.509	1.343	0.993	1.070	0.172	0.838	0.000	1.384	1.343	0.769
C34：生活垃圾无害化处理率（%）	0.898	1.195	1.116	1.195	1.081	1.175	0.962	1.195	0.986	1.195	0.000
C35：单位GDP工业二氧化硫排放量（吨/万元）	1.457	1.267	0.578	0.000	2.466	3.402	0.806	0.173	0.253	0.468	0.131
C36：单位GDP工业废水排放量（吨/万元）	1.650	2.358	1.028	0.648	0.154	0.160	0.000	0.773	1.963	2.102	0.164

2. 绩效评价模型构建

考虑到创新驱动转型发展评价指标之间的互补性，同时为了全面评价创新驱动产业转型发展的绩效，本书主要采用加权算术平均法的思想对其绩效进行综合评价。创新环境、创新投入、创新产出、创新成效的水平是影响创新驱动产业转型升级的重要因素，因此将这四大指标一起纳入如下综合评价绩效计算模型，其中 w_e、w_t、w_c、w_x 分别为创新环境、创新投入、创新产出、创新成效维度下各指标的权重值，I_e、I_t、I_c、I_x 分别为各维度下的指标值，Z 为评估对象综合评价的绩效水平。

$$Z = \sum_e w_e I_e + \sum_t w_t I_t + \sum_c w_c I_c + \sum_x w_x I_x \qquad (4-10)$$

经变异系数法得到 2015 年各维度下指标权重分别为（0.041，0.019，0.040，0.022，0.029，0.023，0.053，0.050，0.057，0.026，0.038，0.037，0.030，0.006，0.011，0.005，0.046，0.037，0.051，0.023，0.006，0.024，0.055，0.027，0.011，0.016，0.007，0.041，0.088，0.007，0.011，0.007，0.006，0.002，0.026，0.021），2014 年各维度下指标权重分别为（0.043，0.020，0.044，0.053，0.031，0.025，0.058，0.053，0.062，0.035，0.041，0.044，0.031，0.006，0.015，0.005，0.044，0.040，0.051，0.019，0.006，0.024，0.058，0.014，0.013，0.015，0.008，0.043，0.007，0.008，0.012，0.007，0.007，0.003，0.029，0.025），求得珠江—西江经济带 2015 年、2014 年创新驱动产业转型升级绩效得分及排名，如表 4-19 所示。

表 4-19　珠江—西江经济带 2015 年、2014 年创新驱动产业转型升级绩效得分及排名

地区	2015 年						2014 年					
	创新环境	创新投入	创新产出	创新成效	绩效总分	绩效排名	创新环境	创新投入	创新产出	创新成效	绩效总分	绩效排名
广州	3.165	0.133	0.411	0.377	4.086	1	3.391	0.133	0.435	0.340	4.299	1
佛山	1.000	0.124	0.159	0.435	1.718	2	1.015	0.121	0.173	0.379	1.688	2
肇庆	0.450	0.061	0.043	0.183	0.737	6	0.484	0.057	0.061	0.123	0.725	5
云浮	0.131	0.052	0.028	0.157	0.368	9	0.134	0.045	0.035	0.077	0.291	10
南宁	0.857	0.047	0.084	0.235	1.223	3	0.915	0.030	0.074	0.164	1.183	3
柳州	0.319	0.069	0.062	0.299	0.749	5	0.366	0.058	0.045	0.177	0.646	6
梧州	0.122	0.016	0.050	0.208	0.396	8	0.125	0.011	0.034	0.124	0.294	9
贵港	0.038	0.029	0.020	0.078	0.165	11	0.040	0.017	0.013	0.083	0.153	11
百色	0.171	0.020	0.025	0.238	0.454	7	0.447	0.022	0.015	0.140	0.624	7
来宾	0.041	0.011	0.012	0.217	0.281	10	0.179	0.028	0.028	0.127	0.362	8
崇左	0.529	0.029	0.130	0.129	0.817	4	0.677	0.018	0.026	0.066	0.787	4

3. 评价实施

R&D 经费投入强度决定产业产出、产出成效高低，亦与区域经济水平及工业化发展程度有密切关系。2011~2015 年 R&D 经费投入强度总体在递减，2015 年珠江—西江经济带 R&D 经费投入强度只有 1.71%，整体投入不足，大部分城市的 R&D 经费投入水平低于 1% 的转折点，还未进入技术创新的阶段。由表 4-19 可知，2015 年珠江—西江经济带创新驱动产业转型绩效平均水平为 0.999 分，有 8 个市的绩效得分低于平均水平；2014 年绩效平均水平为 1.005 分，有 8 个市的绩效得分低于平均水平。这说明珠江—西江经济带创新驱动产业转型发展非常不平衡，区域之间差异明显。广州、佛山、南宁得益于良好的经济基础、科技、教育资源，创新驱动发展程度高，在创新环境、创新投入、创新产出、创新成效方面也基本高于其他市，因而区域绩效水平高，优先发展成为经济强市。从时间维度对比 2015 年、2014 年珠江—西江经济带 11 个城市的绩效得分、排名水平，可以发现相邻两年之间，各市绩效水平差距不是太大。从绩效排名来看，其中广州、佛山、南宁、百色、贵港、崇左 6 个市 2015 年、2014 年的绩效水平排名情况保持完全一致，即排名前 4 位的城市两年来均保持不变，广州、佛山基于其区位、历史、政治因素，其创新环境、创新投入、创新产出、创新成效四个部分的得分均高于其他城市，因而其创新驱动产业转型升级的绩效也高于其他城市；南宁的绩效排名在第 3 位，可其创新投入、创新成效两部分均低于排名中等的柳州，究其原因，南宁的创新环境、创新产出均远高于柳州，即南宁占有比柳州更为优异的发展空间，同时，南宁的创新投入与创新产出比例接近"1:2"，而柳州的创新投入与创新产出接近"1:0.9"，即南宁为"低投入、高产出"型，而柳州却为"高投入、低产出"型，故柳州的绩效低于南宁。排在第 4 位的崇左，其 2014 年、2015 年的绩效排名均在柳州前，按常理，崇左的 GDP 不足柳州的 30%，其创新驱动产业转型升级绩效应该在柳州之后，究其具体情况，崇左和南宁情况颇为相似，均属于"低投入、高产出"型，其创新投入与创新产出比例约"1:4"，高于南宁的"1:2"，创新环境得分也高于柳州，其创新环境得益于其近几年的"旅游业、边境贸易"的发展，而其创新成效和南宁一样，均低于柳州。柳州和肇庆的绩效得分不相上下，柳州由 2014 年的第 6 名上涨至 2015 年的第 5 名，肇庆由 2014 年的第 5 名下跌至 2015 年的第 6 名。云浮和梧州 2015 年排名较 2014 年均上涨 1 名，可是云浮的创新投入与创新产出比例接近"2∶1"，这种"高投入、低产出"型推动创新成效提高，从而带动绩效上升的做法不值得鼓励，云浮和百色都属于"资源型"城市，其都具有较为丰富的自然资源，百色的创新投入与创新产出比例约为"1∶1.3"，虽然投入产出比不高，创新成效也不高，对云浮创新发展却有一定的指引作用。来宾 2015 年排名较 2014 年下滑 2 名。贵港排名一直垫底，其创新投入与创新产出比例约为"1∶0.7"，属于"入不敷出型"，创新成效得分不足 0.1 分，属于低效型，创新环境得分最低。

二 珠江—西江经济带创新驱动产业转型升级的相关评价分析

本节通过耦合协调度分析、灰色关联分析、DEA－Tobit 分析、因子分析的方法对珠江—西江经济带创新驱动产业转型升级展开具体评价。

（一）珠江—西江经济带区域创新与产业转型升级的耦合协调度分析

考虑到指标的实效性、可比性和可操作性原则，从总量指标中选取了具有代表性的 R&D 经费支出占 GDP 比重、发明专利授权量占专利授权量比重、专利授权量占专利申请量比重、产业偏离度、第三产业产值占 GDP 比重和规模以上工业企业利润总额 6 个指标分别构建珠江—西江经济带创新子系统和产业转型升级子系统，对珠江—西江经济带区域创新与产业转型升级进行耦合协调度评价。

根据前文可知，熵值法是依据样本指标自身携带的信息为基础，来确定指标变量对系统的影响程度从而决定该指标的权重，是一种客观赋权法，能避免赋权时的主观随意性。本书运用熵值法来计算珠江—西江经济带创新驱动转型升级评价指标体系中各项指标权重，结果如表 4-20 所示。

表 4-20　珠江—西江经济带创新驱动产业转型升级评价指标权重

目标层	系统层	指标层	权重
创新驱动产业转型升级评价	区域创新系统	C22：R&D 经费支出占 GDP 比重（%）	0.1678
		C24：发明专利授权量占专利授权量比重（%）	0.1676
		C25：专利授权量占专利申请量比重（%）	0.1624
	产业转型升级系统	C26：产业偏离度（%）	0.1645
		C27：第三产业产值占 GDP 比重（%）	0.1616
		C28：规模以上工业企业利润总额（亿元）	0.1761

　　根据前文构建的耦合协调度模型评价珠江—西江经济带创新驱动产业转型升级发展水平，将调整系数设为 $k=2$。选取 2011 年、2013 年和 2015 年 3 个时间节点上的数据，计算得出珠江—西江经济带创新驱动产业转型升级耦合度 D 及协调度 C，结果如表 4-21 至表 4-23 所示。

表 4-21　珠江—西江经济带 2011 年区域创新与产业转型升级的耦合度与协调度

地区	耦合度 D	协调度 C	耦合阶段	协调程度
广州	0.490	0.613	拮抗	初级协调
佛山	0.496	0.540	拮抗	勉强协调
肇庆	0.489	0.440	拮抗	濒临失调
云浮	0.486	0.385	拮抗	轻度失调
南宁	0.484	0.462	拮抗	濒临失调
柳州	0.499	0.446	拮抗	濒临失调
梧州	0.477	0.385	拮抗	轻度失调
贵港	0.499	0.294	拮抗	中度失调
百色	0.385	0.119	拮抗	严重失调
来宾	0.500	0.304	拮抗	轻度失调
崇左	0.474	0.355	拮抗	轻度失调

表 4-22　珠江—西江经济带 2013 年区域创新与产业转型升级的耦合度与协调度

地区	耦合度 D	协调度 C	耦合阶段	协调程度
广州	0.496	0.648	拮抗	初级协调
佛山	0.497	0.574	拮抗	勉强协调
肇庆	0.497	0.486	拮抗	濒临失调
云浮	0.488	0.448	拮抗	濒临失调
南宁	0.500	0.522	拮抗	勉强协调
柳州	0.497	0.444	拮抗	濒临失调
梧州	0.480	0.330	拮抗	轻度失调
贵港	0.490	0.328	拮抗	轻度失调
百色	0.474	0.309	拮抗	轻度失调
来宾	0.369	0.280	拮抗	中度失调
崇左	0.448	0.290	拮抗	中度失调

表 4-23　珠江—西江经济带 2015 年区域创新与产业转型升级的耦合度与协调度

地区	耦合度 D	协调度 C	耦合阶段	协调程度
广州	0.500	0.696	拮抗	初级协调
佛山	0.500	0.606	拮抗	初级协调
肇庆	0.498	0.487	拮抗	濒临失调
云浮	0.470	0.427	拮抗	濒临失调
南宁	0.491	0.570	拮抗	勉强协调
柳州	0.408	0.459	拮抗	濒临失调
梧州	0.352	0.201	拮抗	中度失调
贵港	0.454	0.358	拮抗	轻度失调
百色	0.395	0.255	拮抗	中度失调
来宾	0.469	0.336	拮抗	轻度失调
崇左	0.448	0.223	拮抗	中度失调

其中，耦合度 D 刻画了各子系统的协同程度，协调度 C 反映了各子系统协调水平的高低。

从表 4-21 至表 4-23 的计算结果可以看出，珠江—西江经济带 11 个城市在 3 个时间节点上的区域创新与产业转型升级的耦合度均处于拮抗阶段，为了进一步分析，对珠江—西江经济带 11 个城市进行耦合度大小排序，并借鉴相关文献①对耦合度进行类型划分：① 低强度耦合城市（0.30~0.45），此类型的城市在 3 个时间节点上分别为百色，来宾、崇左，柳州、梧州、百色、崇左，城市个数所占比例分别为 14.29%、28.57%、57.14%；②中等强度耦合城市（0.45~0.49），此类型的城市在 3 个时间节点上分别为广州、肇庆、云浮、南宁、梧州、崇左，云浮、梧州、贵港、百色，云浮、贵港、来宾，城市个数所占比例分别为 46.15%、30.77%、23.08%；③高强度耦合城市（0.49~0.50），此类型的城市在 3 个时间节点上分别为佛山、柳州、贵港、来宾，广州、佛山、肇庆、南宁、柳州，广州、佛山、肇庆、南宁，城市个数所占比例分别为 30.77%、38.46%、30.77%。可以发现，在每个时间节点上，珠江—西江经济带区域创新与产业转型升级的耦合水平总体偏低，以中高度耦合城市类型为主。

另外，从表 4-21 至表 4-23 的数据可以看出，珠江—西江经济带 11 个城市区域创新与产业转型升级的协调度最低为 2011 年的百色，协调度为 0.119，最高为 2015 年的广州，协调度为 0.696，类型主要有中度失调、轻度失调、濒临失调、勉强协调和初级协调。在每个时间节点上，珠江—西江经济带 11 个城市区域创新与产业转型升级的协调度总体水平偏低，达到协调阶段的城市数量较少，仅有广州、佛山和 2013 年、2015 年的南宁；从时间序列上看，珠江—西江经济带区域创新与产业转型升级的协调度总体上得到显著提升，3 个时间节点上未出现严重失调的城市（除 2011 年的百色外），佛山由 2013 年勉强协调向 2015 年初级协调转变，同时来宾也由中度失调转向了轻度失调。可以看出，珠江—西江经济带 11 个城市的协调程度总体状况趋于良性发展。

（二）珠江—西江经济带创新驱动产业转型升级的灰色关联分析

根据指标建立的原则，结合珠江—西江经济带的现状和发展特点，选

---

① 刘雷、喻忠磊、徐晓红、张华：《城市创新能力与城市化水平的耦合协调分析——以山东省为例》，《经济地理》2016 年第 6 期，第 59~66 页。

取如表 4-24 所示指标建立珠江—西江经济带创新驱动产业转型升级能力灰色关联分析指标体系。

表 4-24　珠江—西江经济带创新驱动产业转型升级能力灰色关联分析指标体系

一级指标	二级指标	三级指标	四级指标
创新驱动产业转型升级能力评价指标体系	A1：创新环境	B1：经济	C1：GDP（亿元）
			C2：人均 GDP（元）
			C3：全市公共财政收入（亿元）
			C4：固定资产投资（亿元）
			C5：全市公共财政支出（亿元）
			C6：工业生产总值（亿元）
		B2：教育	C7：普通高等学校学生在校人数（万人）
			C8：普通高等学校数量（个）
			C9：普通高等学校专任教师人数（人）
		B3：信息化	C10：互联网宽带接入用户数（万户）
			C11：移动电话年末用户数（万户）
			C12：邮电业务收入（亿元）
		B4：基础设施	C13：每百人公共图书总藏量（册）
			C14：每万人拥有医院和卫生院床位数（张）
			C15：人均城市道路面积（平方米）
			C16：建成区绿化覆盖率（%）
		B5：对外开放度	C17：进出口总额占 GDP 比重（%）
			C18：出口额占工业生产总值比重（%）
			C19：实际利用外资额（万美元）
	A2：创新投入	B6：财力投入	C20：科学技术支出占全市公共财政支出比重（%）
			C21：教育支出占全市公共财政支出比重（%）
			C22：R&D 经费支出占 GDP 比重（%）
	A3：创新产出	B7：知识产出	C23：专利授权数量（件）
			C24：发明专利授权量占专利授权量比重（%）
			C25：专利授权量占专利申请量比重（%）

续表

一级指标	二级指标	三级指标	四级指标
创新驱动产业转型升级能力评价指标体系	A4：创新成效	B8：产业	C26：产业偏离度（%）
			C27：第三产业产值占 GDP 比重（%）
			C28：规模以上工业企业利润总额（亿元）
		B9：民生	C29：城镇登记失业率（%）
			C30：城市居民人均可支配收入（元）
			C31：农民纯收入（元）
		B10：环境	C32：（一般）工业固体废弃物综合利用率（%）
			C33：污水处理厂集中处理率（%）
			C34：生活垃圾无害化处理率（%）
			C35：单位 GDP 工业二氧化硫排放量（吨/万元）
			C36：单位 GDP 工业废水排放量（吨/万元）

目前，学者对产业转型升级水平测度的研究侧重点各有不同，没有统一明确的标准，普遍的观点是通过对三次产业加权求和的方式来测定产业转型升级的水平，选取珠江—西江经济带三次产业加权求和作为参考序列，表 4-25 为 2011 年、2013 年、2015 年珠江—西江经济带 11 个城市三次产业结构比。我们利用 DPS 7.05 对数据进行灰色关联分析，在此，无量纲化处理采取初值法。测算结果如表 4-26 所示。

表 4-25　珠江—西江经济带 11 个城市三次产业结构比

地区	2011 年	2013 年	2015 年
广州	1.7：36.8：61.5	1.5：33.9：64.6	1.3：33.5：65.2
佛山	1.8：63.6：34.6	2：61.9：36.1	1.8：61.8：36.4
肇庆	17.1：44.3：38.6	15.8：47.7：36.5	14.7：50：35.2
云浮	24.9：42.5：32.7	22.5：43.1：34.4	21.1：44.1：34.8
南宁	13.8：37.5：48.7	12.5：39.6：47.9	1.3：41.2：57.5
柳州	8.6：63.5：27.9	7.9：63.4：28.7	0.7：56.3：43
梧州	13.1：62.7：24.2	11.6：66：22.3	0.2：40：59.8
贵港	22：41.9：36.1	21.6：40.9：37.5	20.1：40.3：39.6

续表

地区	2011 年	2013 年	2015 年
百色	18.9：54.8：26.3	18.5：53.8：27.7	17.3：52.2：30.5
来宾	23.6：49.9：26.5	26.1：42.6：31.3	24.5：39.1：36.4
崇左	28.6：39：32.4	25.6：42.5：32	22.7：40.3：37

资料来源：各市 2011 年、2013 年、2015 年《国民经济和社会发展统计公报》。

表 4-26　珠江—西江经济带 11 个城市创新驱动产业转型升级灰色关联度

	C1	C2	C3	C4	C5	C6	C7	C8	C9	C10	C11	C12
广州	0.786	0.771	0.724	0.774	0.716	0.807	0.841	0.836	0.821	0.808	0.763	0.851
佛山	0.673	0.824	0.613	0.807	0.770	0.880	0.959	0.662	0.926	0.749	0.885	0.741
肇庆	0.572	0.686	0.560	0.528	0.548	0.539	0.548	0.656	0.751	0.788	0.533	0.517
云浮	0.766	0.723	0.678	0.903	0.685	0.768	0.848	0.902	0.836	0.560	0.808	0.661
南宁	0.890	0.885	0.970	0.875	0.895	0.852	0.915	0.931	0.935	0.902	0.651	0.886
柳州	0.878	0.895	0.870	0.850	0.871	0.851	0.944	0.984	0.976	0.853	0.492	0.960
梧州	0.905	0.912	0.945	0.862	0.855	0.810	0.807	0.978	0.971	0.825	0.495	0.894
贵港	0.912	0.852	0.812	0.838	0.854	0.870	0.816	0.996	0.813	0.824	0.860	0.849
百色	0.851	0.746	0.734	0.825	0.771	0.788	0.950	0.919	0.923	0.864	0.759	0.860
来宾	0.994	0.960	0.961	0.954	0.950	0.920	0.922	0.934	0.928	0.955	0.973	0.963
崇左	0.970	0.973	0.897	0.932	0.944	0.980	0.791	0.922	0.797	0.961	0.956	0.947
均值	0.8361	0.8388	0.7967	0.8316	0.8054	0.8241	0.8492	0.8836	0.8797	0.8263	0.7432	0.8299
排名	22	20	33	24	32	29	17	4	5	27	35	26

	C13	C14	C15	C16	C17	C18	C19	C20	C21	C22	C23	C24
广州	0.802	0.757	0.842	0.886	0.805	0.844	0.841	0.672	0.799	0.831	0.739	0.791
佛山	0.940	0.740	0.784	0.712	0.852	0.791	0.896	0.830	0.925	0.670	0.653	0.729
肇庆	0.562	0.643	0.605	0.668	0.673	0.651	0.591	0.678	0.655	0.707	0.516	0.520
云浮	0.859	0.802	0.796	0.848	0.886	0.835	0.796	0.827	0.845	0.855	0.591	0.835
南宁	0.855	0.927	0.864	0.880	0.878	0.922	0.890	0.939	0.966	0.934	0.888	0.879
柳州	0.837	0.866	0.913	0.954	0.946	0.929	0.906	0.858	0.965	0.966	0.871	0.886
梧州	0.918	0.950	0.966	0.861	0.913	0.847	0.851	0.833	0.964	0.903	0.733	0.853
贵港	0.752	0.898	0.980	0.910	0.918	0.912	0.731	0.672	0.945	0.847	0.631	0.825

续表

	C13	C14	C15	C16	C17	C18	C19	C20	C21	C22	C23	C24
百色	0.863	0.933	0.910	0.980	0.851	0.844	0.703	0.778	0.959	0.672	0.504	0.875
来宾	0.953	0.950	0.996	0.940	0.959	0.921	0.952	0.943	0.996	0.912	0.822	0.778
崇左	0.883	0.976	0.847	0.966	0.910	0.913	0.932	0.924	0.988	0.974	0.908	0.652
均值	0.8385	0.8584	0.8639	0.8732	0.8719	0.8554	0.8263	0.8140	0.9097	0.8428	0.7142	0.7839
排名	21	14	11	7	9	15	28	30	2	19	36	34

	C25	C26	C27	C28	C29	C30	C31	C32	C33	C34	C35	C36
广州	0.841	0.825	0.827	0.824	0.841	0.910	0.766	0.839	0.812	0.844	0.840	0.888
佛山	0.831	0.869	0.783	0.806	0.981	0.795	0.784	0.754	0.933	0.765	0.785	0.866
肇庆	0.535	0.765	0.669	0.745	0.676	0.607	0.701	0.614	0.649	0.704	0.631	0.641
云浮	0.859	0.792	0.869	0.619	0.899	0.746	0.753	0.786	0.842	0.682	0.807	0.779
南宁	0.928	0.964	0.898	0.911	0.981	0.899	0.881	0.932	0.983	0.913	0.890	0.949
柳州	0.887	0.890	0.877	0.969	0.981	0.900	0.876	0.966	0.941	0.939	0.935	0.908
梧州	0.888	0.924	0.756	0.678	0.946	0.924	0.894	0.969	0.888	0.909	0.972	0.935
贵港	0.904	0.926	0.909	0.880	0.864	0.803	0.862	0.961	0.787	0.888	0.769	0.875
百色	0.914	0.988	0.826	0.790	0.978	0.852	0.774	0.884	0.823	0.914	0.911	0.886
来宾	0.965	0.958	0.940	0.895	0.994	0.944	0.959	0.944	0.948	0.980	0.966	0.515
崇左	0.947	0.971	0.990	0.831	0.948	0.917	0.947	0.962	0.989	0.976	0.942	0.902
均值	0.8635	0.8975	0.8495	0.8135	0.9128	0.8452	0.8361	0.8737	0.8723	0.8649	0.8589	0.8313
排名	12	3	16	31	1	18	23	6	8	10	13	25

从表 4-26 中分城市来看，广州市灰色关联度最高的是 C30 城市居民人均可支配收入，灰色关联度为 0.910，最低的是 C20 科学技术支出占全市公共财政支出比重，灰色关联度为 0.672，所有指标的灰色关联度均在 0.6 以上；佛山市灰色关联度最高的是 C29 城镇登记失业率，灰色关联度为 0.981，最低的是 C3 全市公共财政收入，灰色关联度为 0.613，灰色关联度均在 0.6 以上；肇庆市灰色关联度最高的是 C10 互联网宽带接入用户数，灰色关联度为 0.788，最低的是 C23 专利授权数量，灰色关联度为 0.516，全部指标的灰色关联度均在 0.5 以上；云浮市灰色关联度最高的是

C4 固定资产投资，灰色关联度为 0.903，最低的是 C10 互联网宽带接入用户数，灰色关联度为 0.560，全部指标的灰色关联度均在 0.5 以上；南宁市灰色关联度最高的是 C33 污水处理厂集中处理率，灰色关联度为 0.983，最低的是 C11 移动电话年末用户数，灰色关联度为 0.651，所有指标的灰色关联度均在 0.6 以上；柳州市灰色关联度最高的是 C8 普通高等学校数量，灰色关联度为 0.984，最低的是 C11 移动电话年末用户数，灰色关联度为 0.492，全部指标的灰色关联度均在 0.4 以上；梧州市灰色关联度最高的是 C8 普通高等学校数量，灰色关联度为 0.978，最低的是 C11 移动电话年末用户数，灰色关联度为 0.495，全部指标灰色关联度均在 0.4 以上；贵港市灰色关联度最高的是 C8 普通高等学校数量，灰色关联度为 0.996，灰色关联度最低的是 C23 专利授权数量，灰色关联度为 0.631，全部指标灰色关联度均在 0.6 以上；百色市灰色关联度最高的是 C26 产业偏离度，灰色关联度为 0.988，最低的是 C23 专利授权数量，灰色关联度为 0.504，全部指标灰色关联度均在 0.5 以上；来宾市灰色关联度最高的是 C15 人均城市道路面积和 C21 教育支出占全市公共财政支出比重，灰色关联度均为 0.996，最低的是 C36 单位 GDP 工业废水排放量，灰色关联度为 0.515，全部指标的灰色关联度均在 0.5 以上；崇左市灰色关联度最高的是 C27 第三产业产值占 GDP 比重，灰色关联度为 0.990，最低的是 C24 发明专利授权量占专利授权量比重，灰色关联度为 0.652，全部指标的灰色关联度都在 0.6 以上。

各项具体指标中，对珠江—西江经济带整体而言，创新驱动产业转型升级灰色关联度最大的是 C29 城镇登记失业率，灰色关联度均值为 0.9128；其次是 C21 教育支出占全市公共财政支出比重，灰色关联度均值为 0.9097；再次是 C26 产业偏离度，灰色关联度均值为 0.8975；随后是 C8 普通高等学校数量、C9 普通高等学校专任教师人数；灰色关联度最低的是 C23 专利授权数量，灰色关联度均值为 0.7142。从整体而言指标的灰色关联度都在 0.7 以上，说明本书选取的能力指标关联性良好。但是，表 4-26 仅从一定程度上反映各个具体指标与珠江—西江经济带创新驱动产业转型升级能力之间的单一关联程度，没有从总体上反映出珠江—西江经济带创新驱动产业转型升级能力的主要影响因素的关联程度。为了解珠江—

西江经济带四个主要创新驱动能力与产业转型升级之间的灰色关联度，我们进一步求得能力指标的综合得分，并进行排序，结果如表 4-27 所示。

表 4-27 珠江—西江经济带创新驱动产业转型升级能力指标综合得分及排序

地区	A1：创新环境	A2：创新投入	A3：创新产出	A4：创新成效	综合得分	排序
广州	0.8040	0.7673	0.7907	0.8377	0.7999	8
佛山	0.8002	0.8081	0.7376	0.8291	0.7938	9
肇庆	0.6115	0.6801	0.5233	0.6728	0.6219	11
云浮	0.7873	0.8421	0.7616	0.7794	0.7926	10
南宁	0.8844	0.9463	0.8984	0.9274	0.9141	3
柳州	0.8829	0.9297	0.8810	0.9212	0.9037	4
梧州	0.8718	0.9000	0.8247	0.8905	0.8718	5
贵港	0.8630	0.8213	0.7868	0.8659	0.8343	6
百色	0.8461	0.8030	0.7644	0.8751	0.8222	7
来宾	0.9518	0.9502	0.8550	0.9132	0.9176	1
崇左	0.9209	0.9620	0.8360	0.9433	0.9156	2

从表 4-27 来看，珠江—西江经济带创新驱动产业转型升级能力指标综合得分最高的地区是来宾，为 0.9176 分；其次是崇左，综合得分为 0.9156 分；综合得分最低的是肇庆，为 0.6219 分。从整体来看，珠江—西江经济带 11 个城市的综合得分均在 0.6 分以上，说明各市的创新驱动与产业转型升级之间的关联性良好，但是地区间的差异还是十分明显的，综合得分最高分比最低分高出 0.2957 分。此外，创新环境指标得分最高的是来宾，为 0.9518 分，创新投入、创新成效指标得分最高的均是崇左，分别为 0.9620 分、0.9433 分，创新产出得分最高的是南宁，为 0.8984 分。进一步求出创新驱动四大主要因素的灰色关联度，并进行排序，结果如表 4-28 所示。

表 4-28 珠江—西江经济带创新驱动产业转型升级能力的灰色关联度及排序

	A1：创新环境	A2：创新投入	A2：创新产出	A4：创新成效
灰色关联度	0.9088	0.7250	0.8651	0.7321
排序	1	4	2	3

从表4-28来看，珠江—西江经济带创新驱动产业转型升级能力指标中，创新环境的灰色关联度最大，数值为 0.9088，表明创新环境这一指标因素对珠江—西江经济带创新驱动产业转型升级的影响最大；其次是创新产出，灰色关联度为 0.8651，仅次于创新环境的灰色关联度，表明创新产出在珠江—西江经济带创新驱动产业转型升级的过程中发挥重要作用；创新成效的灰色关联度位居第 3，灰色关联度为 0.7321；位居第 4 的是创新投入，灰色关联度为 0.7250。由此可以得出，珠江—西江经济带产业转型升级能力的四大指标影响程度为：创新环境＞创新产出＞创新成效＞创新投入。

（三）基于 DEA-Tobit 分析法的珠江—西江经济带创新驱动产业转型升级效率评价

随着 DEA-Tobit 两步法在我国区域效率评价及分析中已日趋成熟，例如涂俊和吴贵生运用该方法对我国区域农业创新系统进行评价和分析[1]，但截至目前还未发现学者运用这一方法对珠江—西江经济带创新驱动产业转型升级效率进行评价。鉴于此，本书将 DEA-Tobit 两步法引入区域创新驱动产业转型升级效率的研究之中，对珠江—西江经济带创新驱动产业转型升级情况进行评价、比较和分析，以期更好地把握珠江—西江经济带不同区域的创新驱动产业转型升级效率和影响因素。

1. 评价指标体系的建立

影响创新驱动产业转型升级效率的因素有很多，本书在结合前人的工作以及产学研合作本身特点的基础上，参考各指标的可获取性，选择了 6 类指标对产学研合作绩效进行考虑，输入指标包括科学技术支出占全市公共财政支出比重、教育支出占全市公共财政支出比重以及 R&D 经费支出占 GDP 比重三项；输出指标包括专利授权数量、发明专利授权量占专利授权量比重、专利授权量占专利申请量比重三项。具体指标体系及含义参见表4-29。

---

[1] 涂俊、吴贵生：《基于 DEA-Tobit 两步法的区域农业创新系统评价及分析》，《数量经济技术经济研究》2006 年第 4 期，第 136~145 页。

表4-29 区域创新驱动产业转型升级效率评价指标体系

	指标代号	指标名称
输入指标	I1	科学技术支出占全市公共财政支出比重（%）
	I2	教育支出占全市公共财政支出比重（%）
	I3	R&D经费支出占GDP比重（%）
输出指标	O1	专利授权数量（件）
	O2	发明专利授权量占专利授权量比重（%）
	O3	专利授权量占专利申请量比重（%）

2. 数据来源

珠江—西江经济带创新驱动产业转型升级效率评价中所使用的数据均来自历年《中国城市统计年鉴》和各市的《国民经济和社会发展统计公报》，选取了11个城市的数据作为区域产学研合作效率测度的决策单元（DMU）。在数据确定后，本书综合考虑CCR模型和BCC模型，选用Input-Oriented的VRS方法，应用DEAP 2.1软件来计算决策单元的效率。

产学研合作投入和产出之间存在一定的时滞性，部分学者采用DEA系列模型进行绩效评价时，一般在数据采集、预处理、绩效评价中，假设中间年限为1年或者2年，但都不是完全准确的，仅是为了统一计量标准，实现评价指标数据的可比性，因而也可以忽略时间间隔，本书在采集数据及实证分析中均采用同一年限下的指标数据值。采用SPSS软件描述性统计功能对评价指标的原始数据进行均值法标准化处理，即分别对2015年同一时间水平轴下投入、产出等维度的测量指标数值进行标准化预处理，消除量纲因素的影响，预处理后部分指标数据值如表4-15至表4-18。

3. 效率基本评价

从综合技术效率来看（见表4-30），珠江—西江经济带的广州、肇庆、云浮、梧州、来宾、崇左共计6个市均有效率，同时纯技术效率有效和规模效率有效，它们是珠江—西江经济带创新驱动产业转型升级的效率前沿面，在创新驱动产业转型升级资源配置、使用等方面的综合实力相对较强。从不同区域综合DEA分布比例来看，广东地区和广西地区的综合技术效率值都在0.67以上，广东地区综合技术效率值为1.000的比例达到了

75%，而广西地区的综合技术效率值为 1.000 的比例不足 43%，特别是柳州、百色 2 个市的综合技术效率值分别为 0.726、0.746，均小于 0.8，明显偏低。

从纯技术效率来看，除上述综合效率值为 1.000 的决策单元外，广西地区的南宁、贵港 2 个市的纯技术效率值为 1.000，表明其位于 BCC 模型的有效边界上，这 2 个地区综合技术效率无效的原因主要是规模效率无效，即珠江—西江经济带创新驱动产业转型升级的投入规模还存在不当之处，创新驱动产业转型升级效率的提高应主要依赖于规模效率的提升。另外，佛山、柳州、百色 3 个市的纯技术效率值均小于 0.77，明显偏低，需要加强与投入资源相应的产出能力。

从规模效率来看，除综合效率值为 1.000 的市外，其余地区的规模效率都不足 1.000，即当前的生产规模与最优生产规模还存在差距，需要扩大相应规模以提升规模效率值。

表 4-30　珠江—西江经济带 2015 年创新驱动产业转型升级效率值基本情况

		综合技术效率	纯技术效率	规模效率	规模报酬
广东	广州	1.000	1.000	1.000	不变
	佛山	0.675	0.689	0.979	递减
	肇庆	1.000	1.000	1.000	不变
	云浮	1.000	1.000	1.000	不变
广西	南宁	0.998	1.000	0.998	递增
	柳州	0.726	0.728	0.998	递减
	梧州	1.000	1.000	1.000	不变
	贵港	0.936	1.000	0.936	递增
	百色	0.746	0.764	0.976	递增
	来宾	1.000	1.000	1.000	不变
	崇左	1.000	1.000	1.000	不变
珠江—西江经济带平均		0.916	0.926	0.990	—
广东平均		0.919	0.922	0.995	—
广西平均		0.915	0.927	0.987	—

（四）珠江—西江经济带创新驱动产业转型升级的影响因素分析

1. 基于因子分析法的珠江—西江经济带创新驱动产业转型升级的影响因素分析

创新驱动产业转型升级发展是一个动态的过程，综合了诸多要素，这为主要驱动因素的识别增加了难度。因子分析方法是在保留原始因子所载信息的基础之上，抽取少数不相关的主因子描述原始因子，简化研究问题。因此，本书采用因子分析法对珠江—西江经济带创新驱动产业转型升级能力进行评价。

（1）指标选取

遵循科学性、可行性和简洁性等原则，本书选取了较具代表性的 8 个指标对珠江—西江经济带创新驱动产业转型升级能力进行评价，构建的评价指标体系如表 4-31 所示。

表 4-31　珠江—西江经济带创新驱动产业转型升级能力指标体系

目标层	结构层	系统层	指标层
创新驱动产业转型升级能力评价	A1：创新环境	B1：经济	C1：人均 GDP（元）
		B2：教育	C2：普通高等学校专任教师人数（人）
		B3：信息化	C3：互联网宽带接入用户数（万户）
		B4：基础设施	C4：每百人公共图书总藏量（册）
	A2：创新投入	B5：财力投入	C5：科学技术支出占全市公共财政支出比重（%）
			C6：R&D 经费支出占 GDP 比重（%）
	A3：创新产出	B6：知识产出	C7：发明专利授权量占专利授权量比重（%）
	A4：创新成效	B7：产业	C8：产业偏离度（%）
			C9：第三产业产值占 GDP 比重（%）
		B8：环境	C10：（一般）工业固体废弃物综合利用率（%）

（2）计算判断系数矩阵

在对珠江—西江经济带创新驱动产业转型升级能力指标体系提取公共因子之前，需要判断指标体系形成的系数矩阵能否进行因子分析，常用的方法为 Bartlett 球形检验和 KMO 检验。其中，Bartlett 球形检验是检验各变量指标的独立分布，若其概率值<5%，且 KMO 值>0.5，则说明各变量之间的相关性很高，适合做因子分析。本书通过 SPSS 19 软件，采用 Bartlett 球形检验和 KMO 检验对珠江—西江经济带创新驱动产业转型升级能力指标体系中的 10 个指标进行统计描述，结果如表 4-32 所示。

表 4-32　KMO 测度值和 Bartlett 球形检验结果

取样足够多的 Kaiser-Meyer-Olkin（KMO）度量		0.662
Bartlett 球形检验	近似卡方	97.064
	df	45
	Sig.	0.000

根据表 4-32，可以看到 KMO 值为 0.662>0.5，而 Bartlett 球形检验的统计量观测值为 97.064，显著概率接近于 0，说明各指标之间存在相关关系，适合做因子分析。

（3）计算公共因子贡献率

根据标准化后的相关系数矩阵可以得出因子的特征值和贡献率，所要提取的公共因子方差贡献率和累计方差贡献率如表 4-33 所示。

表 4-33　公共因子的方差贡献率和累计方差贡献率

成分	初始特征值			提取平方和载入			旋转平方和载入		
	合计	方差贡献率（%）	累计方差贡献率（%）	合计	方差贡献率（%）	累计方差贡献率（%）	合计	方差贡献率（%）	累计方差贡献率（%）
1	6.404	64.044	64.044	6.404	64.044	64.044	4.676	46.757	46.757
2	1.213	12.129	76.173	1.213	12.129	76.173	1.862	18.621	65.378
3	0.974	9.737	85.910	0.974	9.737	85.910	1.777	17.766	83.144
4	0.774	7.737	93.647	0.774	7.737	93.647	1.050	10.504	93.648

注：提取方法为主成分分析法。

由表 4-33 可知，因子 1 至因子 4 的累计方差贡献率达到了 93.647%，说明能解释数据标准变异的 93.647%，表明其包含的原始分析指标信息量已足够，可以对珠江—西江经济带 11 个城市的创新驱动产业转型升级做出很好的解释。因此确定选取 4 个主成分进行分析。

（4）计算旋转成分矩阵

一般而言，因子通过初级变换载荷信息不明显，解释作用不大。因而对因子载荷矩阵进行最大方差正交旋转，即可得到旋转后的因子载荷（见表4-34），简化和增强因子的载荷信息。

表4-34　旋转成分矩阵

	成分1	成分2	成分3	成分4	成分1*	成分2*	成分3*	成分4*
人均 GDP	0.946	-0.092	0.131	0.175	0.909	0.257	0.242	0.010
普通高等学校专任教师人数	0.855	0.193	0.318	-0.277	0.632	0.734	0.084	0.001
互联网宽带接入用户数	0.919	-0.179	0.052	-0.007	0.834	0.302	0.238	-0.190
每百人公共图书总藏量	0.927	-0.056	0.334	-0.088	0.849	0.507	0.037	-0.052
科学技术支出占全市公共财政支出比重	0.882	-0.267	0.153	0.087	0.895	0.205	0.122	-0.150
R&D 经费支出占 GDP 比重	0.883	-0.215	-0.162	0.333	0.871	-0.025	0.444	-0.078
发明专利授权量占专利授权量比重	-0.192	0.726	0.371	0.541	-0.129	0.039	-0.034	0.987
产业偏离度	-0.842	-0.130	0.336	-0.227	-0.630	-0.162	-0.682	-0.029
第三产业产值占 GDP 比重	0.645	0.576	0.011	-0.443	0.181	0.876	0.375	0.062
（一般）工业固体废弃物综合利用率	0.597	0.373	-0.664	-0.024	0.165	0.268	0.913	-0.062

注：1. 提取方法为主成分分析法。2. 旋转法为具有 Kaiser 标准化的正交旋转法。3. 成分1、成分2、成分3、成分4是因子载荷矩阵，成分1*、成分2*、成分3*、成分4*是旋转后的因子载荷矩阵。

从表4-34中可以看出，第1公共因子在变量人均 GDP、互联网宽带接入用户数、每百人公共图书总藏量、科学技术支出占全市公共财政支出比重、R&D 经费支出占 GDP 比重的相关系数分别为 0.909、0.834、0.849、0.895、0.871，均在 0.8 以上，大于其他几个变量的相关系数，可以概括为创新环境因子；第 2 公共因子在变量普通高等学校专任教师人数和第三产业产值占 GDP 比重的相关系数较大，分别为 0.734 和 0.876，可以称之为创新投入因子；第 3 公共因子在变量（一般）工业固体废弃物综合利用率上的相关系数为 0.913，可概括为创新成效因子；第 4 公共因子在变量发明专利授权量占专利授权量比重的相关系数为 0.987，这个相关系数高于其他 3 个因子的变量，称之为创新产出因子。由此可见，珠江—西江经济带创新成效因子和创新产出因子的相关系数较大，说明其因子的载荷较大。

（5）计算因子得分及排名

以每个因子的方差贡献率为权重，计算出珠江—西江经济带 11 个城市创新驱动产业转型升级能力的综合测评得分，并进行综合排名。计算公式为 $Z_i = 0.4993 F_{1i} + 0.1988 F_{2i} + 0.1897 F_{3i} + 0.1122 F_{4i}$，$i = 1$，2，3，…，11。其中 Z_i 为珠江—西江经济带第 i 个城市创新驱动产业转型升级能力的综合得分，F_{1i}、F_{2i}、F_{3i}、F_{4i} 为珠江—西江经济带各城市的因子得分，F_{1i}、F_{2i}、F_{3i}、F_{4i} 的系数为各因子对综合得分的信息贡献率，其分别是各因子的方差贡献率与主因子的累计方差贡献率之间的比值，综合得分值越高，表明该城市创新驱动产业转型升级能力越强。因此，可以排序得出 2015 年珠江—西江经济带各城市的创新驱动产业转型升级的能力高低，具体得分和排名情况如表 4-35 所示。

表 4-35　珠江—西江经济带各城市得分及排名

| 城市 | F_1 | | F_2 | | F_3 | | F_4 | | 综合得分 | 排名 |
	得分	排名	得分	排名	得分	排名	得分	排名		
广州	1.99385	1	2.03215	1	-0.12585	7	-0.14471	6	1.35947	1
佛山	1.58391	2	-1.40235	11	0.42599	4	-0.10467	5	0.58105	2
肇庆	0.4035	3	-0.77594	10	0.12207	5	-0.62375	8	0.00037	6
云浮	-0.12745	6	-0.48909	8	-0.3353	8	-0.74213	10	-0.30774	7
南宁	-0.45426	8	0.94621	3	1.15477	2	0.30716	3	0.21486	3
柳州	-0.10437	5	-0.75281	9	1.53971	1	0.36945	2	0.13174	4
梧州	-1.20039	11	1.17632	2	-0.02574	6	0.07611	4	-0.36178	8
贵港	-1.01138	10	0.02948	4	0.47171	3	-0.84972	11	-0.50492	9

续表

城市	F_1		F_2		F_3		F_4		综合得分	排名
	得分	排名	得分	排名	得分	排名	得分	排名		
百色	-0.09859	4	-0.2657	6	-2.29984	11	-0.2941	7	-0.57135	11
来宾	-0.77614	9	-0.14641	5	-0.34423	9	-0.72459	9	-0.56320	10
崇左	-0.20868	7	-0.35186	7	-0.58328	10	2.73095	1	0.02151	5

从表 4-35 中可以看出，在创新环境因子中，广州得分最高，说明广州在推动创新驱动产业转型升级方面具有良好的环境，其次是佛山，而梧州、贵港等地的得分都相对较低，说明其创新驱动产业转型升级的环境较差。在创新投入因子中，广州和梧州得分分别排第 1 名和第 2 名。在创新成效因子得分排名中，柳州和南宁 2 个城市表现突出。在创新产出因子中，崇左得分居首位，表明崇左在推动创新驱动产业转型升级的众多影响因素中，创新产出起到了重要作用。从综合得分来看，广州的综合得分最高，表明其创新驱动产业转型升级的整体水平也相对较高；其次，佛山、南宁和柳州的得分相对较高，表明这些城市的创新驱动产业转型升级能力相对突出；而贵港、百色、来宾等城市的综合得分较低，说明这些城市的创新驱动产业转型升级能力相对较低。此外，从各城市综合得分的差异可以看出，珠江—西江经济带各城市间的创新驱动产业转型升级能力存在较为严重的不平衡现象。

（6）研究结论及启示

本书利用 2006～2015 年数据测算了珠江—西江经济带产业转型升级的方向和速度，并运用因子分析法对珠江—西江经济带创新驱动产业转型升级能力进行评价，研究发现以下方面。

第一，自 2006 年以来，珠江—西江经济带产业结构正在发生由第一产业向第二、第三产业转型升级的变化，但是每个地区转型升级的速度因为时间等因素而有较大的不同。整体而言，在 2006～2010 年，珠江—西江经济带产业结构转型升级速度相较于 2011～2015 年而言比较快，且该时间的产业结构主要是由第一产业向第二产业转型，这或许是处于转型初期的缘故，珠江—西江经济带基础设施、资源能源配给初步完善，社会效益尚未凸显规模。在 2011~2015 年，珠江—西江经济带产业结构向第二产业转型时其速度较第一时期缓慢，但在转向第三产业过程中速度则明显快于前一时期；第三产业超前系数在 2011~2015 年总体上大于第二产业，且大于 2006~2010 年内的第三产业，说明珠江—西江经济带大部分城市第三产业发展速度快于第二产业，产业结构不断优化。

第二，从珠江—西江经济带创新驱动产业转型升级的因子分析的综合得分来看，得分最高的广州与得分最低的百色之间相差了约 1.93，这是因为两个城市之间经济发展水平和政策存在差异，从而影响了百色的创新驱动产业转型升级效果；此外，佛山、南宁和柳州表现良好，除了经济方面原因之外，南宁属于广西省会城市，具有独特的发展优势，而柳州是著名的工业城市，为珠江—西江经济带创新驱动产业转型升级奠定了重要基础。总体上，珠江—西江经济带各地区的因子得分存在较大差距，说明珠江—西江经济带创新驱动产业转型升级水平呈现较大的非均衡性。

由此可见，为进一步提高珠江—西江经济带创新驱动产业转型升级能力，应该进一步明确产业转型方向，整合三次产业的有限资源，引导第一、第二产业有条不紊地向第三产业转型升级，从而带动劳动密集型、资源型等传统产业向技术型和知识型等新兴产业转型，从而达到实现产业转型升级的目的，向创新驱动产业转型，培育以高新技术为核心的现代产业体系；同时，使得珠江—西江经济带各市的相关基础设施得到更好的建设和完善，充分发挥珠江和西江流域的水运优势，加强经济带沿线各省市政府之间的沟通与交流，为珠江—西江经济带创新驱动产业转型升级能力的提升营造良好的基础环境。

2. 基于 Tobit 回归分析法的珠江—西江经济带创新驱动产业转型升级影响因素分析

本书的创新驱动产业发展系统是基于系统论的角度建立的，因此在选择创新环境评价指标时，从系统论角度出发对区域创新驱动产业转型发展的软环境进行选择分析。软环境一般从经济发展水平、固定资产投入、研发财力资本、工业市场活力、教育环境等方面着手，在借鉴前人研究的基础上提出如下具体评价指标，如表 4-36 所示。

表 4-36 创新驱动产业转型升级环境影响指标体系

影响因素	测量指标
经济发展水平	人均 GDP（元）
固定资产投入	固定资产投资（亿元）
研发财力资本	全市公共财政收入（亿元）
工业市场活力	工业生产总值（亿元）
教育环境	普通高等学校数量（个）

　　经济发展水平指一个区域经济发展的规模，成长的速度、质量，经济整体发展水平相对高的区域，更有足够的资金对科技创新进行投入，也越能推动区域的创新发展，因此选取人均 GDP 作为此维度的具体衡量指标。固定资产投入指区域内用来研发的基础条件，固定资产是参与创新活动的基本环节，区域固定资产投入越高，越有可能促进创新发展，因此采取固定资产投资评价指标。研发财力资本是区域财政支持创新发展的主要来源，因此采用全市公共财政收入评价指标。工业市场活力是指一个地区工业发展情况，工业越发达，越有助于创新发展，同时创新也推动工业更好、更快发展，因此采用工业生产总值评价指标。教育环境指区域内用来培育孵化创新的一个基础平台，这里选用普通高等学校数量来刻画。鉴于此，本书提出如下五个假设。

　　假设一：人均 GDP 与珠江—西江经济带创新驱动产业转型升级效率显著正相关。

　　假设二：固定资产投资与珠江—西江经济带创新驱动产业转型升级效率显著正相关。

　　假设三：全市公共财政收入与珠江—西江经济带创新驱动产业转型升级效率显著正相关。

　　假设四：工业生产总值与珠江—西江经济带创新驱动产业转型升级效率显著正相关。

　　假设五：普通高等学校数量与珠江—西江经济带创新驱动产业转型升级效率显著正相关。

　　在上述假设的基础上，有如下 Tobit 回归模型方程：

$$Z = a_0 + a_1 \ln PGDP + a_2 \ln GDZC + a_3 \ln CZ + a_4 \ln GY + a_5 SCH + \varepsilon \qquad (4\text{-}11)$$

其中，a_0 为截距项，a_1、a_2、a_3、a_4、a_5 为各自变量的回归系数，ε 为残差项；Z 表示创新驱动产业转型升级效率值，$PGDP$ 表示人均 GDP，$GDZC$ 表示基于 2015 年的固定资产投资，CZ 表示全市公共财政收入，GY 表示工业生产总值，SCH 表示普通高等学校数量。为避免异方差，使变量变得平稳，对 $PGDP$、$GDZC$、CZ、GY 变量取对数。

表 4-37　珠江—西江经济带 2015 年创新驱动产业转型升级影响因素分析

影响因素	系数	标准误差	Z 检验	P 值
人均 GDP	0.2734	0.0785	3.4811	0.0005
固定资产投资	0.1352	0.1577	0.8572	0.3913
全市公共财政收入	−0.3677	0.1231	−2.9869	0.0028
工业生产总值	−0.0891	0.0598	−1.4915	0.1358
普通高等学校数量	0.0055	0.0025	2.2317	0.0256

实证结果如表 4-37 所示，可以得出以下几点。

第一，人均 GDP、全市公共财政收入、普通高等学校数量这 3 个因素的 P 值检验均小于 0.05，显著影响创新驱动产业转型绩效水平；其他 2 个因素与创新驱动产业转型绩效水平没有显著影响关系。

第二，人均 GDP、普通高等学校数量与创新驱动产业转型绩效水平呈显著正相关。人均 GDP 越高，即区域 GDP 越高，说明区域内各行业不断改良生产方式、提高劳动生产效率，从而带动 GDP 增长，促进各行业不断进行自我完善创新。普通高等学校数量越多，即可用来为社会培育、提供更多高素质的管理人才、技术人才，促进科技创新、体制创新，因此，普通高等学校数量与创新驱动产业转型升级呈正相关。

第三，固定资产投资、工业生产总值对创新驱动产业转型升级没有显著影响，全市公共财政收入对创新驱动产业转型升级还有一定的限制性，"政府财政收入增加，反而不利于创新驱动产业转型升级"，这种情况的体现需要从政策层面优化，鼓励政府增加对创新发展的投入。随着财政收入的不断提高，也要适当提高对创新方方面面的投入比例，更不能存在固定或减少对创新发展的投入。

三　基于实证结论的珠江—西江经济带创新驱动产业转型升级存在问题的分析

珠江—西江经济带横跨我国东部发达地区和西部落后地区，地区间发展政策不同，经济、社会基础不同，这也造成了珠江—西江经济带各市创新驱动产业转型升级的能力不同。

（一）创新环境缺乏，制度环境与政策优势不明显

珠江—西江经济带创新驱动产业转型升级的灰色关联分析显示，创新环境与经济带的创新驱动产业转型升级能力的关联度最高，但是从经济、教育、信息化、基础设施、对外开放度5个角度分析珠江—西江经济带的创新环境发现，珠江—西江经济带的创新环境地区间差异很大，整体创新环境状况并不乐观。珠江—西江经济带的经济总量呈现上升趋势，但是地区间发展差异巨大，且发展差距越来越大。相对来说，广东4个城市的发展情况好于广西7个城市，但从分市来说，广州的发展远远高于其他10个城市，经济发展不平衡现象不仅存在于省份间，各省份内的差距也很大。教育环境、信息化环境、基础设施环境和对外开放度环境均表现出巨大的地区差异，这使得经济带的整体发展受阻，整体的创新环境并不乐观。

珠江—西江经济带连着不同的省域，各地的发展政策不同，社会、经济等环境也不同。虽然出台了完整的规划，但是规划的落实情况欠佳，国家的政策扶持力度小，各行政主体间缺乏合作，从而使得珠江—西江经济带的建设滞后，创新环境缺乏。

（二）创新投入不足，创新产出能力不强

创新驱动战略实施以来，各市都加大了创新投入，包括加大人力投入、财力投入和增强创新主体的建设，取得的效果也很显著。各市的研发人员和研发费用投入逐渐增多，具有研发结构的企业数量也呈上升趋势。但是相比京津冀、长江经济带和珠三角地区，珠江—西江经济带的创新投入力度还是不够，R&D经费投入强度远远低于发达地区的水平。珠江—西

江经济带创新驱动产业转型升级的灰色关联分析显示，创新投入与经济带创新驱动产业转型升级能力的关联度最低，创新产出能力参差不齐。广州各项创新成果遥遥领先，佛山、南宁居后，其他 8 个城市的创新成果数量虽然呈现上升趋势，但是从质量和数量上都远远落后。以 2015 年经济带 11 个城市的专利授权数量为例，广州的专利授权数量是崇左的 603.5 倍，成果差距巨大。由此可见，珠江—西江经济带整体的创新投入仍不足，创新产出能力也不强。

（三）创新成果转化力度不够

创新成效是创新活动的目的，珠江—西江经济带创新驱动产业转型升级的灰色关联分析显示，创新成效与经济带创新驱动产业转型升级能力的灰色关联度居于第 3 位，灰色关联度相对来说并不高。高新技术产业的带动作用不明显，工业三废排放虽然呈现连年下降的趋势，但总体的排放量依旧很高，创新的目的没有完全达到，没有促进产业的转型升级，没有实现产业从高耗、高污向低耗、低污转化。从整体来说，目前珠江—西江经济带产业的发展总体上仍以粗放式发展为主，集约化发展水平仍然不高。

（四）整体创新环境不佳，创新投入产出效率低

珠江—西江经济带总体上创新环境得分很低，2015 年只有广州的创新环境得分达到 3.165 分，其余均在 1 分及以下，想推动创新驱动产业转型升级发展，必须提升整体创新环境；再者就是创新投入产出效率，其他城市如"低投入、低产出、高效率"或者"低投入、低产出、低效率"，前者如南宁、梧州，需要加强创新投入，即可进一步提高产出、效率，而后者如贵港、来宾，急需结合城市特点找到合适的创新发展方向；崇左的创新产出分值较高，取决于近些年崇左"边境贸易和旅游业的强势创新发展"。柳州、佛山的创新投入和创新产出得分接近，均较高，二者均是"制造业强市"，而且 2014 年、2015 年柳州的创新产出还低于创新投入，但是佛山相反，究其原因，一是柳州是老牌的工业强市，如"东北老工业基地"般的存在，其创新技术正在更新换代关键期，新能源、新材料、高技术的研发能否有所突破，环境、气候也面临很大挑战，发展前景不容乐

观；二是两市在各自省份的发展地位均低于省会城市广州、南宁，目前广西的发展资源、人才普遍向南宁集聚，柳州的发展机会、人才正在不断流失，柳州应该摆正自身定位，融入南宁发展圈，如佛山、广州形成的"广佛都市圈"，打造一体化发展。

（五）创新驱动产业转型升级纯技术效率无效和规模效率无效

珠江—西江经济带创新驱动产业转型升级综合技术效率平均水平为 0.916，纯技术效率平均值为 0.926，规模效率平均值为 0.990，这表明珠江—西江经济带创新驱动产业转型升级存在一定程度的纯技术效率无效和规模效率无效，而纯技术效率小于规模效率，这在一定程度上说明珠江—西江经济带创新驱动产业转型升级的综合技术效率无效主要来源于纯技术效率无效，盲目增加投入和扩大规模已不是珠江—西江经济带创新驱动产业转型升级的最好决策。通过上述分析，我们可以看到，虽然佛山、柳州人均 GDP 远高于其他大部分城市，但区域创新驱动产业转型升级综合技术效率却远低于肇庆、云浮、梧州、来宾、崇左等城市的局面。2015 年佛山、柳州地区创新驱动产业转型升级综合技术效率的值依次为 0.675、0.726，综合技术效率值均未达到 1，且纯技术效率的均值（佛山为 0.689、柳州为 0.728）小于规模效率的均值（佛山为 0.979、柳州为 0.998），说明纯技术效率无效是佛山、柳州地区创新驱动产业转型升级无效率的重要原因；肇庆、云浮、梧州、来宾、崇左地区的创新驱动产业转型升级各效率相对较高，而这些城市创新驱动产业转型升级的投入和产出均相对较少，但这并不意味着佛山、柳州需要通过降低投入来增加创新驱动产业转型升级的相对效率值，反而应该针对自身创新驱动产业转型升级的各效率值调整投入和产出方向，以构成最佳的效率前沿面。

（六）耦合协调水平较低，尚未形成优质的互动耦合机制

珠江—西江经济带区域创新与产业转型升级的耦合度均处于拮抗阶段，即区域创新与产业转型升级间还未形成良好的协同，甚至还存在相反方向的作用力。从协调度来看，协调度最高只有 0.696，只达到了初级协调的程度。这说明珠江—西江经济带区域创新在利用新技术、新技能对产

业转型升级过程中的作用力不突出，产业转型升级过程中缺乏核心竞争力。

（七）产业转型升级水平呈现较大的非均衡性

从珠江—西江经济带创新驱动产业转型升级的因子分析的综合得分来看，得分最高的广州与得分最低的百色之间相差了约 1.93，这是因为两个城市之间经济发展水平和政策存在差异，从而影响了该城市的创新驱动产业转型升级效果；此外，佛山、南宁和柳州表现良好，除了经济方面原因之外，南宁属于广西省会城市，具有独特的发展优势，而柳州是著名的工业城市，为创新驱动产业转型升级提供了基础。

四　小结

第一，通过创新环境、创新投入、创新产出、创新成效四个方面对珠江—西江经济带的创新发展现状进行了分析，结果表明，从整体上看，珠江—西江经济带创新发展不足；从分城市来看，地区间发展差距显著，且呈现越来越大的趋势。整体创新发展状况并不乐观，但是整体而言，创新环境、创新投入、创新产出、创新成效都呈现优化趋势，因此，很有必要通过创新驱动战略，加快区域一体化建设，提升创新驱动产业转型升级速度，进一步营造良好的创新环境，加大创新投入力度，提高创新产出，促进创新成果的转化，促进珠江—西江经济带的整体发展。

第二，通过对珠江—西江经济带创新驱动产业转型升级能力进行灰色关联分析，结果表明：珠江—西江经济带创新驱动产业转型升级能力区域差距明显。广州市创新驱动产业转型升级能力灰色关联度最高的是城市居民人均可支配收入，灰色关联度为 0.910；佛山市灰色关联度最高的是城镇登记失业率，灰色关联度为 0.981；肇庆市灰色关联度最高的是互联网宽带接入用户数，灰色关联度为 0.788；云浮市灰色关联度最高的是固定资产投资，灰色关联度为 0.903；南宁市灰色关联度最高的是污水处理厂集中处理率，灰色关联度为 0.983；柳州市、梧州市、贵港市的创新驱动产业转型升级能力灰色关联度最高的均是普通高等学校数量，灰色关联度分别为 0.984、0.978、0.996；崇左市灰色关联度最高的是第三产业产值占 GDP 比重，灰色关联度为 0.990。不同地区影响创新驱动产业转型升级能力的各因素不同。广东 4 个城市创新驱动产业转型升级能力的综合得分差距不大，相较来说，广西 7 个城市的创新驱动产业转型升级能力的综合得分差距很大。

第三，在四个一级指标中，创新环境的灰色关联度最高，创新环境反映驱动创新能力发展所必备的人力、财力等基础条件的支撑情况，良好的创新环境有利于知识的创造和产出，有利于人才的培育和吸引，一个有利于创新能力发展的环境，将为后续的工作展开做好准备，为后续发展提供良好的路径；其次是创新产出，创新产出作为创新的核心，通过研发得到各种创新成果；再次是创新成效，创新成效作为创新的目的是创新成果的转化，进而使得产品结构更加丰富、产业国际竞争力增强、能源进一步节约和经济持续增长，总体反映创新对经济社会发展的影响；最后是创新投入，创新投入是创新活动的起点，创新活动的前提条件就是将创新资源投入各种活动中，但创新投入力度不够大，继而影响到珠江—西江经济带创新驱动产业转型升级能力。

第四，对珠江—西江经济带整体而言，在所有具体指标中，创新驱动产业转型升级灰色关联度最大的是代表创新成效民生方面的城镇登记失业率，其次是反映创新投入的教育支出占全市公共财政支出比重、代表创新成效的产业方面的产业偏离度、代表创新环境教育方面的普通高等学校数量。可见，创新成效和创新环境在珠江—西江经济带创新驱动产业转型升级中的作用也很重要。因此，为促进珠江—西江经济带的进一步发展，促进创新驱动产业转型升级能力的提升，必须加大教育投入，加大基础设施建设力度，进一步对外开放，加大科研投入，提高产出水平，同时注重科研成果的转化，促进珠江—西江经济带的整体发展。

第五，为了进一步研究珠江—西江经济带创新驱动产业转型升级效率的影响因素，本书以数据包络分析下的珠江—西江经济带创新驱动产业转型升级效率值为因变量，以影响珠江—西江经济带创新驱动产业转型升级的各种因素作为自变量，构建了 Tobit 回归模型，从经济发展水平、固定资产投入、研发财力资本、工业市场活力、教育环境 5 个角度选取了指标，借助 Tobit 回归模型进行因素分析，人均 GDP、全市公共财政收入、普通高等学校数量 3 个因素显著影响创新驱动产业转型绩效水平，其他 2 个因素与创新驱动产业转型绩效水平没有显著影响关系。

第六，珠江—西江经济带区域创新与产业转型升级的耦合协调度实证表明，珠江—西江经济带区域创新与产业转型升级的耦合协调水平较低，区域创新与产业转型升级尚未形成优质的互动耦合机制。

第七，对珠江—西江经济带创新驱动产业转型升级的因子分析表明，珠江—西江经济带各地区的因子得分存在较大差距，也说明珠江—西江经济带创新驱动产业转型升级水平呈现较大的非均衡性，即存在较大的差异。

珠江—西江经济带创新驱动产业
转型升级发展的制约因素分析

2016 年我国研发经费投入总量达到 15676.7 亿元，比 2015 年增长 10.6%，增速提高 1.7 个百分点，再创历史新高。2016 年中国创新指数测算结果显示，2016 年中国创新指数为 181.2，比 2015 年增长 5.7%，呈现稳步提升态势；技术市场成交合同金额首次突破 1 万亿元大关，研发投入强度超过欧盟 15 个初创国家 2.08% 的平均水平。一系列数据表明，我国落实创新驱动发展战略取得显著成效，创新型国家建设持续推进。

在国家创新体系的大力建设下，珠江—西江经济带地区政府也逐渐认识到创新驱动产业转型升级的必要性，在政策上大力扶持区域内各创新主体积极开展的创新活动。但是在实地调查过程中，发现珠江—西江经济带创新驱动产业转型升级发展存在一些制约因素，导致创新驱动产业转型升级的效果不明显。基于本书第四章实证分析结论和走访调查，我们认为制约珠江—西江经济带创新驱动产业转型升级发展的因素主要表现在以下几个方面。

一 科技成果转化率较低

（一）专业孵化器建设缓慢

企业孵化器在中国也被称为高新技术创业服务中心，它通过为新创办的科技型中小企业提供从项目开始运作之后企业所需的配套支持，比如办公场地、工商登记注册、信息和技术支持，以及创业指导服务、投融资支持等，进而降低创业者的创业风险和创业成本，提高创业成功率，培育优秀的企业和出色的企业家。

关于我国现有地方实践中的孵化器主要有六类，分别是综合性科技企业孵化器、专业技术类孵化器、大学科技园、海外学人创业园、国际企业孵化器、软件孵化器。综合性科技企业孵化器是面向社会吸引有发展前景的科技企业和可转化的科技成果，并为其提供场地、投融资、市场开拓等服务，一般孵化 3~5 年，企业成活率在 85% 以上；专业技术类孵化器一般依托高校或科研院所，在综合性科技企业孵化器的基础上，专门对中小科技企业进行培育或对某项高新技术成果进行转化；大学科技园通常由高校建立，依托高校，面向校办中小企业的培育和高校科研成果的转化，兼顾社会上同高校有合作关系企业的培育；① 海外学人创业园主要面向海外留学归国者设置的孵化器，依托孵化器的设施和良好的政策环境，吸纳留学者创办科技企业，争取培育一批先进的高新技术企业；国际企业孵化器是在综合性科技企业孵化器基础上发展的，它立足于国际市场，以国际标准培育企业，从而提高企业的国际竞争力；软件孵化器基本属于专业孵化器范畴。

按照企业生命周期理论，孵化器中的创新型企业尚处于初创期，这一时期的企业表现出经验不足、产品尚未被市场接受、销售增长缓慢、企业负担重等特征。如果在这一时期，可以为企业解决好人、财、物等问题，那么企业将有机会迅速成长从而进入成长期。

按照国家创新体系理论，国家创新体系是以企业为主体组成的技术创新体系，该体系除政府系统外，可分为四个子系统：知识创新系统、技术创新系统、科技创新服务系统、知识传播与应用系统。孵化器作为技术创新服务机构，是国家创新体系中的重要组成部分，准确把握孵化器的发展规律，有利于充分整合政府、市场、高校和科研机构在区域创新中的推动作用，形成多维力量驱动创新发展。

通过企业生命周期理论和国家创新体系理论，我们可以更加清楚地认识到孵化器对于创新驱动珠江—西江经济带产业转型升级发展的意义。下

---

① 卢锐：《科技企业孵化与我国孵化产业的实践》，《科技和产业》2002 年第 5 期。

面以广州市科技企业孵化器为例,分析其存在的问题。

2014 年起,为顺应国家创新驱动发展趋势,响应国务院"积极发展各类科技孵化器"的号召推动孵化器建设转型升级,广东各级政府高度重视孵化器建设,相继出台了一系列政策来扶持孵化器建设和发展,尤其是 2014 年李克强总理在天津市夏季达沃斯论坛上发出"大众创新、万众创业"号召之后,中国大江南北处处洋溢着高昂的创新创业热情。政策的支持,再加上全社会的创新创业气氛,都在极大程度上推动了广州市科技企业孵化器的迅猛发展。

截至 2016 年底,广州市共有科技企业孵化器 192 家,其中国家级 21 家、省级 15 家、市级 37 家以及登记备案 119 家,孵化面积达到 840 万平方米。根据区域分布统计,天河区孵化器 49 家、黄浦区孵化器 36 家、海珠区孵化器 24 家、荔湾区孵化器 17 家、花都区孵化器 17 家、白云区孵化器 11 家、越秀区孵化器 11 家、增城区孵化器 3 家、从化区孵化器 1 家。从中可以看出,天河区、黄浦区、海珠区的科技企业孵化器建设发展相对较快。根据所有权归属统计,广州民营性质的科技企业孵化器达到 153 家,占比 79.7%,这说明民营机构已成为广州科技企业孵化器建设和运营的主力军,广州科技企业孵化器主要以市场为导向发展。

广州科技企业孵化器作为创新服务的载体,在发展速度上表现得非常迅猛。但是,从个案调查情况来看,即使作为珠江—西江经济带专业孵化器建设最好的广州市,在促进科技成果转化、培养高新技术企业和企业家方面仍面临一系列的问题和挑战,那么整个珠江—西江经济带在这些方面的表现就不言而喻。

第一,科技企业孵化器的发展缺乏协同和集聚效应。作为国家创新体系中的重要组成部分,科技企业孵化器对于创新要素的集聚和创新成果的转化有着难以替代的作用。但是如果科技企业孵化器缺乏协同和集聚效应,那么就很难发挥其作用优势。目前,广州市各科技企业孵化器各自为战,未形成基于分工合作的协同创新合力,而且广州市科技企业孵化器的分布比较分散,无法形成集聚效应。

第二,科技企业孵化器缺乏创新创业人才吸纳效应。无论是从国家创新体系的建设和发展来看,还是从企业生命周期阶段来看,制约科技企业创新发展最重要的要素仍然是创新创业人才，创新创业人才对于企业的发展壮大至关重要。但是，目前广州市政府并未大力支持科研院所的科研人员进入孵化器进行科研成果转化；广州的高校学生几乎没有机会进入孵化器中进行创业，也没有得到相应的创业指导资金补贴。

第三，科技企业孵化器的服务能力不足。科技企业孵化器只有具备良好的服务能力，才能有效促进处于初创期的科技企业的发展，促进区域核心竞争力的增强，推动国家创新体系的建设。然而，目前广州市科技企业孵化器的服务能力不足，以场地租赁模式为主，综合服务体系不完善，金融服务功能不强，这就使得科技企业孵化器对科技企业成长的推动作用受到了很大的制约。

广州市作为珠江—西江经济带中的核心城市，虽然在孵化器服务科技成果转化上存在一些问题，但是在孵化器建设水平上还是遥遥领先于珠江—西江经济带中其他城市的。科技部最新数据显示，截至2017年6月，整个广西只有8家国家级科技企业孵化器，还不及广州市国家级科技企业孵化器数量的1/2，所以在今后一段时间珠江—西江经济带城市在孵化器建设上、在孵化器促进科技成果转化上仍需付出较大的努力。

（二）科技服务业发展滞后

科技服务业是向社会提供技术和知识的新兴产业，按照国家统计局的分类方法，科技服务业主要分为科学研究与试验发展服务、专业化技术服务、科技推广及相关服务、科技信息服务、科技金融服务、科技普及和宣传教育服务、综合科技服务七大类。科技服务业是现代服务业的重要组成部分，是推动产业结构转型升级的关键产业。

一是科技服务业能够提高产业创新能力。由于体制机制等诸多因素的制约，科技与经济之间的长时间脱节分离使得科技成果转化为现实生产力愈加困难，而科技服务业的出现为解决这一难题提供了出路。科技服务业可以促进科技成果转化，从而将科技与经济紧密相连，因此科技服务业也被称作科技成果转化的加速器。[1]

---

[1]　赵晓广、李书奎、高磊：《科技中介机构的社会功能》，《河南科技》2010年第5期。

　　二是科技服务业能够推动产业结构调整。产业转型升级离不开科技创新的支持，而且产业形态越高级，生产组织管理就越复杂，对科技创新的依赖程度就越高。科技服务业的发展一方面能够使服务业在产业结构中的比重增加，另一方面能够有效发挥科技创新对产业转型升级的支撑作用。

　　2014 年，科技服务业的发展步入快车道，国家层面、省市层面都开始逐步意识到科技服务业对于经济发展的重要意义。2014 年 8 月，李克强总理做出"科技服务业是创新驱动的战略支撑"的重要指示。2014 年 10 月，国务院出台《关于加快科技服务业发展的若干意见》，其中明确强调到 2020 年，我国要基本形成覆盖科技创新全链条的科技服务体系，培育一批拥有知名品牌的科技服务机构和龙头企业，涌现一批新型科技服务业态，形成一批科技服务产业集群，使科技服务业成为促进科技经济结合的关键环节和经济提质增效升级的重要引擎。

　　为使科技服务业高标准、高质量地快速发展，广东先后出台了《关于促进科技服务业发展的若干意见》《广东省科技服务业"十二五"规划纲要》等文件。在政府的大力支持下，广东科技服务业取得了显著成效。

　　第一，科技服务业发展迅猛，产业规模快速扩大。近年来，广东科技服务业规模呈现高速增长趋势。2016 年全年经各级科技行政部门登记技术合同 17480 项，技术合同成交额 789.68 亿元，比 2015 年增长 19.0%。截至 2016 年底，广东传统科技服务业（科学研究和技术服务）法人单位超过 2 万个，研发人员增加到 67 万人，R&D 经费支出超过 2000 亿元（约占全省 GDP 的 2.47%），R&D 经费支出总量首次居全国首位。科技服务业正逐渐成为推动广东经济发展的又一增长极。

　　第二，科技服务机构日臻完善，机构种类呈多样化发展趋势。当前，广东科技服务机构的分类情况如下：一是科学研究与技术开发类机构，这类机构包括各类科研院所、民办科研机构、社会科学研究机构、重点实验室、工程技术研究中心、企业技术中心、大学在粤研发机构等，约占全部科技服务机构的 45%；二是科学交流与技术推广服务类机构，这类机构包括科技园区及基地、生产力促进机构及科技推广机构等，约占全部科技服务机构的 22%。科技服务机构数量和种类的逐步增加为广东的创新驱动产业转型升级做出了重要贡献。

为了加快科技服务业发展，广西也先后发布了《关于加快服务业发展的若干意见》《广西加快科技服务业发展实施方案（2015—2020年）》等文件。在自治区政府的大力支持下，广西科技服务业也取得了一定的成绩。

第一，科技中介服务能力不断提升。科技部火炬统计数据显示，作为科技中介机构的核心组成部分，截至2015年，广西共有109家生产力促进中心，其中有8家国家级示范生产力促进中心，有20家自治区示范生产力促进中心，有76家上报了统计中心，上报的从业人员有865人，累计拥有资产总额7.15亿元，拥有办公室面积38737平方米；全年为企业增加销售额17.36亿元、增加利税4.08亿元，为社会增加就业岗位1.76万个，累计服务总收入达0.84亿元，取得了良好的服务绩效，为广西科技促进经济发展注入了强劲动力。

第二，科技创新服务平台建设成效显著。广西通过建设重点实验室、千亿元产业研发中心、工程技术研发中心、高新开发区等举措，推动支撑科技服务业发展的科技公共服务平台不断完善，科技创新能力获得显著提升。截至2017年，广西共建有3家国家重点实验室和77家自治区重点实验室，23家千亿元产业研发中心，3家国家工程技术研究中心和186家自治区工程技术研究中心。2017年前三季度，包括南宁市高新区在内，广西统计范围内的9个高新开发区专利申请量达11192件，占全区专利申请量的30%以上。

从总体上看，珠江—西江经济带地区科技服务业发展呈现总量不断增加、提供就业岗位不断增多、增长速度较快的态势。但与国内其他较发达地区相比，珠江—西江经济带地区的科技服务业仍存在较大的差距，发展相对滞后。

1. 服务机构功能薄弱，市场运行效率较低

"十二五"期间，珠江—西江经济带中大部分地区的科技服务业相关机构发展迅猛，科技服务业的产业化及市场化水平明显得到提升，尤其是在科技成果转化体系建设和要素市场集聚方面取得重大突破，但总体上与发达地区的科技服务业相比，仍存在较大差距，不足之处主要体现在以下两方面。

一是服务机构独立性较差。科技服务中介机构连接政府、企业和社会，是促进科技进步、满足社会需求的协调器。① 中介机构应具有较强的独立性，其既不应该是企业发言人，也不应该是政府附属物。但珠江—西江经济带地区中的科技服务中介机构大多是由政府批准设立并进行政策扶持的，这在一定程度上使其依附性强，而公正性和独立性较差，进而导致其所提供的服务质量及效率大打折扣。

二是融资机制市场化水平较低。目前，珠江—西江经济带内的科技服务业市场化进程推进缓慢，缺乏完善的投融资机制，导致科技服务机构在市场中的竞争能力不足，最终不能满足向社会提供高质量科技服务的要求。

2. 发展层次参差不齐，人才瓶颈愈发突出

一是人才水平参差不齐。作为知识密集型行业，科技服务业中的从业人员需要具备一定的科技知识储备水平，同时也要掌握市场、管理、法律等相关知识。目前本地区内的科技服务机构没有一套标准来对岗位从业人员进行职业资格认证，导致一些并不能够胜任这项工作的组织和个人进入科技服务业，尤其在科技咨询业中，从业人员水平的参差不齐使得行业进入无序竞争的恶性循环之中。总的来说，从业人员的服务水平和服务质量是整个行业提供优质科技服务的保障。

二是人才配置不尽合理。珠江—西江经济带地区的科技服务业缺乏能够制定研究机构的系统分类以及科技成果的评价和度量体系的行业协会，很容易出现科技成果市场化困难的状况，进而导致人才严重偏向高等院校和科研院所，使得科技服务业人才配置失衡。虽然近年来珠江—西江经济带地区的 R&D 人员数量有所增长，但是这些人才大都流向科学研究与技术开发机构，而流向科学交流与技术推广服务机构的人才较少，这种人才配置不合理的现状导致科技人员的总体情况仍不能适应创新驱动珠江—西江经济带产业转型升级的需要。

二　微观主体创新动能不足

（一）企业缺乏自主创新能力

党的第十九次全国代表大会报告中提出，深化科技体制改革，要"建

---

① 朱奕：《浅析江苏省科技中介机构发展》，《科技视界》2013 年第 29 期。

立以企业为主体、市场为导向、产学研深度融合的技术创新体系"。可以说，建立以企业为主体的区域创新体系是创新驱动珠江—西江经济带产业转型升级发展的重要举措。

作为区域创新体系的主体，企业的创新能力是其进行创新活动的基础，同时也决定了区域创新产出的质量和效益。在这种背景和形势之下，准确把握和分析企业缺乏创新能力的影响因素是珠江—西江经济带研究团队亟须解决的一件事情。

1. 创新资金投入不足

企业进行技术创新，从产品的设计、布局、研发、测试到最后的上市，每个环节都需要大量的资金，而企业资金量少导致 R&D 经费投入不足是制约珠江—西江经济带地区中小企业发挥创新能力的最大因素。中小企业除自有资金不足之外，其融资渠道也十分不通畅，表现在以下两个方面：一是中小企业由于经营风险高、资信不高等，很难获得商业银行贷款；二是我国的资本市场还不完善，风险投资机制不健全，中小企业通过发行股票或者发行债券进行直接融资的难度较大。

如南宁 2013～2015 年 R&D 经费支出呈缓慢上升的趋势，但数量仍远远不够。具体来看，广西博世科环保科技股份有限公司、皇氏集团股份有限公司和广西南宁百洋产业投资集团股份有限公司在 2016 年中的 R&D 经费支出分别为 2793.52 万元、2029.47 万元和 126.19 万元，研发投入占营业收入的比重分别为 3.37%、0.83% 和 0.06%。南宁作为珠江—西江经济带中的"双核"城市之一，企业 R&D 经费支出比重明显偏低。由以上数据可以反映出，珠江—西江经济带中的企业拨给技术研发的资金量普遍较低，除一些大型企业外，多数企业甚至出现研发资金投入不足的现象。

2. 创新人才匮乏

一方面珠江—西江经济带大部分地区经济发展水平较低，公共设施、公共服务不完善，另一方面企业福利待遇、工资水平不能满足预期，两方面的原因共同导致很多企业难以吸引和留住人才。创新人才是企业开展创新活动的主攻手，缺少创新人才，企业进行创新活动就会变得非常困难，企业的创新能力也自然而然显现得十分薄弱。

在珠江—西江经济带地区中，广州市有 81 所普通高等学校，普通高等学校在校人数为 104.3 万人；南宁市有 32 所普通高等学校，普通高等学校在校人数为 37.52 万人。除这 2 个核心城市之外，珠江—西江经济带中其余 9 市的普通高等学校数量均为个位数，云浮市、贵港市甚至只有 1 所普通高等学校，大多普通高等学校在校人数均低于 10 万人，云浮市、贵港市、来宾市更是不足 1 万人。综上所述，除广州市、南宁市之外，珠江—西江经济带中大部分地区创新人才匮乏，远远不足以支持地区的创新发展。

珠江—西江经济带地区的企业创新人才匮乏表现在以下三个方面。

（1）人才吸引缺乏竞争力

在人才的引进和培养方面，跟长三角地区等其他地区比起来差距非常大，缺少人才一站式服务窗口，没能将人才展览、人才宣传以及人才服务融为一体。虽然这几年政府的人才资金投入不断加大，但是在高校及科研院所进行人才引进招聘时，就感觉到无论是资金的投入还是政策的优惠，远远比不上一些发达城市。

（2）人才激励机制不健全

作为企业人力资源管理的核心，激励是吸引和留住人才的重要手段。许多企业过于重视如何制定严苛的公司管理制度，在一定程度上忽视了激励机制的重要性。比如说，有些公司薪酬过于固定，不能根据公司发展情况和员工贡献动态调整，有些公司甚至存在许诺的奖励不兑现的情况。如果不能健全和完善企业的激励机制，就不能充分调动企业员工的劳动积极性，也不能使员工对企业产生强烈的归属感，最终导致企业利益受损。[①]

（3）企业人文氛围不浓厚

企业人文氛围的塑造有赖于对企业员工的人文关怀。虽然薪酬是人才选择企业的一个重要标准，但工作环境、企业文化也是人才选择企业的重要依据。

企业办公场所一般比较固定，有一定的地域属性，尤其是人员的构成更加明显。部分人才可能来自区域之外，当来到不太熟悉的地区时，他们

---

① 宋永春：《论人力资源管理中的激励机制》，《企业活力》2005 年第 12 期。

会非常注重工作环境是否轻松舒适，和同事的相处是否融洽。如果没有良好的工作环境和工作氛围，必定会影响彼此之间的交流，那么人才流失就是不可避免的事情了。

企业文化反映了企业的核心价值观，也是加强员工对企业认同感和归属感的重要纽带。大多数企业并不怎么重视企业文化的建设，这就容易导致员工之间、员工和企业之间价值观念彼此冲突，难以做到劲往一处使，所以说忽视企业文化建设也是难以吸引和留住人才的重要原因。

3. 创新管理水平低效

创新管理是创新主体诊断其所处环境和自身状况、确立创新需求及方向、评估和指导创新项目、协调与整合创新资源，从而最优化创新成本效益的系统性管理活动。除资金、人才因素制约之外，创新管理水平不足也是制约企业创新能力和生存能力的重要因素。

珠江—西江经济带地区企业在创新管理上主要存在以下三个方面的问题。

（1）对"创新管理"认识不深

从创意迸发到形成市场价值的全过程，既包括"研发链"，也包括"产业链"（产品—小试—中试—产业）和"市场链"（商品供应—流通—销售—服务）。① 这三条链共同构成一个有机的系统，称之为"创新链"。创新管理的重点是搭建"创新链"，许多企业缺乏对"创新管理"的认识，在实施创新管理的过程中，它们往往忽视这三条链的协同整合，有时候只关注单一要素，导致创新管理缺乏系统性，从而抑制企业创新绩效的提升，影响企业生存和发展。

（2）企业管理者创新管理能力不高

许多企业的管理者对创业有较高的热情，他们渴望成功，但是他们对企业管理缺乏足够的经验和认识。一是他们缺少市场意识，对市场的变化把握不足。二是他们的战略意识不强，对企业发展战略没有准确定位。企业家的创新认知对企业创新活动的开展起着至关重要的作用。广西统计局

---

① 张仁开：《从科技管理到创新治理——全球科技创新中心的制度建构》，《上海城市规划》2016 年第 6 期。

开展的企业创新调查数据显示，在调查的 9092 家广西企业中，企业家设定了创新战略目标的企业有 4653 家，占全部企业的 51.2%。其中，目标为保持本领域国际领先地位的 156 家、赶超同行业国际领先企业的 195 家、赶超同行业国内领先企业的 778 家、增加研发投入和提升创新实力的 2630 家、保持现有的技术水平和生产经营状况的 883 家、其他目标的 11 家，占所有设定创新战略目标企业的比重分别为 3.4%、4.2%、16.7%、56.5%、19.0%、0.2%。超过 1/2 的企业设定了创新发展战略目标，且在设定创新战略目标的企业中，有 1/2 以上的企业将目标设定为"增加研发投入、提升创新实力"，而将目标设定为国际领先的企业占比很少，说明广西企业对开展创新活动的认知比较普遍，但总体战略目标层次不高，多数企业仍处于较低水平。

（3）企业组织职能不健全

创新管理是一项系统性工程，包括创新战略管理、创新资源配置、创新制度建设、创新人员安排、创新流程梳理等，需要各部门之间有效协调和配合。然而许多企业因为资金、规模等问题，组织部门设置简单或者职能安排模糊，难以对创新活动进行协同和整合。①

（二）企业缺乏自主创新动力

企业创新动力是企业进行可持续创新、提高自身创新能力的重要保障，只有解决了创新动力问题，企业才能积极培育自身的创新能力，才可能认真解决好创新活动中的一系列问题，从而使得企业创新要素得到充分利用，达到创新效益最大化的目标。

我们通过调研分析，可以发现珠江—西江经济带地区企业存在创新动力不足的现象，以南宁市为例可见一斑。2016 年南宁市规模以上企业有 R&D 活动的为 178 家，仅占南宁市规模以上企业数量的 7.44%。2016 年南宁市规模以上企业内部 R&D 活动经费支出为 20.02 亿元，占南宁市生产总值的比重为 0.54%，2016 年南宁市规模以上企业高新技术产品产值占全部

---

①　张建华、曹悦、郭小敏等：《科技型中小企业创新管理循环改进机制》，《科学管理研究》2016 年第 1 期。

工业总产值的比重为 18.74%。南宁市这几项指标虽然在广西全区排名位于前列，但是与全国平均水平以及昆明市、贵阳市等省会城市相比，差距较大。2016 年全国规模以上企业内部 R&D 活动经费支出占 GDP 比重在 2.0% 左右，其中昆明市、贵阳市也都超过 1.2%，而南宁市仅为 0.54%。2016 年南宁市规模以上企业每百家有科研机构 3 家，规模以上企业每百名从业人员有研发人员 0.34 人。

内部有 R&D 活动的企业个数、内部 R&D 活动经费支出、创新费用的投入、规模以上工业新产品产值占规模以上工业总产值的比重是衡量一个地区企业创新活动是否活跃的主要指标，通过上述数据可以看出，南宁市企业创新动力不足，这在很大程度上制约了创新驱动战略的有效实施。所以，提升企业创新动力也是珠江—西江经济带成功实施创新驱动产业转型升级发展战略的关键。

1. 知识产权保护体系不健全

熊彼特认为，创新的目的是"获得企业家利润"或"潜在的超额利润"。如果创新的成果不能得到保护，便会产生"搭便车"的经济现象，从而导致企业逐渐丧失创新动力。

完善的知识产权保护制度能为创新成果提供制度上和法律上的保护，确保创新主体获得创新收益。但是，目前我国在知识产权保护制度上仍有待完善，依然存在山寨之风盛行、假冒伪劣品横行、司法成本较高、社会整体产权意识淡薄等现象。正是知识产权保护制度的不完善，导致企业不敢冒这种"投入产出不配比"的巨大风险，从而严重丧失了自主创新的动力。华为前总裁任正非在一次公司内部会议上指出："中国创造不了价值，首先是因为缺少（创新）土壤，这个土壤就是产权保护制度。"[①]

珠江—西江经济带地区普遍存在知识产权保护体系不健全的问题，这对于企业自主创新动力的迸发产生了严重的抑制作用。以贵港市涉农企业为例，虽然近年来在知识产权保护方面出台了一些法律法规，但仍存在产权保护制度不完备、执行力度较差等问题，导致贵港市涉农企业的研发成果、种

---

① 刘治兰：《我国企业技术创新能力不足的制约因素与突破路径》，《新视野》2014 年第 6 期。

子企业研发新品种的知识产权得不到有效保护，严重挫伤了涉农企业的研发积极性和主动性，使得他们不敢贸然投入巨额研发资金，也导致研发新产品在售后服务、市场维护、渠道管理等方面面临很多障碍和困难。

2. 缺乏有效的激励机制

所有的创新活动，最后都要靠人来完成。与创新个人行为密切相关的是创新激励机制，这是创新活动的基本驱动力。因此，必须充分建立起导向明确的自主创新激励机制，充分调动企业负责人、企业管理层、企业员工的积极性。在珠江—西江经济带地区企业的调研中，我们发现许多企业在激励机制上存在以下三个方面的问题。

（1）缺乏激励的针对性

人员的激励要有表现形式上的区别。作为个体，每个人在不同时期和不同环境中，他的需要也是发生变化的。对于不同需要的员工，激励形式应是不同的。有些企业的激励方式较为单一和生硬，使部分企业员工的需要得不到满足，减弱了激励效果。很多情况下，企业管理者认为员工对物质奖励会很满足，而实际情况是，许多员工有精神上的需求，他们渴望自我价值的认同。

（2）缺乏激励的公平性

公平的激励机制是发挥激励有效性的重要条件。员工有时会将自己的报酬和福利同企业其他员工进行比较，然后去判断企业对待自己是否公平。很多企业管理者表示，"80后""90后"员工觉得自己在工作上付出比别人多，所以他们对预期回报会比较高。许多企业在员工真实工作量上的信息获取不完备，不能保证激励的公平性。对于员工来说，如果付出与回报不成比例，他们会丧失工作的积极性。

（3）缺乏明确的激励目标

对于企业来说，销售人员和生产人员的激励目标比较容易设定，但公司管理类岗位的员工的激励目标不容易设定。很多企业的激励目标设定不明确，在实际工作中难以执行或者考核结果难以实现，在一定程度上影响员工工作状态，使其工作效率降低。

3. 缺乏完善的市场竞争机制

成熟健全的市场体系是创新驱动得以实现的基础，因为市场既是创新活动的出发点，也是归宿点，所以追求创新的效率首先是市场效率。纵观当今创新型国家，无一不是市场经济体系完善的国家。但我国市场化进程缓慢，市场竞争不公平，在很大程度上阻碍了企业的创新。

竞争环境对一个国家和地区企业创新活力的影响是显著的，过度垄断和过度竞争都会抑制创新活动。根据"阿罗重叠效应"，如果创新收益小于竞争利润，垄断厂商则没有太大的创新动力；而如果竞争过度、生存困难，厂商投资于创新活动的能力与动机也会随之减弱。因此，只有适度的市场竞争才最有利于促进创新。遗憾的是，我国到目前为止，一个公平、公正、统一、有序的市场体系仍未完全建立起来，行政性壁垒等原因造成的完全垄断与过度竞争并存。

在市场的一端，政府通过控制市场准入决定了多个垄断行业的市场结构和产权结构，处于垄断位置的国有企业是当前制度安排的最大受益者。中央和地方政府的保护，资金、政策的支持，使得这些行业成为暴利行业，诱发了各类寻租行为，弱化了企业的创新动机。有资源、有机会的话，企业包括一些高新技术企业，将更有动力进入这些行业，而不是搞技术创新。大量上市公司严重偏离主业便是一个写照。在垄断行业之外，留给其他企业，尤其是中小民营企业的发展空间变得狭小，不公平的市场竞争严重地挫伤了它们通过创新参与竞争的积极性。世界各国的实践证明，中小企业是创新的摇篮，是创新的生力军，创新的热情和效率均高于大型企业，像华为、中兴等也是由小企业发展起来的。长此以往，创新资源难以得到最优配置，将影响国家整体创新能力的提升。

在市场的另一端，代表世界高科技产业发展趋势的战略新兴产业和其他竞争性强的产业，如光伏产业，因政府产业规划、控制不严等原因造成了市场的过度竞争。这些行业中企业规模普遍较小，大都生产同类的低附加值产品，恶性的同质化竞争，导致企业盈利能力低、生存困难、资金紧张，难以承担创新投入费用。

（三）忽视农户区域创新作用

在党的十九大报告中，习近平指出，农业、农村、农民问题是关系国计民生的根本性问题，必须始终把解决好"三农"问题作为全党工作重中之重。此外，报告中还提出，乡村振兴要构建现代农业产业体系、生产体系、经营体系，完善农业支持保护制度，发展多种形式适度经营规模，培育新型农业经营主体，健全农业社会化服务体系，实现小农户和现代农业发展有机衔接，促进农村第一、第二、第三产业融合发展，支持和鼓励农民就业创业，拓宽增收渠道。

从现实的角度看，与农业联系最为密切的是农户，因为一定区域内的农业发展是许多个农户微观主体创新行为的综合结果，因此，农户这一微观经济主体应成为农业创新发展的内部动力。虽然农户的知识水平不高，但仍具备创新的潜质。正是农户通过生产经营实践所迸发的"创新意识"能够内在地驱动农村地区的经济发展。与其他农民相比，富有创新激情的"进步"农民的典型示范作用可以在特定农村区域内形成一种创新发展的氛围。因此，在乡村振兴战略和国家创新体系建设的大背景下，如何激发和培养农户的创新理念，对于实现珠江—西江经济带地区农民增收和加快区域产业转型升级具有非常重要的现实意义。

2016 年，珠江—西江经济带内广州、南宁、佛山、柳州、肇庆、云浮、贵港、梧州、百色、崇左、来宾各市第一产业占地区生产总值的比重分别为 1.22%、10.82%、1.68%、7.27%、15.45%、20.97%、19.84%、11.17%、16.36%、21.89%、25.04%。通过数据可以看出，珠江—西江经济带内肇庆、云浮、贵港、梧州、百色、崇左、来宾等地级市的第一产业在地区生产总值中所占比重较大，毫无疑问，农业又在这些地区第一产业中占据较大比重。作为农业经营微观主体，珠江—西江经济带内农户区域创新作用普遍被忽视，导致珠江—西江经济带地区无法顺利进行农业现代化发展，珠江—西江经济带经济发展也受到严重影响。

按照熊彼特的创新理念，创新大致分为五种情况：第一种是引入新产品，第二种是采用新的生产工艺，第三种是开辟新市场，第四种是获得原材料的新的来源，第五种是实行新的组织形式。其中，第一种和第二种属于技术创新，第三种属于市场创新，第四种属于资源获取途径的创新，第五种属于制度创新。结合农业的发展过程，农户创新可以分解为技术创新、市场创新、资源获取途径的创新和制度创新这四个参与层次。①

技术创新：农户在进行农业劳动过程中，通过吸纳和采用新技术提高经济收益。产品创新和生产工艺创新均属于技术创新范畴。产品创新表现为农业种植作物比例改变，生产工艺创新表现为采用机械、地膜等工艺技术进行农业生产。

市场创新：农户在农业生产中，逐渐意识到市场的重要性。这表现为一方面选择种植一些顺应市场需求的名、特、优的农作物；另一方面在政府部门的帮助下，建立起运、购、销一体化的市场销售体系。通过积极的市场创新，农户顺利将产品推向市场。

资源获取途径的创新：农户为了满足引进新品种和新生产设备等方面的需要，与当地农村信用社或者其他商业银行进行联系，开展借贷等融资活动。这种由单纯依靠自身积累向主动获取外部资源的理念及行为的转变，也是一种积极有效的创新方式。

制度创新：主要指组织形式上的创新。随着农业产业化形式的发展，很多农户为了采用更好的农业技术，获取更高的经济收益，决定突破传统规模较小的家庭经营，积极开展农业合作。于是出现了农户合伙经营的创新模式，这些新的组织形式满足了农业产业化经营的需要。

目前，珠江—西江经济带内各地区在农户创新对农业转型升级的必要性和重要性认识不清、重视不够。无论是城乡基础设施建设还是社会保障体系的建设，再或者是在"企业是创新的主体""创新型国家"的背景下，作为农村微观主体的农户，其在珠江—西江经济带地区的农业创新中的作用一直被忽视，农村政策也从未倾向于农户创新理念的培育上。

这些年来，像有机农业、观光农业、光伏农业、立体农业、特种农业等农业新概念层出不穷。但是在珠江—西江经济带的农村地区，很少有农户去做这些创新性产业，他们基本上仍按照以前种什么、怎么种的理念从事农业生产经营。基于我们对农户创新实地调查来看，珠江—西江经济带地区对于农户创新作用的忽视表现在对农户创新未提供一定的资金、技术和渠道上的支持。

---

① 林德宏：《超越熊彼特——对传统创新观的反思》，《南京财经大学学报》2006 年第 4 期。

第一，农户缺乏创新资金。农业创新是需要成本的，农户很少创新的关键因素在于他们缺钱。像在种植环节上，改种新品种，说起来很容易，但是改种需要成本，并且具有风险。对于农户来说，赔钱便会对他们接下来的生产经营产生很大的影响。所以说，如果农户手上没有多余的钱，他们很难开展创新活动。

第二，农户缺乏创新技术。对于部分手里有富足资金的农户来说，他们希望投点儿钱搞点儿新的种植模式，但是不知道该种什么和怎么种。一没有相关人脉，二也不懂如何去学习这方面的技术。现实情况是，农业专家在大学里搞科研，学农业的大学生进公司，真正在农村从事农业生产经营的农业科技人才供给不足。除此之外，推广农业技术、推广农业新品种的企业也是少得可怜，所以在珠江—西江经济带农村地区，很多农户是不具备创新技术的。

第三，农户缺乏销售渠道。对于开展创新活动的农户来说，他们种植了新品种，但是没有采购商来采购他们的产品。即便这些新产品很受市场欢迎，但农户很难靠自己的力量把这些新产品送到每一个消费者的手中。目前，在其他发展较好的农村地区，有一些收购商帮助农户扩展销售市场。

迄今为止，珠江—西江经济带专门针对农户创新开展的系统理论研究仍是空白的，由于缺乏必要的正确指导和理论突破，在生产经营实践中，对现有的农户培训主要停留在单一的知识传授上。虽然这样的单一知识传授也是一种突破，但在如何激发农户本身的创造热情、培育农户的创新理念和提高农户的创新能力方面，单凭农业内部技术的简单知识传授（包括良种种植、工艺的改变等）在整体上很难为农业现代化起到良好的推动效果。

三　产业创新遭遇技术瓶颈

（一）科研资源短缺且分布不均衡

实施创新驱动发展战略，强调科技创新，离不开科研资源的支撑。数量多、质量高、分布均衡的科研资源，对于加强区域创新体系建设，加快提升科研与开发能力，吸收、集聚和培养科技创新人才，促进区域产业转型升级具有重要的意义。

"十一五"期间,广西开始实施"科教兴桂"战略,自治区科学技术厅、财政厅、发展改革委、教育厅于 2006 年 9 月印发了《"十一五"广西科技基础条件平台建设实施意见》,大力推进科研条件建设,积极构建具有区域特色和开放高效的科研条件体系。处于珠江—西江经济带中的广西 7 个市,在广西"科教兴桂"战略的引导下,科研条件的建设有了较大的改善。与此同时,广东也在积极推进实验室的提质培优、高水平大学的建设和新型研发机构的扶持。但是,位于珠江—西江经济带中的广西 7 个市和广东 4 个市的科研资源对于区域创新体系的建设仍缺乏支撑作用,具体表现在以下两个方面。

1. 科研资源短缺

从创新驱动产业转型升级发展的国际经验来看,一些地区依赖于该区域内已有的知名大学、科研机构等科研资源作为其创新中心的形成基础。以英国科学城为例,2000 年后,欧盟将各国的研发投入目标设定为 GDP 的 3%,为了达到这一目标,英国制定了"科学城"发展战略,并逐步增加科研投入。由于英国东南部的伦敦、剑桥和牛津地区已经承载了相当多的研发投入,为了平衡地区科研资源的发展,新增加的研发投入将向其他区域倾斜。2004 年,"科学城"战略首先确定将约克、曼彻斯特和纽卡斯尔发展成三个科学城;2005 年,"科学城"战略又新增了伯明翰、布里斯托和诺丁汉三个城市。入选第一批科学城的三个城市都位于接受大量经济援助的英国北部区域,入选第二批科学城的三个城市则位于经济上相对较强的英国中部和南部区域。虽然六个科学城所在区域的人口规模、经济社会环境各不相同,但是它们有一个共同的特征:其发展依托于当地的大学和科研机构。

除布里斯托以外,每一个科学城都根据地方大学和科研机构的优势,明确了优先发展的科学基础,确定了主要发展的科学支撑产业。约克科学城优先发展生物科学和健康护理、信息和通信技术、遗产和艺术技术产业;纽卡斯尔科学城优先发展老龄化和健康、能源和环境、分子工程、干细胞和再生医药产业;曼彻斯特科学城优先发展生命科学、通信和广播、清洁、航空、核技术产业;伯明翰科学城优先发展高级材料、电子媒体和信息通信技术、能源、医药技术和健康护理、交通技术产业；诺丁汉科学城优先发展医药研究和技术、环境保护技术。[①]

位于珠江—西江经济带中的 11 个城市除了广州、佛山、南宁，其他几个城市的科研资源非常短缺，像云浮、来宾、崇左都没有本科院校，只有几所职业技术学院，这几个城市如果想依托科研资源作为基础来建立创新中心是非常困难的；像百色、梧州、贵港、肇庆等城市虽然有 1 所本科院校，但是实力不强，没有特别突出的学科，所以对于当地优先发展何种产业缺少一定的指向作用。总体而言，珠江—西江经济带中的大部分城市科研资源严重短缺，一方面表现为地区内科研资源匮乏，另一方面表现为科研资源质量较低。根据国际创新驱动产业转型升级发展的经验来看，由于科研资源的短缺，区域无法依托有效的科研资源建立起驱动产业转型升级发展的区域创新体系。

2. 科研资源分布不均衡

科研资源的适度集中可以更好地发挥聚集效应，有利于创新成果的产生，但是，中国目前的情况是科研资源过度集中，有碍于创新驱动区域的协调发展。就高校及科研机构的空间分布来说，全国 39 所 985 大学中，有 9 所在北京，占 23.1%；116 所 211 大学中，有 26 所在北京，占 22.4%；137 所双一流大学中，有 31 所在北京，占 22.6%；中国科学院等国家级研究机构更是聚集在北京。由于科研资源的高度集中，北京的人口高度聚集、交通拥堵严重，既阻碍了区域的协调发展，也影响了自身经济、社会和环境的可持续发展。

位于珠江—西江经济带中的广州、南宁、佛山、柳州、肇庆、百色、贵港、崇左、云浮、梧州、来宾 11 个城市在科研资源的空间分布上同样存在过度集中、分布不均衡的现象。就高校的空间分布来说，两广地区共有 2 所 985 高校，全部位于广州市；两广地区共有 5 所 211 高校，4 所位于广州市、1 所位于南宁市；两广地区共有 6 所双一流高校，5 所位于广州市、1 所位于南宁市。就国家级重点实验室的空间分布来说，两广地区共有 28

① 董昕：《科技创新驱动区域协调发展的国际经验与启示》，《区域经济评论》2016 年第6 期。

个，广州市有 19 个、南宁市有 2 个、肇庆市有 1 个。通过这些数据可以看出，在珠江—西江经济带中，广州市的科研资源数量、质量远远多于和优于其他城市。科研资源高度集中于广州市，使得广州市创新能力在全国极具竞争力，但是从区域协调发展的角度来看，广州市科研资源的过度集中会产生非常强的人口集聚效应，对于珠江—西江经济带中的其他地区会产生不良的影响，最突出的表现就是人力资源严重短缺，不利于地区内创新活动的开展，从而阻碍了创新驱动产业转型升级发展。

（二）缺乏有效的产学研协同创新机制

产学研合作是指以高校、科研院所、企业为核心，在政府、金融机构、中介机构等共同支持的外部协调环境下，形成战略联盟的活动。推进产学研协同创新是将知识转化为技术的有效途径，是建设国家创新体系、形成产学研协同创新有效机制、提升科技创新能力的关键。

2006 年我国实施的《国家中长期科学和技术发展规划纲要（2006—2020 年）》更是将"产学研合作"这一战略目标落实到实施阶段，纲要明确提出，要建立以企业为主体、以市场为导向、产学研三方结合的技术创新体系。

作为技术创新体系中的重要部分，产学研合作对于企业创新绩效的积极效应主要来自三个渠道。第一，产学研合作为企业接触前沿技术提供了途径。产学研合作使得企业 R&D 人员可以与科研机构的 R&D 人员在不同层面进行合作，如个人间的合作、科企和校企之间的联合项目等，各方通过这些合作极大地增加了企业获得前沿突破性技术的机会。第二，科研机构不仅提供了创意项目也提供了解决问题的方法。在技术开发阶段，企业通过向科研院所和高等院校进行技术咨询，不仅有助于解决企业现有技术难题，还具备了今后解决类似问题的能力。第三，产学研合作为企业获得关系资本提供了机会。通过与科研机构和高等院校进行产学研合作，企业除获得可商业化的创新之外，还会获得硕博研究生等人才资源、持续接触前沿技术的渠道以及与其他组织进行合作的机会。

但产学研合作中仍存在不协调的因素给企业创新绩效带来了消极效

应。第一,大学和科研院所的科研成果在可商业化上存在困难。① 科研机构以基础性研究为主,这些研究在短期内较难商业化,如果企业在这些科研成果上投入大量时间和资金,可能对自己的正常运营产生负面影响。第二,科研机构和企业在属性和价值目标上存在一定的冲突。企业在技术上追求一定的保密性,有助于获取相应的技术垄断利润,而公共科研机构更希望技术获得更多的推广,强调知识技术的分享。② 这些冲突在产学研合作的深入过程中会愈来愈突出,从而影响企业的创新绩效。第三,企业搜寻产学研合作伙伴的成本增大。一般来说,企业会根据地域因素,选择本区域内的科研机构进行合作,但是随着 R&D 对产学研合作的依赖程度加深,企业会在更广范围内搜寻产学研合作伙伴。同时,在产学研合作过程中产权问题、利益分配问题也会变得愈来愈突出。

近年来,广西区内科技活动在产学研范围内活跃开展,逐渐形成了以企业为主体、产学研协同创新的向好局面。2012 年,自治区政府印发了《关于建设 100 家产学研用一体化企业的实施方案》,2015 年,广西产学研用一体化企业认定工作正式启动。广西针对产学研用一体化企业的一系列举措促进和完善了以企业为主体、以市场为导向、产学研用结合的技术创新体系建设。

目前,广西企业和高校研发活动与市场的联系不够紧密。从 R&D 项目的合作形式来看,2014 年广西统计局开展的企业创新调查结果显示,全区开展创新合作的企业仅占全部企业的 14.9%,其中与高校开展创新合作的企业占比为 3.9%,与研究机构开展创新合作的企业占比为 3.2%。2015年广西工业企业研发年报显示,在研项目中,与境内外合作开展的项目占26.5%,其中与境内高校合作的项目占 9.3%,与境内独立研究机构合作的项目占 6.1%,与境内注册的其他企业合作的项目占 10.2%。

从 R&D 活动产出情况看,2014 年广西全社会专利所有权转让及许可收入为 6880.3 万元,基本集中在企业(6840.2 万元),而高校和科研院所

---

① 虞振飞、张军、杜宁、陈鹏万:《浅析研究型大学在产学研合作中遇到的问题》,《科研管理》2008 年第 S1 期。

② Doutriaux, J., "Knowledge Clusters and University-Industry Cooperation," *Handbook of Research on Innovation and Clusters-Cases and Policies*, Cheltenham (2006).

虽然在专利申请数和发表科技论文上所占比重较大，但成果转化率并不高。归结原因，很大程度上在于企业与高校和科研院所的信息交流上出现了严重脱节，即技术供给侧与技术需求侧不能建立有效的联系。在与高校和科研院所的合作中，企业更重视那些见效快、研发投入时间短的科技项目，而高校和科研院所重视基础科研带来的社会效益，导致实验室中的科研与市场需求不匹配。

总体来看，在政府、各类机构和产学研合作中各主体的共同努力下，珠江—西江经济带地区产学研协同创新已经取得了一定的成绩，产学研协同创新逐渐成为提升珠江—西江经济带地区经济发展实力和区域创新能力的重要支撑。但是由于产学研协同创新起步较晚，与国内其他较发达地区相比，目前，产学研协同创新机制仍存在许多问题。

下面以肇庆市涉农企业为例，分析其在产学研合作中面临的问题。

一是产学研合作的行政管理体制不规范，导致条块分割、利益分配混乱。在农业进行产学研合作的各方都有其上级政府主管部门，这些政府部门都希望制定一些措施能够推动产学研的有效合作，但是又希望自己旗下的单位能够获得可观的收益，这就导致产学研合作的各主体单位条块分割、各自为政，相互之间无法进行协调一致，导致产学研合作缺乏行政管理体制的保障；产学研合作中的利益分配机制、风险分担机制不健全，使得各主体利益分配混乱，从而影响产学研合作的深入推进。

二是产学研合作的层次不高、深度不够，无法形成长期稳定的合作关系。一方面，目前产学研采用的合作方式一般为合作研发、委托开发等，合作内容大都是技术、产品的转让等，而人才培养、共建实验室和建立战略联盟等更高层次的产学研合作方式很少。另一方面，现阶段产学研的合作模式一般是涉农企业出资金，科研机构出技术和研发人员，科企、校企一同进行产品研发、农产品的加工技术研发。但是双方合作的项目多为短平快的项目，很少涉及产业关键技术、共性技术的研发，而且，一旦产学研合作的成果难以达到企业预期，企业就会终止双方的合作关系。总结来看，涉农企业与科研机构缺乏高层次、较深入的产学研合作，长期稳定的合作关系难以形成。①

---

① 肖卫东：《涉农企业开展农业科技创新的瓶颈因素与驱动机制》，《理论学刊》2016年第1期。

三是产学研合作双方的利益诉求不同，科研与市场需求严重脱节。涉农企业的利益诉求是从市场需求出发，渴望通过产学研合作，获得新产品、新技术、新工艺等，从而提高其在市场中的竞争力；科研院所、高等院校的利益诉求是从科研成果的评价出发，期望科研成果能够通过产学研合作进入市场，为社会带来正向效益，在市场和涉农企业那里获取科研成果的评价，从而进一步争取课题项目。正是双方利益诉求不同，导致科研机构的科研成果与涉农市场的真实需求严重脱节，主要表现：科研机构的科研成果不少，但是与涉农企业所需要的科研成果不匹配；同质化、基础性的科研成果较多，适用性、应用性强的科研成果较少。

肇庆市涉农企业在产学研协同创新机制上的缺陷是珠江—西江经济带地区普遍存在的问题。珠江—西江经济带地区的多数企业研发能力较弱，人才、资金、技术和设备明显匮乏，仅依靠自身力量开展研发困难不小，需要大力开展引智、引资和引技来提升自身的研发水平和能力，因此产学研协同创新的潜力很大。

四　产业转型升级的需求侧管理缺失

(一) 未正确处理好需求和供给的关系

十九大报告再次明确强调：建设现代化经济体系必须坚持"质量第一、效益优先，以供给侧结构性改革为主线，推动经济发展质量变革、效率变革、动力变革"，这是以习近平总书记为核心的党中央再次提出的供给侧结构性改革，一些研究者可能认为供给侧结构性改革就是要放弃原来刺激需求的经济调控政策，转而使用扩大供给的政策。事实上，供给侧结构性改革是在强化需求侧管理相关措施的同时提出来的，需求侧与供给侧相配合的政策叠加十分明显，即这是"在适度扩大总需求"的同时推动供给侧结构性改革。[①]

从宏观经济的角度看，供给侧与需求侧是辩证统一的关系。习近平总书记指出，"供给侧与需求侧不是非此即彼、一去一存的替代关系，而是

---

① 刘亮、李洁、李明月：《供给侧改革应与需求侧管理相配合》，《贵州社会科学》2016年第7期。

要相互配合、协调推进","推进供给侧结构性改革,要用好需求侧管理这个重要工具"。由此可以看出,在供给侧结构性改革逐步深化的过程中,需求侧同样需要协调推进。

需求侧管理是优化产业结构的重要抓手。以电力产业为例,《电力发展"十三五"规划(2016-2020年)》中明确提出,要从负荷侧、电源侧、电网侧入手,充分挖掘现有电力系统的调峰能力,增强电力系统灵活适应能力,从而摆脱新能源的消化吸纳困境。与电源侧和电网侧的调峰举措相比,通过负荷集成商收集用户用电数据形成的虚拟调峰电厂,对于优化电力系统结构、提高电力系统灵活性,具有投入成本更低、效果更加明显、更加清洁环保的特性。更重要的一点是,如果设计好完善的电力需求响应市场化机制,提高电力用户参与响应的积极性,保证虚拟调峰电厂运行的可行性,将给电力行业供给侧结构性改革带来非常大的调整优化空间。

在当前珠江—西江经济带产业转型升级过程中,许多地区只看到了供给侧结构性改革对于产业转型发展的作用,却忽视产业转型升级的需求侧管理,这在很大程度上制约了创新驱动产业转型升级的发展。

(二)忽视产业转型发展的需求调查

按照"需求引致"创新理论的观点,市场导向与重视顾客需求在科技创新中具有重要地位。消费需求的不断变化,诱导供给方不断地改进自己产品和服务的功能,甚至是进行发明创造得到新的产品和服务,从而实现科技创新。从企业技术能力的角度看,企业在提高技术能力的过程中,要吸收外部的信息,不断提高信息的收集和处理能力。[①] 所以,为了更好地发挥创新驱动产业转型升级的作用,必须要重视需求侧管理中的需求调查。

在对珠江—西江经济带中11个城市进行实地调查中,发现许多地区忽视对产业转型发展的需求调查,以百色市铝产业转型升级中存在的忽视需求的调查为例。

---

① 任峰、李垣:《市场导向与技术创新的关系研究》,《中国软科学》2003年第6期。

从 2012 年起，国内的铝产业关键环节链——电解铝企业出现了大面积的亏损，整个铝行业需求萎缩。一方面是过度投资，青海、内蒙古、新疆等西北地区靠低廉的电价，吸引了中铝集团、中电投集团、新希望集团等行业龙头到该地区投资建电解铝厂，新增产能近 500 万吨；另一方面是经济下行，下游企业需求锐减，造成电解铝库存居高不下，原铝销售量价齐跌。百色市几家电解铝生产企业也都面临严重亏损，目前仍处于停产或减产状态。

在铝产业产能严重过剩的现状下，百色市铝产业未重视市场需求调查，只是在被动地接受供给严重过剩的现实。事实上，由于技术进步，铝产品的独特性能使得其用途范围扩大，从原来的建筑领域和工业领域扩展到航空、轨道交通、军工、包装、电子等领域。根据专家预测，未来国内五大市场对铝产品的需求会非常巨大，分别是大飞机铝材市场、轨道交通铝材市场、建筑节能铝材市场、印刷铝材市场、电子铝箔市场。此外，在国际市场中，如非洲各国建筑业正在发展中，对于建筑铝材的需求非常大。在工业铝材方面，随着一些国家进行工业化发展，对于工业铝材的需求很旺盛。所以从市场需求来看，百色市铝产业可以大有作为，但是目前百色市铝产业还未对市场需求调查给予足够的重视。而其他地区的许多铝产品加工制造企业已经根据市场需求，在军工产品、轨道交通、铝制汽车、IT 电子等领域不断研发推出新产品，而且得到了客户的高度认可。

百色市铝产业如果仍不对市场新需求给予足够的重视，那么在产品技术上将被其他地区的铝产业远远甩在身后，其在市场上只能从事低附加值产品的活动，这样对于百色市铝产业转型升级发展将造成极大的不利影响。

百色市铝产业算是珠江—西江经济带地区内核心产业之一，其对于市场需求调查的忽视是珠江—西江经济带地区对于市场需求调查重视不够的真实写照。在供给侧结构性改革的大背景下，市场需求调查对于珠江—西江经济带地区的产业结构转型升级是必不可少的环节，对珠江—西江经济带地区的产业应给予足够的重视。

（三）缺乏创新产品的初期市场培育

市场是产业创新的出发点和落脚点，市场需求是创新活动的根本归宿，市场实现程度是检验创新活动成功与否的最终标准，创新收益实现的多少是推动和激励创新主体进行创新活动的基本动力。创新产品初期需要进行市场培育，接受市场的检验，然后通过逐步完善最终成为成熟的创新产品。在对珠江—西江经济带 11 个城市的实地考察中，我们发现许多地区的政府部门未能实现由管理向服务的职能转型，不能够清楚地意识到政府在创新产品初期市场培育阶段的能动作用。以柳州市新能源汽车产业在创新发展中存在缺乏创新产品初期市场培育的问题为例。

柳州市汽车产业一直是广西制造业领域的佼佼者，十几年来柳州汽车产业规模不断壮大，2002 年汽车产值突破百亿元，2010 年进入千亿元大关，2016 年达到 2400 亿元，实现了新的跨越。与此同时，随着全球能源变革和国家绿色发展的新要求，柳州市政府审时度势，准确认识到新能源汽车未来必将大有可为。经过一系列分析调研，柳州市政府正式出台了《柳州市推进新能源汽车产业发展的若干意见》，明确以绿色低碳为发展方向，以创新发展为第一动力，以企业为依托，重点发展纯电动汽车、混合动力汽车、燃气动力汽车及关键零部件，开发新能源车专用底盘，加快突破动力电池、驱动电机、智能控制等领域核心技术，实现关键零部件本地化配套，打造本地完整的配套产业链。

2016 年，柳州市新能源汽车产业已经开始有所发展，现已推出宝骏E100、广西汽车集团 3 款车、延龙公司 2 款车共计 6 款新能源汽车。但是，这 6 款新能源汽车作为创新产品缺乏初期市场培育，具体表现：政府没有使用政府采购这一财政工具，其没有发挥新能源汽车消费的引导作用。

新能源汽车作为高新技术产品，在投入市场初期，市场接受程度低的问题导致无法形成规模成产，边际成本比较高，导致产品价格比较高，如果政府不能发挥财政采购的作用、缺少消费优惠补贴的政策，那么柳州市新能源汽车产业就会面临激励不足的问题，从而影响产业的转型发展。

通过对珠江—西江经济带中的核心工业城市——柳州市的新能源汽车产业的个案分析，我们可以发现初期市场培育对于珠江—西江经济带地区的新兴产业的发展至关重要，产品只有在市场中接受检验并逐步改进后，才会在市场竞争中脱颖而出，独占鳌头。

（四）忽视区域品牌的营销推广

从市场需求角度来讲，创新是将潜在市场需求转变为现实需求的过程。企业通过为客户提供前所未有的新产品和新服务，从而实现自身价值。我们通过广泛地考察企业的创新行为发现，创新产品的成败不仅取决于技术进步与否，而且也有赖于产品营销推广是否成功。[①] 根据马克思主义政治经济学的观点，产品的基本价值由"C+V+M"构成，而产品价值除了基本价值之外，还有附加价值，它由企业品牌、文化营销和服务等构成。如手机厂商苹果，其品牌所带来的附加价值非常大，所以区域品牌的营销推广对于创新具有非常强的推动效应。

目前，珠江—西江经济带中很多地区在产业转型发展中，往往会忽视区域品牌的营销推广，以肇庆市农业产业为例。

为认真贯彻落实党的十八届三中全会精神，加快推动《肇庆市现代农业发展五年（2013—2017）实施计划》（肇发〔2013〕6号）的有效实施，肇庆市政府在2013年印发了《肇庆市加快推进现代农业产业发展的试行办法》。该"办法"中指出，肇庆市通过扶持重点领域和项目，推进产业转型升级，优化发展环境，增强发展活力，吸引更多资金投入现代农业发展，提高农业组织化、产业化、集约化、标准化水平，打响肇庆优质安全农业品牌，增强农产品市场竞争力，促进农业增效、农民增收。自该"办法"试行4年以来，肇庆市拥有了西江帆船牌肉桂、高要碧绿牌无公害蔬菜、四会"华贡牌"沙糖桔等名优产品，打造了属于自己的农业产业品牌。但是，总体来讲，肇庆市在农业产业的品牌营销推广上依旧存在推广力度不大、宣传不到位的问题。

肇庆市农业产业在区域品牌营销推广上存在的问题表现为：肇庆市农业企业每年投入很少的人力、物力、财力进行产品和企业的推广宣传。在广告投入、网络推广和会展推广等方面投入不足；在区域品牌营销推广上，肇庆市政府部门未利用好各种适当的场合加强区域品牌宣传推广；在

[①] 徐勇、韩珠珠：《企业创新的过程研究——基于市场需求和企业利润视角》，《科技管理研究》2008年第11期。

没有国家和行业标准的优势领域内，肇庆市政府部门未引导鼓励企业参与相关标准的制定，缺乏以标准驱动区域品牌内涵式发展的理念。

通过肇庆市农业产品的个案分析，我们可以发现区域品牌的营销推广也是提高珠江—西江经济带地区产业竞争力的重要手段之一。如果珠江—西江经济带地区多发展出几个知名品牌，那么对于相关产业的整体推动作用将是显而易见的。

五 产业自主创新的政策支持不足

（一）人才政策支持不足

人才政策是公共政策的重要组成部分，它是以公共权力为主体，针对人才发展遇到的问题所制定并颁布的法律法规或行政规章的总和，以此达到充分吸纳和使用各类技术及管理人才来促进社会经济发展的目的。人才政策是促进区域产业政策、财政政策和金融政策发挥效用的重要支撑，也是区域人才培养与发展以及人力资源优化配置的重要"杠杆"。当前珠江—西江经济带地区的人才政策存在一些问题，这些问题会对创新驱动产业转型升级的有效实施产生阻碍。

1. 政策覆盖面较窄

虽然广西先后出台《关于进一步加强人才工作的决定》《关于加强我区博士后工作的意见》《关于建设广西人才小高地的意见》《关于加强基层专业技术人才队伍建设的实施意见》《激励专业技术人员创新创业若干规定》《关于鼓励留学人员来广西工作的若干规定》等创新型的人才政策，也取得了一定的成效，但针对高层次创新型科技人才、创新科技团队的培育与引进方面尚未出台实质性政策。从区域来看，政策没有覆盖整个广西地区，只限于人才小高地建设单位和北部湾经济区，高层次创新型人才培养只在高校和北部湾经济区的重点产业进行，而既缺乏高校资源，又不处于北部湾经济区的百色、来宾、梧州等地严重缺乏人才政策的支持。

2. 政策偏保守，不适应新时代的发展要求

目前广西的高层次创新人才政策多是 2006 年以前制定的，近几年来，在广西经济逐步发展、产业结构面临升级的新形势下，对于高层次创新人才的需求十分迫切，而之前的人才政策已经远远落后于其他地区，对人才的吸引力逐步减弱。例如，广西人才小高地的管理规定，自主聘任专业技术职务不受结构比例的限制；事业单位引进急需人才有空编的允许自主引进，满编的允许先进后出，等等。而广东省有关吸引培养高层次人才的政策规定，事业单位引进高层次人才，如果因为职数不足的，可以向政府人事部门申请追加职数；引进首席专家、学科带头人的，因为不同制度而没有职称的，可设置特聘岗位予以解决。通过对比，可以看出广西的人才政策偏保守，人才观念较为陈旧，难以吸引到急需的高层次创新型人才。①

3. 人才激励政策有缺陷

在物质激励方面，一是物质激励范围较小，只限于工资补贴、项目资助、股权收益奖励、贷款担保等；二是尚未形成有效的物质激励政策体系。事业单位科技人才的主要收入来自工资，薪酬分配及福利保障水平与职称挂钩，待遇比较低。科技人才额外收入多来自科研成果转化收益，发明专利或科研成果转化应用后，受事业单位财务审计制度的限制，个人很难参与收益分配。在精神激励方面，奖励项目少、评选人数少、覆盖面窄、奖金少，除国家级的奖励之外，自治区级的奖励较少、名额有限，激励作用没有发挥出来。在生活环境激励方面，优惠政策力度不够，在子女就读、配偶就业、社会保险等方面的政策优惠不足，缺少住房补贴、医疗保健及休假的政策。

4. 人才培养政策力度偏小

从教育体制来看，一方面，教育体制不合理，阻碍了创新型人才的培养。目前国内的基础教育状况是不利于创新型人才培养的，创新能力和创新热情在儿童时期已经被消磨殆尽，到大学阶段，许多学生已经失去了学习和研究的热情，只有能力特别强的、"压不垮"的极少数人，才可以脱颖而出。以应试教育为目标的教育体制，扼杀了学生的创新力，也在一定程度上延误了对创新型人才的培养。另一方面，教育结构不合理，不适应快速发展的产业创新需求。经济社会发展对应用型专门人才的需求，从数

① 伍梅、陈洁莲：《广西高层次创新型科技人才政策问题与对策》，《科技管理研究》2011年第6期。

量紧缺逐渐转向结构性紧缺，然而，长期以来我国普通教育与职业教育发展不够协调。自职业教育法颁布实施以来，我国职业教育虽然取得了长足的进步，但与经济和社会发展对职业教育的要求相比仍有较大差距，在整个教育事业中仍属于薄弱环节。社会上重普教、轻职教的问题仍很突出。职业教育办学设施简陋、教育经费紧张、教师队伍数量不足、结构不合理。[1]

立足于广西自身不难看出，广西在研究生培养上能力不足，广西高校培养的硕士、博士数量少，质量不高，服务于科技创新的能力不足；高层次创新型人才的继续培养政策的缺乏，导致广西高层次创新型人才的知识技能没有得到及时有效的更新，创新能力没有得到增强。

5. 人才选拔评价政策不合理

广西缺乏科学有效的人才选拔评价机制，人才选拔标准以定性为主、定量为辅，重学位、学历、职称，轻能力、业绩，评审标准不统一，难以衡量人才能力与业绩，在一定程度上扼制了高层次创新型人才的涌现和高水平科研成果的出现。

人才政策上存在的问题是珠江—西江经济带中大部分城市普遍存在的问题，珠江—西江经济带地区应充分认识到人才对于地区产业发展的能动作用，立足于产业转型升级发展需要，在人才引进和人才培养政策上积极改进。

（二）财政政策支持不足

按照内生增长理论，科技创新所提供的论文、专著、工艺流程具有使用上的非排他性和非竞争性，这些特点必然导致科技创新产品具有公共物品的特征，也就是说创新者不能获得全部的收益。另外，创新过程又充满了不确定性和巨大的风险。这种投入和产出之间的不对等特性在一定程度上阻碍了企业开展科技创新活动的热情。

从经济学的角度来看，公共物品具有"市场失灵"的特性，而公共财

---

① 杨起全、孙福全、刘峰等：《调整我们的思路和政策：以创新驱动发展》，《科学发展》2010 年第 1 期。

政政策是提供公共物品的原始动力，越是具有公共物品特征的物品的生产，越是需要政府提供公共财政政策的支持。具体来说，政府需要采取激励和引导的公共财政政策来支持企业的创新活动。例如，对企业给予直接的研究开发性资助或者间接的税收优惠，实质上都是在增加企业创新边际收益，从而使创新资源配置效率优化，最大程度避免"市场失灵"。当然，对于资金不足的中小企业来说，研究开发性资助和税收优惠可直接增加企业的现金流，在一定程度上提高了企业的创新能力。

广东、广西财政厅统计数据显示，2016 年珠江—西江经济带中除广州市、佛山市、南宁市、肇庆市、柳州市之外，其余 6 个市的公共财政收入较低，财政收入均低于 100 亿元；2016 年珠江—西江经济带中除广州市、佛山市、南宁市、柳州市、肇庆市之外，其余 6 个市的经济规模较小，GDP 大都低于 1000 亿元；2016 年珠江—西江经济带中广州市、佛山市 R&D 经费支出占 GDP 的比例分别为 2.1%、2.25%，肇庆市、南宁市、柳州市 R&D 经费支出占 GDP 的比例分别为 1%、0.94%、1.51%，云浮市、梧州市、贵港市、百色市、来宾市、崇左市 R&D 经费支出占 GDP 的比例分别为 0.54%、0.12%、0.31%、0.23%、0.24%、0.22%。可以看出珠江—西江经济带中大部分城市财政收入规模较小，财力保障水平有限，R&D 经费支出占 GDP 比例较低，地区创新投入不足。

在广西统计局开展的企业创新活动调查中，认为相关政策对企业开展创新活动影响程度为"高"或"中"的企业家占全部企业家的比重分别为企业研发费用加计扣除税收优惠政策 12.7%、高新技术企业所得税减免政策 12.2%、企业研发活动专用仪器设备加速折旧政策 11.8%、科技开发用品免征进口税收政策 9.4%、技术转让与技术开发收入免征增值税和技术转让减免所得税优惠政策 10.1%、鼓励企业吸引和培养人才的相关政策 16.9%、优先发展产业的支持政策 16.8%、金融支持相关政策 16.6%、创造和保护知识产权的相关政策 16.9%。由此可见，在各项政策中，财政税收政策对企业进行创新活动的影响最为显著，占全部相关政策的 56.2%。据统计，2016 年广西全区 R&D 经费支出为 70.10 亿元（比 2015 年度增长 11.45 亿元），其中获得研发费用加计扣除减免税金额为 2.89 亿元（比 2015 年度增长 0.71 亿元），所占比例为 4.1%；统计 R&D 经费的企业为

476 家，其中获得研发费用加计扣除减免税的企业有 95 家，所占比例为
20.0%；获得研发费用加计扣除减免税企业的 R&D 经费内部支出为 29.59
亿元，其中获得研发费用加计扣除减免税金额为 2.89 亿元，所占比例为
9.77%。可以看出广西实际享受加计扣除优惠政策的高新技术企业无论是
数量还是获得减免的金额都很少。企业的认识和税收机关的宣传不足、实
际操作流程比较复杂、享受优惠政策设定的门槛偏高等，是大部分企业未
能享受该政策的主要原因。

促进企业科技创新的财政政策是一个历久弥新的课题，在学术和实践
领域中一直在不断地发展和完善。目前，珠江—西江经济带地区的财政政
策在促进创新发展上仍存在一些不足之处。

1. 财政政策不利于企业家创新激励

作为一种极其重要的风险与收益并存的活动，企业科技创新面临严肃
的组织决策过程，是否开展科技创新、如何进行科技创新，这一系列组织
决策行为能否顺利进行首先取决于企业家的创新精神，表现为企业家的勇
气大小、对于市场动态的把握准确与否以及资源调配整合的能力高低。可
以说，推动企业科技创新的首要任务就是引导和推动企业家成为开展创新
活动的关键力量。

目前，珠江—西江经济带地区的财政政策在激励企业家创新上存在不
足，主要体现在以下几个方面。

一是国有企业考核评价指标不利于企业家开展创新活动。国有企业主
要以利润和盈利能力作为考核管理者的评价指标，而缺少对企业创新能力
的评价指标，这在一定程度上使企业家忽视企业开展创新活动的重要性。
归结原因，主要在于企业进行科技创新需要巨大的研发投入，而这种投入
和收益并不对等，如果企业负责人在科技创新上加大投入，那么必将影响
企业当期的利润指标，而当期利润的减少会对企业家的任职造成影响。

二是民营企业家的双重纳税不利于其进行创新活动。民营企业家作为
企业所有者，虽然没有国有企业管理者面临资产考核的压力，但由于其具
有双重身份的特性，从而面临双重纳税的问题。一方面作为企业所有者，
民营企业家需要对企业缴纳企业所得税；另一方面作为社会个体，民营企
业家需要对个人缴纳个人所得税。双重纳税的问题给民营企业家带来了一

定的税收负担，不利于其组织开展创新活动。虽然现实中存在民营企业家通过不领取薪酬的方式来避免个人所得税的缴纳，但是如果能在税收政策上有所调整，那么将更加有利于调动企业家进行创新活动的积极性。

三是财政政策在鼓励新生创业者方面的不足。企业家不是天生的，他们都是在一点一滴的创业实践中成长起来的。因此，鼓励个人创业，在一定程度上就等于是在培育未来的企业家。但是，目前珠江—西江经济带部分地区进行创业的成本太高，申请程序较为复杂，财政政策对创业企业的扶持力度不高。

2. 引导市场需求的财政政策单一

成功的科技创新取决于技术和市场的结合，任何技术的成熟都需要放到市场上接受需求的检验，然后进一步进行产品改进并最终满足客户的需要。因此市场需求侧的有效引导是促进企业科技创新活动的重要手段。

目前，财政政策在引导市场需求方面的方式较为单一，其主要原因在于以下两方面。

一是没有发挥好政府采购这一财政政策工具的效用。政府在采购过程中一直以节约采购费用、选购成熟产品为目标，显然创新产品不在政府采购清单之中，而且在政府采购的许多实例中往往将用户反馈作为重要的评判指标，从而使得许多新进入市场的创新产品失去了持续改进的机会。试想，北大方正电子出版系统刚刚问世的时候，如果没有《经济日报》的大胆使用，整个研发团队就不可能得到在实际应用中持续改进的机会。

二是缺乏引导民众购买使用创新产品的财政政策。像一些高新技术产品，其面向市场的受众主要是普通大众群体，在这些创新产品刚出现在市场的时候，民众大部分是持观望态度，担心自己如果购买使用的话就成了实验室中的"小白鼠"，这种心理现象无可厚非。以锤子科技有限公司为例，其第一代手机产品上市的时候，在许多方面进行了产品的创新，特别是手机桌面的交互性让人耳目一新。但是最终产品销量非常惨淡，主要原因就是消费者对锤子科技不了解，对其产品还是持半信半疑的态度。毕竟一台智能手机的价格也有两三千元，对普通消费群体不是小数目，大部分人除了"发烧友"之外都不太敢购买。从政策扶持角度来讲，财政政策对于普通民众缺乏激励。

3. 引导企业加强科技创新能力建设的财政政策有待完善

衡量企业科技创新是否成功的标准为企业是否具备了科技创新的能力。目前，我国支持企业科技创新能力建设的财政政策较为单一，国务院配套政策中第十条规定：符合国家规定的企业技术中心、国家工程（技术研究）中心，免征进口关税和进口环节增值税；对进口规定范围内的科学研究和技术开发用品，也免征进口关税和进口环节增值税；对承担国家重大科技专项、国家科技计划项目、国家重大技术装备开发项目、重大引进技术消化吸收再创新项目的企业，进口国内不能生产的关键设备、原材料及零部件，都免征进口关税和进口环节增值税。该项财政政策存在以下不足。

一是政策描述不明确。这条政策中存在一些含糊不清的描述，如"符合国家规定"和"进口规定"这样的描述，应该明确给出符合规定的目录。除此之外，政策中指出的"国内不能生产的关键设备、原材料及零部件"也应当由相关部门给出具体的认证依据。

二是政策面向特定企业，不具有普惠性。作为面向全国、针对特定企业创新能力建设的财政政策，其适用范围有限，仅面向符合资质的企业，而大部分不具备相关资质的企业并不能享受到这项财政政策带来的税收优惠。

三是免征进口税和进口环节增值税的政策是一把双刃剑。免征进口环节相关的税收，一方面降低了相关进口企业的投入成本，另一方面却有助于提高国外相关出口企业的市场竞争力。比如政策中提到的"国内不能生产的关键设备"，习近平总书记一直强调"核心技术不能靠化缘只能靠自己"，如果不想方设法提高国内企业在核心技术上的研发能力，只想采购国外技术，那么效果将适得其反。掌握价值链中的关键技术才是大国崛起的题中应有之义。

4. 财政政策对原始创新、集成创新、引进吸收再创新没有进行分类扶持

原始创新、集成创新、引进吸收再创新是企业科技创新的三种不同形式。原始创新投入大、风险高、周期长，初创阶段需取得技术轨道认识上的统一，创新后期进入市场需要予以扶持取得市场认可；集成创新的技术门槛相对较低，但需要有正确的市场策略和知识产权保护；引进吸收再创新需要尽快在生产能力、吸收能力的基础上培育创新能力，形成自有知识产权。三种创新形式的特点差异明显，不能采用"一刀切"的财政政策，应该根据各自特点分类扶持。

（三）金融支持不足

科技创新从研发、试点、商品化到产业化等的整个过程中对于金融支持的依赖愈来愈强。在现代经济中，金融对经济的推动作用越来越大，已经由原来影响经济的"虚拟经济"因素发展到影响经济的实质性因素。在科技创新领域，金融资本的迅速集中投入能够促进科技成果的转化，进而实现资本增值。

科技创新作为决定经济发展质量和水平的关键要素，其能否真正成为驱动产业转型升级的动力，还取决于可吸收至科技创新的金融资本投入量。也就是说，只有科技创新成果与金融资本有机结合，科技创新才能最终通过产业化转化为更高层次的生产力。在市场经济繁荣发展的今天，金融运行已经与实体经济运行融为一体，如果没有良好的金融运行，科技创新的发展也会受到抑制。

2017年上半年，广西金融业增加值实现514.24亿元，同比增长10.3%，高于全国6.5个百分点，比第一季度提高0.7个百分点，金融经济运行总体平稳向好，金融服务经济发展能力不断增强。但是，与2016年同期相比，广西金融业增加值增速放缓2.6个百分点，放缓的以下几个因素值得关注。

第一，各项存贷款余额增速不稳固。2017年1~7月，从存款余额来看，广西金融机构本外币各项存款余额增速，虽然除了1月外每月都高于全国水平，但与2016年同期相比，2017年1~7月每个月都有放缓的趋势，放缓的幅度为0.1个~4.5个百分点，其中6月放缓的幅度最大；从贷款余额来看，广西金融机构本外币各项贷款余额增速，虽然每个月都高于全国水平，但与2016年同期相比仍有放缓的趋势，其从4月的14.8%放缓至7月的13.9%，同时，高出全国的差距也有收窄的趋势，4月高出全国2.0个百分点，到7月缩小到了0.9个百分点。

第二，各项存贷款余额总量规模小。2017年6月末，广西金融机构本外币各项存款和贷款余额分别为 27625.74 亿元和 22139.29 亿元，仅占全国的 1.67% 和 1.84%，排在全国的第 21 位和第 20 位，各项存款和贷款余额在西部排名均为第 5 位，落后于四川、陕西、重庆和云南等省市。

通过金融改革创新，推进货币信贷及社会融资规模稳步增长，逐渐提升金融市场服务实体经济的能力，对于区域创新发展至关重要。当前，珠江—西江经济带地区的创新发展存在比较严重的金融抑制。具体而言，科技创新金融抑制主要表现在以下几个方面。

1. 虚拟经济与实体经济发展脱节

改革开放以来，尽管我国金融产业有了长足的发展，金融创新也在不断深化，但以转型为取向的金融改革与深化主要着力于计划金融向市场金融转化，并没有注意虚拟经济与实体经济的良性互动，尤其是没有注意培育创新资源金融化与创新知识资本化的金融机制。技术创新是高新技术产业化的源头，缺乏技术创新动力机制与运行机制是导致我国科技创新能力不足、科技国际竞争力低的主要原因。

2. 法律障碍与局限

以风险投资为例，风险投资是科技创新金融支持的一种重要的形式。但风险投资者适用的法律法规制度在我国仍然不完善，现有许多法律法规制度与风险投资存在冲突和矛盾。例如我们将政府不能控制的金融行为视为非法行为，严禁民间的融资行为存在，因而中小企业经营者与民间投资者之间没有联结通道，虽然政府一再鼓励中小企业吸纳民间投资，但由于没有相配套的法律依据而举步维艰。

3. 投融资体制的非市场化

长期以来，我国科技创新由以政府和商业银行为主体的投融资机制主导。虽然这种投融资机制在科技创新起步阶段发挥了非常积极的作用，但是这种投融资机制也阻碍了风险资本的形成与产业化，造成我国科技创新对政府财政投入和商业银行信贷资本的过度依赖。然而，一方面政府资金投入数量有限，无法产生广泛的示范效应；另一方面银行信贷资本从本质上与创新的本性有悖。这两方面共同依赖的结果是创新能力不足和缺乏足够的资金支持，多数高新技术产业不能实现跨越式发展，后劲不足。

4. 科技创新金融支持系统结构单一

目前，我国科技创新资金主要来源于政府财政支出、银行信贷。在美国，科技创新资金来源于富有的个人、大企业、传统金融机构、养老金、国外投资者、保险公司、各种基金和政府投资等多种渠道。相比之下，我国并没有充分利用包括个人、企业和非银行金融机构等具有投资潜力的力量来共同构建完善的科技创新金融支持系统。总的来说，我国技术创新的金融支持体系仍存在几点结构性缺陷：第一缺乏有活力的私人资本市场，第二缺乏为中小企业提供融资服务的股权市场，第三缺乏适当的金融工具。

5. 传统金融机构及其产品特性与科技创新相斥

技术研发与试点阶段对资金需求量较大，高科技企业既缺乏资金，又没有多少资产作贷款抵押，故高科技产业科技创新在此阶段的资金需求与商业银行稳健经营的理念原则相违背，从而使得科技创新面临资金约束，尤其是现实中高回报的机会并不多，金融机构出于风险规避的考虑，也不愿向高科技产业提供贷款，更别提向处于风险较大的研发与试点阶段的高科技企业提供科技创新贷款。

6. 风险投资发展受阻

我国风险资本市场起步较晚，风险投资在我国数量不多、影响不大。同时，风险投资的整体效应不大、操作系统残缺不全。二板市场作为为风险投资基金提供投资收益出口的主要通道，存在一系列问题。相关法律法规仍然不健全，缺乏规范性和可操作性。风险资本公司同时承受着技术、市场和财务三重风险，且面临资本市场欠发达、风险投资人才匮乏、协调机制乏力等局面。

7. 主板市场支持企业创新的功能弱化

主板市场经过二十多年的发展，虽然已经达到一定规模，并对高新技术产业发展发挥了积极作用，但是市场机制仍不完善，市场形态、结构还十分粗放，缺乏支持科技创新的机制。在我国，制度性因素把绝大多数企业隔绝在资本市场融资主体之外。高科技产业主要由中小企业构成，尽管这类企业经营机制灵活、科技创新程度高，但它们普遍经营规模较小、抗风险能力差，因此仍未被资本市场所接纳。另外，非市场因素对我国股票市场的干扰影响较大,所有这些制约了高科技产业融资需求的满足。特别是进入互联网新时代以后,科技创新成果商业化的特点是大投入、大产出,在证券市场上市都无法保证的情况下,更别提对科技创新的资金供给进行合理安排了。①

综上所述,通过实地调查发现,珠江—西江经济带创新驱动产业转型升级发展的制约因素主要概括为五点:第一,科技成果转化率较低;第二,企业缺乏创新能力和创新动力;第三,产业创新遭遇技术瓶颈;第四,产业转型升级的需求侧管理缺失;第五,产业自主创新的政策支持不足。认真分析并找出应对当前制约创新驱动产业转型升级因素的策略将对未来珠江—西江经济带经济的持续健康发展至关重要。

---

① 林德发:《我国技术创新金融支持的现状分析》,《生产力研究》2009 年第 21 期。

第六章

创新驱动产业转型升级的
国内外经验借鉴

发达国家和地区根据自身特点，走出各具特色的产业转型升级之路，这些国家和地区推进产业转型升级的实践为我国发展提供了较好的借鉴。本章对国内外创新驱动产业转型升级成功经验进行介绍，分析成功经验的共性和差异性，总结培育经济发展新动能以及促进产业转型升级发展的政策建议。

一 国内创新驱动产业转型升级的成功经验

（一）分享经济助推新业态发展——以滴滴公司为例

1. 实施背景

大数据背景下互联网衍生新兴技术和业态，促使消费者青睐网络的信息分享行为，并积极拓展线下完成中心化的商品和服务分享。智能手机的快速普及促使用户可以在任何时间及地点提供并定位商品和服务，这一系列的发展为分享经济整合碎片化的闲置资源提供了机遇。全球分享经济正步入快速扩张期，从最初的汽车、房屋分享渗透至金融、餐饮、空间、物流、医疗、基础设施等领域和细分市场，并加速向农业、能源、城市建设等领域扩张。未来一切可分享的事物均将被分享，人们的工作和生活方式将随之发生变化。正如分享经济的倡导者瑞恩·格丽（Ryan Gourley）所言："分享经济从一个城市开始，逐步扩展到一个地区，进而渗透到整个国家，最后形成一个分享的世界。"2017年，中国分享经济保持快速发展，对于培育经济发展新动能、带动创意以及引领创新等发挥举足轻重的作用。分享经济竞争格局、行业热点、平台治理等方面的重大变化，成为新常态下中国经济转型发展的亮点。

2. 发展历程

"分享经济"最早出现在 1978 年的《美国行为科学家》杂志，其被称为"协同消费"或"合作式消费"。分享经济不仅成为一种配置社会闲置资源、服务社会消费的商业模式，更是消费理念创新、新型经济增长方式培育、节约型社会建设和大众创新、万众创业的宏观经济社会热点问题，将引起全球范围内的普遍关注。2016 年 3 月，分享经济首次写入《政府工作报告》，明确"支持分享经济发展，提高资源利用效率，让更多人参与进来、富裕起来"，并提出"以体制机制创新促进分享经济发展"。《中华人民共和国国民经济和社会发展第十三个五年规划纲要》提出："促进'互联网+'新业态创新，鼓励搭建资源开放共享平台，探索建立国家信息经济试点示范区，积极发展分享经济。"2016 年 7 月，《国家信息化发展战略纲要》强调"发展分享经济，建立网络化协同创新体系"，促使分享经济成为国家信息化发展战略的重要组成部分。在分享交通领域，滴滴公司自 2012 年成立后得到快速发展，并成长为涵盖出租车、快车、专车、代驾及大巴等多元业务在内的一站式出行平台。2016 年 3 月，随着《城市出租汽车管理办法》的正式废止，标志着交通消费市场的出租车无须再向城市管理中心缴纳指定的费用。出租车行业的管理机制将向智能出行方向倾斜，这意味着未来的传统出租车和网约车将拥有更加广阔的发展平台。

3. 具体做法

滴滴出行利用移动互联网的特点及优势，有效地呈现 O2O 商业模式在网约车行业的运作效果。整个打车流程从下单叫车到定位候车点上车，再到下车，均在规定的时间内完成线上支付。该流程刻画的 O2O 完美闭环，将乘客与司机紧密地联系，最大限度优化乘客的打车体验，升级传统出租车的运营方式，节省司机与乘客之间的沟通费用，降低运营车辆的空驶率和减少空乘情况，最大程度节约司机与乘客的时间成本。

4. 发展模式

O2O 运营模式将消费者、滴滴司机及应用平台进行完美整合，实现线上与线下的优势互补。与传统出租车相比，从线上打车到下车时线上支付车费的流程，有效避免出租车司机拒载、非自愿拼车、服务意识低下、绕路问题严重以及由信息不对称引起的一系列问题。利用互联网平台进行宣传，不仅节约推广成本，同时减少公司初期规模和地域等方面的限制；采取用户补贴的方式给予乘客优惠，也让司机获得更多的报酬；与阿里巴巴的支付宝和腾讯旗下的微信支付合作，提升了滴滴打车的知名度。

建立严格的监管机制。第一，严格审核司机申请人信息，并在工作过程中实施路程监控和服务评价，有效防止未具备足够驾驶经验或不具备基本道德的司机乱人耳目，避免乘客的潜在损失或伤害。第二，评估乘客诚信。避免乘客恶意爽约，消减信任危机；建立积分等级累计制度，运用奖励和惩罚手段增加营销成功概率；建立网络诚信体系，确保乘客与司机两方用户均能够安心使用并接受滴滴打车软件；通过监管保证消费者、滴滴司机交易财产的安全。

5. 实施效果

分享经济的发展，增加交通出行领域的有效供给，有效改善城市出行服务的供求关系。第一，改善出行供给，增加用户收益。通过移动互联网高效匹配需求与供给，缓解出行信息不对称局面，有效减少车辆空载时间，为各类用户增加收益。在春运等出行高峰时期，交通分享将成为重要的补充运力。第二，优化资源配置，推动绿色消费。按需配置出行资源，提升车辆使用效率，有利于缓解汽车保有量过快增长及道路拥堵等现实难题，助力实现绿色低碳环保出行。第三，倒逼市场改革，提升服务质量。日益完善的配单机制和服务评价体系，倒逼交通行业尤其是出租车行业进行改革，充分体现"互联网+"在交通出行领域的创新应用。第四，促进消费和就业。在出行供给与需求相互作用下，交通分享消费总量和从业规模不断扩大，有利于推动分享经济发展并带动就业，并形成新的经济增长点。

6. 经验教训

尽管分享经济发展势头强劲，但在发展过程中仍然面临一系列问题。第一，供需双方缺乏信任。与传统的经济形式相比，分享经济的供需双方均是陌生个体，借助于分享经济平台进行租车、房产、二手物品等实物资产及闲置时间、技能等无形资产的分享，部分平台现有的信任保障机制尚不完善，如事前的认证审核和事后的保险补救等并未明确。一旦出现纠纷，难以实现法律救济，将在一定程度上阻碍分享经济健康发展。第二，监管模式仍存在灰色模糊地带。准入门槛低于传统行业，分享经济在垂直领域催生新形态企业，使得传统的行业监管政策不再适用。无须获得政府机构颁发许可证即可上岗的专车司机、短租领域的个体房东、私厨领域的家厨等新兴从业人员，缺乏全面而严格的政府监管，导致分享经济容易引发争议和冲突。第三，税收政策尚不明确。由于分享经济的运营主体包括营利组织和非营利组织，针对不同性质的业务需采取不同的计税方案。除平台抽成外，个体参与分享经济是否需要纳税等问题仍有待明确。第四，自雇型劳动者权益难以得到保障。任务分享平台的本意是更灵活地帮助劳动力市场，匹配过剩的供应与需求，使得未就业或已就业的劳动个体更充分地发挥个人效能。

（二）创意农业助推新农村建设——以成都为例

1. 实施背景

创意农业是伴随创意产业发展、消费需求升级、科技进步以及城乡融合而出现的新型农业发展模式，也是创意产业与农业产业的融合形态。20世纪90年代的中后期，"创意农业"日渐兴起。发达国家将创意产业的理念应用于农业产业发展，从而成就创意农业，使其成为经济发展和社会创新的引擎。在2014年3月的全国政协会议提案中，民革中央明确主张促进农村经济发展和增加农民收入，中国将坚持创意农业的发展道路，以更大程度地提高农产品附加值。农业作为典型的传统产业，通过创意产业的思维模式对其进行创新和发展，有效提升农产品的附加增值，促进农业稳定发展和农民持续增收，推动产业结构优化升级，实现城乡的互融互动。

2. 发展历程

国内对于"创意农业"概念的提出始于2007年，认为我国农业发展在需要"科技兴农"的同时，也需要"创意兴农"。我国的农业需要科技硬实力，也需要创意软实力。文化创新与科技创意的"双创"战略是现代驱动农业发展的两大引擎，发展创意农业是深化推进农业供给侧结构性改革背景下现代农业发展的新方向。成都市政府于2014年出台《关于深化农村环境综合整治加快建设幸福美丽新村的意见》，提出着力打造"业兴、家富、人和、村美"的美丽新村，努力开创社会主义新农村建设发展的新局面。根据乡村旅游发展现状、幸福美丽新村建设与统筹城乡发展的要求，成都市提出以多种功能复合满足游客多元的消费需求，以文化植入为路径有效丰富创意农业的文化内涵，促进成都创意农业实现协调健康快速发展。

3. 具体做法

在发展创意农业的过程中，将农产品成品转化成艺术品，将农产品转化成养生食品，实现生产导向、消费导向转变；通过多种功能复合满足游客多元聚合的消费需求。在发展创意农业的过程中坚持以消费者获得便捷、高效、舒心和惬意的旅游消费体验为出发点，以生态文化旅游融合发展为系统推进方向，针对服务内容以及服务方式等进行创意开发；充分发掘文化内涵，突出文化品位，实现创意农业与文化旅游等其他产业融合，提升创意农业发展的乘数效应。

4. 发展模式

创意农业主要分为生产型创意农业和服务型创意农业两种类型。第一，生产型创意农业，通过创意设计及借助科技手段，改变农产品的外观、功能或加工形态，将普通农产品转化为具有文化艺术气息的新奇农产品或创意性加工品；其产业属性是农业生产和农产品加工，是以农产品创意生产、精加工为核心的创意农业。第二，服务型创意农业，基于农业的内在特性开发农业观光休闲、体验等功能；其产业属性是农业服务业，既是以农业休闲体验为核心的创意农业，又是从要素驱动角度再次定义观光休闲农业的科学解释。由于创意产业具有较高的产业渗透性和融合性，运用创意产业的思维和方式将农产品生产加工、农业观光休闲等产业形态有机融合，将形成多元产业形态协同的创意农业产业链与产业体系，从整体上带动农业产业融合发展以及农村区域协调发展。

5. 实施效果

信息科学技术、生物科学技术等现代农业知识，在创意农业的发展过程中已得到广泛应用，并且逐渐形成具有高强度知识特征的产业体系。创意农业是以优化高知识产业结构为目的，不断运用创新知识，设计新型工艺和开拓新的农业市场，促进创意农业形成优势产业发展的中坚力量。这将突破传统农业生产经营方式，使农民由传统农民体力劳动者发展为新时代的劳动者。农业的生态化特性包括农业生态功能特性、农业生态景观特性等，而实现农业生态化发展已成为创意农业发展的方向。随着新型城镇化进程的进一步推进，生态环境的矛盾日益突出，农业的生态化特性利用亟待创新。随之产生的立体农业、阳台农业等农业创意，将发挥其生态化特性为城市的蓝天碧水贡献力量。

6. 经验教训

由于我国的创意农业仍处于起步阶段，创意农业的发展模式仍是学习和模仿他人的经验，存在创意性不足的发展限制。在发展过程中缺乏高层次专业人才支撑，致使创意农业的创意产品缺乏创意性、个性化以及艺术性，进而降低农产品附加值。创意农业是知识密集的创意驱动型产业，创意人才是创意生成的源泉和创意农业最重要的生产要素。针对农业创意经营主体单一以及经营人才匮乏等状况，探索构建以企业行业和企业联盟为主体、农业农技院校和科研院所为基础、学校教育与企业培养紧密联系的创意农业专业人才培养体系；探索构建创意农业经营人才的柔性流动和区域合作机制；面向专业能力发展和艺术素养提升等领域，构建创意农业技术专题培训体系。

（三）智能制造引领园区产业转型升级——以深圳龙岗区为例

1. 实施背景

随着云计算、大数据、物联网等技术和概念的兴起与应用，以及人工智能技术发展演进与智能化生产制造的需求，设计规范和制造标准的细分化、结构化、体系化、系统化将促进智能制造的实现。全面且系统地代替现有人工制造生产模式，物质产品生产制造的基本概念、运营模式、发展形态和基本特征均将产生颠覆性的改变。2017 年 12 月 7 日，工业和信息化部于世界智能制造合作发展高峰论坛公布《中国智能制造"十三五"规划》，指明中国制造业智能化转型发展方向。在 2025 年前，中国将推进智能制造实施"两步走"战略：第一步，到 2020 年，中国智能制造发展基础和支撑能力明显增强，传统制造业重点领域基本实现数字化制造，有条件、有基础的重点产业智能转型取得明显进展；第二步，到 2025 年，中国智能制造支撑体系基本建立起来，重点产业初步实现智能转型。

2. 发展历程

我国不断完善发展智能制造的产业政策，如《智能制造装备产业"十二五"发展规划》《智能制造科技发展"十二五"专项规划》《中国制造2025》《智能制造"十三五"发展规划》等发展战略，均是以发展先进制造业为核心目标，布局规划为制造强国的推进路径。智能制造发展需要经历多个阶段，每一阶段均对应智能制造体系中某个核心环节的成熟历程。智能制造发展阶段主要包括自动化、信息化、互联化以及智能化。虽然我国制造业的自动化和信息化正在逐步完善布局，但仍处于"工业 2.0"（电气化）的后期阶段，而"工业 3.0"（信息化）将有待进一步普及，与此同时，"工业 4.0"（智能化）正在尝试延伸和拓展。深圳市龙岗区位于深莞惠城市圈的几何中心，既是当前国家推进粤港澳大湾区建设的重要腹地，又是联结深莞惠、辐射带动粤东西北地区振兴发展的桥头堡。自深圳市于 2015 年启动智能制造的规划布局开始，龙岗区以实施"高端引领、创新驱动"发展战略为依托，将发展智能制造产业作为重点和主攻方向，以智能制造引领产业转型升级发展，积极探索人工智能与制造业实体经济融合发展的龙岗路径。

3. 具体做法

加快产业园区和创新载体建设力度。龙岗区紧盯全球智能制造产业发展的未来趋势，结合制造业发展的基础优势，在培育和发展智能制造新兴产业、推动制造业智能化改造、强化智能制造服务支撑以及高端人才集聚等方面集中发力，有效推进区域制造业产业转型升级发展。针对龙岗区制造业发展面临的产业空间与创新载体不足等突出问题，瞄准智能制造重点产业，优先规划建设坂雪岗科技城等高端创新载体。其中，坂雪岗科技城获评省市共建战略性新兴产业基地（省智能制造示范基地），宝龙高新园被确定为"深圳市机器人产业基地"，阿波罗未来产业园成为深圳唯一的未来产业园。通过以发展智能制造产业集群为导向，规划建设 36 个创新型园区，为智能制造等高端产业发展提供空间承载，现已涌现了龙岗天安数码、天安云谷、大运软件小镇、中海信、星河 WORLD 等具有较大影响力的优质科技创新载体。

4. 发展模式

培育智能制造龙头企业，大力推进智能制造支撑服务业发展。龙岗区高度重视行业龙头企业对上下游产业链环节企业的集聚和带动作用。从智能制造产业链发展的重点领域和关键环节着手，吸引全球领先的龙头企业设立总部或研发基地，积极挖掘发展潜力好、具有高成长性的本土企业进行重点培育，构建智能制造相关领域产业发展集群；通过出台系列配套扶持政策，吸引生产性服务业企业落户或开展业务；引导企业发展具有自主知识产权的智能制造技术、软件产品、标准规范；鼓励有能力的企业向提供智能制造整体解决方案的信息集成服务商转型，帮助制造业企业实现智能制造与信息、知识以及业务流程等要素的全面融合。

5. 实施效果

龙岗区以大力发展智能制造产业为突破口，积极推动人工智能与实体经济融合发展；有效优化和提升辖区工业企业的结构与质量，促使全区经济质量实现跨越发展。2017 年，龙岗区实现地区生产总值 3858.62 亿元，全区国地两税总收入 644.49 亿元，规模以上工业企业增加值 2240.65 亿元，实现高新技术产业增加值 1844.54 亿元，经济实力跃居广东省经济十强区（县）第三强，是广东省第一工业大区。[①] 通过在产业发展规划、政策扶持、资金引导等方面的举措成效，柔宇科技、云天励飞、唯酷光电、华科创智、怡丰机器人等智能制造代表性企业纷纷落户龙岗，带动形成高端制造产业聚集发展的态势。2017 年，龙岗区三次产业比例为 0.02：67.75：32.22；全区实现新兴产业增加值 2314.21 亿元，比 2016 年增长 18.6%，占地区生产总值比重达 60.0%。[②]

6. 经验教训

智能制造等先进制造产业的发展，离不开相关技术机构的服务支持和生产性服务行业的产业支撑。龙岗区智能制造产业的蓬勃发展，在很大程

---

① 深圳市龙岗区统计局：《龙岗区 2017 年国民经济和社会发展统计公报》，深圳市龙岗区统计信息网，2018 年 4 月 24 日。

② 深圳市龙岗区统计局：《龙岗区 2017 年国民经济和社会发展统计公报》，深圳市龙岗区统计信息网，2018 年 4 月 24 日。

度上还得益于及时补齐了生产性服务业发展。龙岗区通过不断加大对高层次人才的投入力度，对有效吸引和留住智能制造等领域的高端人才起到非常重要的作用。面对各地日益激烈的人才争夺大战，各地加大智能制造等先进制造产业的引才力度，重点引进掌握智能制造关键领域核心技术的系统及人才和跨学科人才；鼓励开展以企业为主体的实用技能教育培训，培育具备智能制造等先进制造产业基础技术的实用技能型人才；建立和完善制造业职业教育培训体系，将制造业人才培养与工匠精神有机结合，助力智能制造基础关键技术的研发。

（四）创意城市推动文化创意产业发展——以杭州市为例

1. 实施背景

伴随着社会的进步和经济的发展，恩格尔系数呈不断下降趋势。影视、音乐、图书、戏剧等艺术以及其消费有广泛的市场基础。城市居民购买文化产品和服务方面的支出迅速增长，多元化的精神需求显得尤为重要。创意经济时代的创意产业为城市居民提供多元精神需要的创意产品。创意经济形态中创意产业的发展、创意产品及服务的多样化满足了不同消费群体的文化需求，而创意产品的理念设计以及文化因素将挖掘和提升消费者的文化需求。创意产品和服务将创造消费者需要的精神价值，契合消费结构的优化升级，为创意生产的市场化奠定坚实基础。创意城市是在经济全球化背景下，由产业转移及经济结构升级推动，伴随城市更新和创意产业兴起而出现的一种新型城市形态，是消费文化和创意产业基础上向社会其他领域延伸的城市发展模式，更是科技、文化与经济的有机融合。

2. 发展历程

2005 年，我国《关于深化文化体制改革的若干意见》首次将发展创意产业作为国家级战略部署。杭州市随即提出新的文化发展观，即既要关注经济硬实力，也要关注文化软实力；既要修复自然生态，也要修复人文生态；既要打造投资者的天堂，也要打造文化人的天堂。2007 年，杭州市提出"打造全国文化创意产业中心"的战略目标。2011 年 10 月，发布了《中共中央关于深化文化体制改革推动社会主义文化大发展大繁荣若干问题的决定》，杭州市在发展规划中明确提出将创意产业作为经济发展的支柱产业着重发展。国内各大城市接连效仿并推出政策，划拨专项资金扶持创意产业发展，提出契合本地特色的创意产业发展目标。2014 年 1 月 22 日，在李克强总理主持召开的国务院常务会议上，决定改革中央财政科研项目和资金管理办法，部署推进文化创意和设计服务与相关产业融合发展。2018 年 9 月，杭州市发布《关于加快建设国际文化创意中心的实施意见》，为实现杭州文创产业的国际化升级指明路径。

3. 具体做法

改善中小企业的投融资环境，促进重点企业做大做强。杭州市针对文化创意产业推出四大系列的扶持性举措。第一，组建国有文化创意产业投资公司。按市场化方式运作，由杭州市文化创意产业办公室、杭州市文化广播电视集团、杭州日报报业集团三方共同出资，组建成立以杭州市文化创意产业为固定投资方向的国有投资公司。第二，在整合民营资本方面，由杭州文投创业投资有限公司、杭州文广投资控股有限公司、浙江华策影视股份有限公司、浙江金永信投资管理有限公司等企业发起成立以民营资本为主的杭州市文化创意产业投资基金。第三，组建全国首个专门针对文化创意产业无形资产担保贷款的风险补偿基金。为推动金融机构积极开展针对文化创意企业的无形资产担保贷款业务，拓宽文化创意企业特别是中小型企业的融资渠道，构建多层次的贷款风险分担和补偿机制。第四，由杭州市文化创意产业办公室、杭州日报报业集团、杭州市文化广播电视集团、杭州市投资控股有限公司等企业共同出资组建，成立杭州市文化产权交易所。第五，进一步深化文化体制改革，做大做强国有文化集团；加快实施"凤凰计划"，发展壮大民营文化企业；扶持中小文创企业，打造在国内外具有知名度的"领头雁"。

4. 发展模式

构建城市创新发展的人才支撑体系。通过引进行业领军人物，培养本土优秀文化创意产业人才，优化杭州文化创意产业人才队伍结构，将杭州市打造成国内外知名的文化创意人的天堂。经过培育发展，杭州市文化创意产业的多层次人才结构基本形成于西溪创意产业园，杨澜、吴山明、吴小莉等文化名人纷纷进驻，行业领军人物开始在杭州成立工作室。浙江大学、中国美术学院、浙江传媒学院、杭州师范大学等在杭高等院校均培养相关专业高层次人才。如杭州师范大学专门成立国际动漫学院，专门为动漫专业培养人才，其在杭高校产学研一体化的人才培养模式逐渐成熟，2018 年 9 月 6 日，杭州市在召开全市打造国际文化创意中心暨加进推进之江文化产业带建设大会上发布的《关于加快建设国际文化创意中心的实践意见》明确指出，大力实施人才培育工程，以创新创意人才、经营管理人才、数字内容人才和网络技术人才等为重点，抓好人才的"引、育、留、用"环节，加快构建结构合理、层次分明、能用实用、具有杭州特色的文化创意产业人才队伍。[①]。

5. 实施效果

自 2008 年以来，杭州市文化创意产业办公室每年均面向全社会公开征集年度文化创意产业专项资金扶持项目，申报范围涵盖文化艺术类、影视传媒类、信息服务类、设计服务类、咨询策划类、时尚消费类、文化用品设备等领域。文化创意产业从业人员、创业人员的工作环境得到改善，杭州文化创意企业家孵化工程名家驿站、创意力量大讲堂、工艺和民间艺术薪火计划等文化规划项目的住房保障均获得政策扶持。通过大力实施城市综合保护等有机更新工程和文化引领战略等，在文化规划、政策调整、产业实力、园区提升、品牌培育、对外交流、人才培养、投融资等方面均取得显著成绩，直接推动产业结构升级与城市发展方式转变的协调发展。正是因为有良好的产业优势和城市环境，杭州市成为中国首个联合国教科文组织"工艺与民间艺术之都"，是全球首批、全国首个"全球学习型城市"，拥有国家级文化和科技融合示范基地、中国（浙江）影视产业国际合作实验区等 11 个国家级文化产业集聚区。

6. 经验教训

以产业空间结构为表现形式的经济空间格局的变化，是城市空间格局变化中最为重要的因素。因此，产业活动区位选择和产业结构创新升级是城市空间发展的重要表现。在经济全球化时代，国际化大都市之间的竞争、跨国公司之间的竞争、国家之间的竞争将是三大主要竞争领域。随着

---

① 《关于加快建设国际文化创意中心的实施意见》，杭州市文化创意产业办公室网站，2018 年 9 月 6 日。

世界城市化，特别是发展中国家城市化速度的加快，城市之间的竞争日益引起广泛关注。城市乃至其内部特定地区的竞争优势均来自差异化，而不是源自某个普遍性世界标准在部门分工和产业分工层面的推动，功能不同的生产环节将形成具有层次性的空间表现。然而，作为分工与城市产业空间结构演变的产物，产业创新依托于城市创新，文化创意、产业创意城市均是城市特色化竞争和发展的产物。

实施以城市发展带动经济发展的新型城市化战略，将注重制定"筑巢引凤"的发展战略。以高品质的创意城市环境，吸引多元领域的文化创意产业。在国家战略性新兴产业导向下，国内城市相互之间、城市产业园区之间围绕文化创意发展的产业竞争激烈。然而，政府优惠政策的边际效用却逐渐降低了未来文化创意产业的发展速度。为此，通过营造适宜创新的城市环境，将政策重心转移至营造环境培育创新主体方面，促进企业与高等院校、科研机构、中介机构之间的合作；鼓励自主创新、科技金融创新、产学研协同创新，引导企业打造更多拥有自主知识产权的品牌，形成以自主创新为主导的核心竞争力；建立文化创意产业园、创意经济商圈、特色商业街区等模式，使文化创意产业集群在城市创新层面获得良好的外部规模效应，并推进产业集群融入更大区域乃至全球产业链和竞争体系。

二　国外创新驱动产业转型升级的成功经验

（一）美国——支持中小企业发展，促进技术转移交流

1. 实施背景

二战前，美国政府扮演"守夜人"的角色，较少干预经济活动，产业发展主要在市场自发作用下进行。二战后，世界经济形势复杂多变，全球经济竞争日益加剧，美国政府逐步加大经济干预。为应对 20 世纪 70 年代能源危机及新一轮金融危机，美国政府在产业转型升级中发挥顶层设计、战略导向以及政策支持的作用。政府引导与市场机制有机结合、创新驱动产业转型升级，是美国经济实力长期居全球之巅的奥秘所在。20 世纪 80 年代后，美国推出的"贸易政策行动计划"、"国家贸易政策纲要"和"综合贸易与竞争力法案"等政策法规，高效推进产业的国际化发展。20

世纪 90 年代，美国将以技术创新为核心的产业技术政策纳入国家政策体系，制定国家科技发展战略。21 世纪以来，美国利用经济全球化带来的机遇并在全球进行产业战略性布局，有意识地将本土企业的制造环节向发展中国家转移。

2. 发展历程

二战结束后，美国制定一系列战略引领产业转型升级，逐步确立世界经济霸主地位。20 世纪 70 年代末，面临日本和欧洲的严峻挑战，美国逐渐重视产业政策的更新发展。里根政府在反思产业结构问题之后，通过放松管制、减税等举措为产业创新创造了宽松环境。20 世纪 90 年代以来，美国产业政策着眼于产业创新，制定国家科技发展战略，为产业转型升级提供了坚实的制度保障。1993 年，美国进一步宣布实施新的高科技计划——建立以因特网为雏形的信息高速公路，第三次科技革命率先在美国发生。

3. 具体做法

技术创新是推进产业转型升级的主要方式。在美国的经济发展实践中，以新技术为基础的中小高新技术企业在生物、信息等领域的生产与发展过程中发挥了举足轻重的作用。中小企业是美国经济最具活力的因素之一，其增加 2/3 的新工作岗位，产生的国民生产总值占比达 39%，同时发明全国 1/2 以上的技术创新。以高新技术为重点的中小企业的发展，对美国的经济增长发挥了积极的推动作用。值得一提的是，中小企业具备的创新能力较强，中小企业的人均发明创造是大企业的两倍。美国的中小企业数量庞大，占整个企业总数的 99.7% 左右。企业间的激烈竞争使得大批中小企业不断更新换代，这也是推动美国科技进步、经济发展的主要原动力。[①]

4. 发展模式

从美国中小企业技术创新扶植政策的发展来看，可分为扶植保护阶段、产业结构调整阶段、战略创新阶段。第一，扶植保护阶段。中小企业是自由竞争的推动者，美国政府将中小企业的地位提高并作为解决国民经

---

① 于众：《美国中小企业集群发展问题研究》，博士学位论文，吉林大学，2016。

济问题的关键一环,重新肯定自由竞争企业制度才是最有希望的。为保护中小企业的生存和发展,通过立法措施限制垄断企业肆意吞并、排挤中小企业,通过政府订货形式进而确保中小企业的生存和发展。第二,产业结构调整阶段。在 20 世纪 70 年代以前,美国政府并未成功地尝试制定并执行过一项技术政策,其技术政策以及研发重心在于国防、军事等相关领域。第三,战略创新阶段。进入 20 世纪 90 年代以来,美国在西方国家中首先发展新一代信息技术、人工智能、生物科技等战略性新兴产业,并为其产业结构升级指明方向,其也由此再次站到世界经济发展的前列。

5. 实施效果

中小企业技术创新在质和量的方面均体现出较高水平。一方面,中小企业创造可观数量的技术创新成果。据相关资料统计,美国中小企业创造的技术创新成果占全国总数的 55% 以上,高于中小企业就业人数占全部就业人数 50% 的比例。[①] 另一方面,对国家经济发展具有关键作用的技术和产品,来自中小型高技术公司占主导地位的产业,如自动化、先进材料、电子元器件等。[②] 上述情况表明,中小企业的技术创新活动具有充分的活力,其创造的创新成果以及产生的影响不可忽视。研究资料表明,中小企业技术创新充分利用政府的资助,因而具有较高的效率,同等的资助经费在中小企业用于基础研究的可能性比在大企业要高 4 倍。这表明中小企业将政府资助用于有益于科技发展的 R&D 活动,而不仅仅考虑用政府的资助赚取近期的商业利益。此外,中小企业在利用政府提供的各类信息、技术以及公共资源方面也颇具成效,有效提高了全社会的综合效益。

6. 经验总结

第一,提高对中小企业技术创新扶植政策的认识。提及中小企业,便会将其与落后的设备、技术、产品等联系,更有甚者认为中小企业是"落后的技术",而只要一提及技术创新,便认为是大企业所属,与中小企业无关系。正如前面所述,中小企业在技术创新方面具有明显优势,企业规模并不决定技术创新数量。美国的中小企业作为技术创新的重要源泉,对

---

① 于众:《美国中小企业集群发展问题研究》,博士学位论文,吉林大学,2016。
② 黄玉洁、栾群:《国内外推动产业升级的经验与启示》,《现代产业经济》2013 年第 Z1 期,第 57~68 页。

20 世纪 80 年代以来美国经济的产业结构调整做出了重要贡献。因此，在对中小企业定位时，需要重新认识中小企业在技术创新的地位和作用，将中小企业技术创新归结于国家技术创新体系。第二，建立中小企业管理体系。长期以来，偏向于按照行业及其所有制形式对企业进行管理划分，但对于如何根据不同规模企业的行为特征进行管理的经验欠缺，因而相关政策多向国有大中型企业倾斜。自 21 世纪以来，各类乡镇民营企业的发展迅猛，以及国有企业改制，越来越多的中小企业按照市场机制运行，引致企业需要建立和完善社会化的服务体系。

（二）日本——健全科技创新管理，加大科技创新力度

1. 实施背景

为实现赶超欧美，日本由政府主导市场经济中的宏观调控作用，提出各类宏观经济发展政策。在日本经济产业省（原通产省）每年公布的产业政策报告《通商白皮书》中，均涉及产业政策构想和相应的扶持措施。这些政策主要表现在两个方面：第一，政府在产业发展方向层面的计划与指导，确定优先发展的产业；第二，政府在能源战略中的主导性。在二战后经济恢复时期，日本重点发展最薄弱、最急需的产业——煤炭和钢铁以及海上运输业。在产业转型发展过程中，逐渐将需求弹性大、产品附加值高的重工业确定为主导产业；而在经济中速增长过程中，日本进行适应性的产业结构调整，推出产业转型升级政策，重点产业从基础产业、出口产业转向高科技产业。

2. 发展历程

日本的产业转型升级发展可划分为多个阶段。第一，二战后经济恢复时期（1945~1955 年）。此阶段发展关系到经济复兴和平衡发展的关键产业——煤炭和钢铁以及海上运输业。最核心的产业政策是"倾斜生产方式"，其重点是集中利用二战后有限资源，扶植基干产业。第二，经济高速增长期（20 世纪 50 年代中期至 70 年代初期）。为实现赶超欧美的战略目标，此间的政策导向是引进先进技术，之后则着眼于促进自主性技术研发。第三，经济中速增长期（20 世纪 70~80 年代）。面对能源危机等新环境，日本进行产业结构调整，推出产业转型升级政策。第四，20 世纪 80

年代，确定以尖端技术领域为中心的知识密集型产业为主导，进一步巩固日本经济大国地位。第五，经济稳定的低增长期（20世纪90年代）。日本在20世纪90年代经济泡沫破灭，抓住信息技术产业兴起的契机，发展知识密集型产业，但在产业发展战略方面未能及时进行调整，导致经济停滞不前。第六，21世纪以来，日本产业结构调整经历重大变化，从而促使其对产业政策进行适时调整。

3. 具体做法

第一，面对国际和国内的困境，日本对技术立国的思路进行发展和丰富，提出"科学技术创造立国"的新口号。1995年，推出第一部科学根本法，即《科学技术基本法》，其指出日本的技术发展将完全摆脱技术引进与效仿，强调加强独立科研创新的能力，推动科研体制的改革，建立更加完善的开发体系。在"科学技术创造立国"的号召下，日本制定相关政策扭转了"摆脱技术引进和效仿"的局面。第一期《国家科学技术基本计划》强调增加科研投入，改善科研环境，提高科技研发能力，尤其是创造性的基础研究能力；而2011年8月出台的第四期《国家科学技术基本计划》，指出日本预计投入25万亿日元，提高科技研发能力。[①] 巨额的科技研发投入将有效推进日本的科技发展。第二，完善产学研政策。在经济危机的影响下，日本的产学研体系也相应受到冲击。日本开始继续强化产学研的技巧结合，其间形成创造型国家体系并推动产业效率和科技竞争力。日本通过鼓励学界和产业界之间的技术流通，为高等院校研究注入民间资本；为进一步促进高等院校和研究机构技术向民间产业界转移，规定获准设立的技术转移代理机构可享受专项补贴和专利申请费减免等政策；允许高等院校讲师到企业担任管理职务，为企业和高等院校构建交流的桥梁；加快尖端科技领域的产学研合作，促进高等院校和企业间的长期合作。

4. 发展模式

日本在技术引进阶段形成了成熟的科技发展模式：引进技术—消化技术—技术创新。日本在1980年提出"技术立国"的口号，其主要的政策

---

① 王镜超：《日本科技创新政策发展的历史演进与经验借鉴》，硕士学位论文，北京交通大学，2016。

措施包含以下五方面。第一，加大基础研究。从技术引进走向自主研发，需要大力推动科学基础研究。通产省在 1981 年颁布《下一代产业基础技术研究开发制度》，推动基础技术的发展；之后日本在 1986 年推出具有重要意义的《科学技术政策大纲》。第二，大力发展创新技术。日本的产业结构逐步从资本密集型产业向知识密集型产业过渡。1986 年，日本在《科学技术政策大纲》中规划未来十年重点发展的高新科技产业，这一时期的科技产业转变为轻巧的知识密集型产业。第三，积极鼓励企业自主创新。直到 20 世纪 80 年代，日本更加重视民间企业的自主创新，对民间企业的科技发展给予直接补助。日本在科学技术厅、通产省、文部省、农林省、厚生省、建设省均设立振兴企业科研发展的补助金。第四，加大国际的交流合作。日本在这一阶段开始更加开放地开展国际的交流合作，通过科技政策的引导加强科技领域的国际交流，并将其提升至科技政策的核心位置。第五，促进产学研合作模式成熟化。日本科学技术会议于 1971 年制定的《70 年代综合的科学技术政策的基本方针》，提出"加强日益重要的'产学研'之间研究人员的有机联系"。1980 年，通产省产业结构审议会制定《80 年代的通商产业政策》，明确提出"产学官"合作体制，强调在人才、资金、设备等方面展开深度合作。

5. 实施效果

20 世纪六七十年代，日本经济连续 18 年高速增长，成为资本主义世界第二经济大国，其后经过稳定增长或中速增长，成为世界第二经济大国。19 世纪 70 年代，遭受泡沫经济破裂的重创，日本经济经历"失去的十年"，但是其经济大国的地位没有动摇，日本企业的国际竞争力依然强劲。进入 21 世纪以来，日本逐渐走出"泡沫经济"，实现二战后持续的景气。日本能在 20 世纪后半期取得巨大的成就，在遭受"泡沫经济"崩溃重创后仍继续保持经济大国地位，其原因是多方面的，但雄厚的科技实力是一个重要的原因。可以说，日本科技大国地位是日本经济大国地位的可靠保障。日本由加工贸易立国到技术立国，再到科学技术创新立国，为日本的科技进步和经济发展做出了卓越的贡献。

6. 经验总结

第一，科技投入是科研工作的基本保障。实现科技水平稳步提升，持续扩大科研经费的投入，形成稳定的投入增长机制。自明治维新时期以来，日本对科技的投入不断加大，尤其于二战后日本将技术发展确立为国策后（1960 年"振兴科学基础基本政策"），科技投入更是连年攀升。即便是在经济萧条的 20 世纪 90 年代，日本的科研投入也保持持续增长，基础科研投入在整体科研中的比重也不断加大。我国需将科研投入提升至战略高度，建立稳定的科技投入市场化机制，加大前沿技术科研投入力度；优化科研投入结构，提升基础研究科研经费的比例；建立完善的基础研究激励引导机制，不断拓宽融资渠道，完善风险投资机制。第二，产学研相互结合的科研创新模式，在日本科技创新的过程中发挥着至关重要的作用。企业、高等院校、科研机构的相互协调、优势互补，使日本形成较为平衡的科研体系，其中，企业处于科研创新的核心主导地位，高等院校为企业和科研机构提供人才支持。对此，我国将通过科技成果转换政策、产业化政策和技术引进政策等，进一步引导和鼓励产学研协同创新，积极鼓励企业、高等院校和科研机构的研究人员合理流动；完善知识产权制度，确立研究过程中知识产权的归属和使用权的划分，保护产学研合作顺利进行。

（三）欧盟——建设科学服务体系，营造良好政策环境

1. 实施背景

早在 1990 年 10 月，欧洲经济共同体委员会（以下简称"欧盟"）发布以产业政策为名的通报，即在开放与竞争条件下的产业政策："共同体行动的指导原则。"1992 年，欧盟签署《马斯特里赫特条约》，其目的是巩固 1990 年通报取得的成果，为执行产业政策提供法律依据。此后的 20 余年里，欧盟制定并实施一系列产业政策，并不断优化调整其产业政策体系。欧盟提出并完善其产业政策的理念，即将横向产业政策与部门应用紧密地有机结合，为具体行业制定产业政策。在欧盟新产业政策模式中，产业政策与市场机制、市场与政府、产业政策与竞争政策不是对立或相互替代的关系，而是互补与协同的关系。

2. 发展历程

20 世纪 70 年代末开始，西欧国家针对某些特定的部门实施的直接干

预性产业政策带来的负面效应逐渐凸显。西欧各国开始总结干预性、纵向（部门）的产业政策，对于政府功能的认识也发生了转变，认识到政府干预虽然存在效率问题和诸多缺陷，但在政府创造良好的产业环境方面发挥的作用仍有一定效果。随着欧洲市场一体化取得有效进展，各成员国逐渐接受欧盟层面的产业政策作为指导和辅助。在此发展背景下，1990 年 10 月，欧盟向理事会和欧洲议会提交题为"开放与竞争环境下的产业政策：共同体行动的指导原则"的通报，该通报迅速得到工业部长理事会的支持。这表明成员国之间就共同体产业政策的指导原则，即"开放性"、"横向性"和"辅助性"的意见趋于一致。为此，遵循市场开放竞争的原则，提出加快产业结构调整，构建有利于欧盟产业与企业发展的环境，构建有利于企业合作的环境，制定更好地利用创新、技术研发提升产业发展潜力的政策等措施。

3. 具体做法

欧盟各国均制定促进公共科研机构与企业合作交流的相关政策，加速科研成果的转化，创造有利于技术创新的大政策环境。以法国为例，法国政府制定多元优惠政策，积极扶持工业技术创新体系的建立工作。其政府鼓励高等院校充分发挥技术优势，积极为企业提供各种有偿技术服务，加强技术创新方面的合作；鼓励科研机构或高等院校设立企业"孵化器"，为新创建的具有技术含量的企业提供技术和市场咨询、场地、人才、物质等方面的服务；制定企业研究与技术开发工作中八项开支可以申请减税的政策，即工程师和技术人员的工资，由国民教育、研究与技术部认可的机构分包的科研和技术开发费用，用于研究与技术开发工作的不动产的折旧费、专利的申报费和维持费，科研所获专利的折旧费、部分标准化方面的开支，个别企业用于新产品收集方面的开支等。

4. 发展模式

借助竞争政策在欧盟内部构建开放、公平的市场环境，构建有利于研发和创新的制度环境，提升欧盟产业的创新能力与竞争能力；完善投资环境刺激私人研发投资，完善知识产权保护制度并加强保护力度，完善内部市场一体化的相关法律制度；制定产品的技术规则和统一技术标准，促进各成员国之间的协调发展；推动其成员国简化和完善规制环境、简化行政管理流程、降低企业行政负担；优化产业政策决策机制，使其更为开放透明，使得民间社会与工会等均参与其中。欧盟的新产业政策还试图纳入新制度、经济代理人、新规则和商业惯例，以确保新欧洲产业政策有力高效地实施。

5. 实施效果

欧盟新产业政策得到发展和完善，产业政策与创新政策、环境政策相结合推动了其经济增长与社会现代化进程。新产业政策有如下特点。第一，为横向产业政策而进行量身定做的产业政策，对金融危机带来的挑战需要不同的经济部门制定发展战略。根据不同部门的特点与需求，欧盟将继续对所有部门实施量身定做的产业政策；将考虑针对给定部门采取适当措施告知消费者为给定行业的卓越者提供激励。第二，从能源、原材料到售后服务、材料回收利用方面考虑整个价值和供应链。第三，委员会将定期发布欧盟与成员国的竞争力、产业政策及其效果的报告。涉及竞争力和可持续发展行业的框架性条件均是在成员国层面制定的，因而欧盟的监管不仅涵盖各成员国竞争力表现，还需要考虑其竞争力政策。

6. 经验总结

第一，产业政策协调的有效性。应当协调避免区域内项目产业的重复建设；促进地区交流，同时反对地方保护主义；加大投入科研创新，加大扶持基础教育；从授权角度出发，将教育资金交由国家统一支配并下拨。第二，产业政策协调的无效性。在产业政策制定方面，减轻中央与地方间信息不对称的不利影响，以及充分考虑地方的实际需求，下放统一制定的全国范围内产业政策的权力；促进各级政府间竞争有序化，进而制定更有效率的经济政策；通过涵养税源而促进相关产业以及地方经济的发展，促进和谐社会的建设。

（四）孟加拉国——降低金融服务门槛，创新驱动普惠金融

1. 实施背景

随着以互联网和移动技术为代表的数字技术的快速发展和广泛应用，金融服务成本大幅度降低，居民金融服务的可得性明显提升。21世纪亟待解决的重大议题为贫困问题。在此背景下提出的普惠金融，以可负担的成

本为有金融服务需求的群体提供有效的金融服务，其中小微企业、城镇低收入人群等是其重点服务对象。普惠金融是为消除贫困、实现社会公平而提出的，但这并不等同于普惠金融是面向低收入人群的公益行为。中国银行业协会专职副会长潘光伟指出，普惠金融不是慈善和救助，而是为帮助受益群体提升造血功能。

2. 发展历程

普惠金融也称"包容性金融"，是联合国在宣传"2005 国际小额信贷年"时率先提出的、为社会所有阶层和群体提供的金融服务，将被传统金融体系忽视的机构和个人纳入金融服务对象，实现金融服务的公平。普惠金融概念的提出经历了以下三个阶段。第一，小额信贷阶段。20 世纪 70年代，孟加拉国等国最早实行小额贷款服务，其中穆罕默德·尤努斯（Muhammad Yunus）创建的"格莱珉银行"取得授信模式的突破，成功实现了普惠金融的目标，为低收入者提供了必要的金融服务。20 世纪 80～90年代，随着社会经济的发展，贫困者负担利率的能力增强，小额信贷市场获得快速发展契机。第二，微型金融阶段。20 世纪 90 年代后期至 21 世纪，日益增多的金融机构意识到在向客户提供贷款的同时，要提供全方位的金融服务，如保险、汇兑等，由此普惠金融进入微型金融阶段。第三，普惠金融阶段。2008 年 9 月，由发展中国家组成的普惠金融联盟（AFI）成立，其目的在于帮助各成员国制订有效的金融服务拓展计划，自此正式宣告普惠金融确立。

3. 具体做法

孟加拉国作为小额信贷的发源地，在金融普惠化方面取得了一系列成效，其中最为成功的是"格莱珉银行"，其创办者尤努斯因此而荣获"诺贝尔和平奖"。"格莱珉银行"将贷款的个人分类，同组相互监督，实行集体信誉。数个小组构成一个乡村中心，每个中心坚持定期召开会议，交流、分享和帮助解决各自存在的问题，银行以借款小组和乡村中心为单位进行运作。借款人可根据具体情况采取不等额的分期还款制度，且银行合理规定每次还款的金额。1983 年以来，孟加拉国的普惠金融坚持自身发展模式。此模式在为贫困户提供无抵押小额贷款的同时，也为贫困户提供生产技术和销售渠道，有效改善了当地的贫困状况。但由于孟加拉国的国内经济形势严峻，成年人拥有银行账户的比例仅为31.1%，普惠金融来源资金尚存在一定的非可持续问题。[①]

4. 发展模式

孟加拉国为构建普惠金融体系采取了一系列具体的措施，包括普及金融教育，对民众的金融知识课程免费培训；选择退役军人、退休雇员等人担任民间信贷联络人，降低金融机构的运营成本；加强信息技术的运用，发展网络金融服务。许多发展中国家借鉴"格莱珉银行"，其甚至得到美国、日本等发达国家的认可。"格莱珉银行"最初资金来自联合国发展金融组织、福特基金、孟加拉国政府，而后转型成商业模式，服务对象为社会底层贫困人口，尤其是女性。对于极个别的贫困户，甚至采用无担保制度，贫困户只需证明自身的总资产低于银行放贷的标准。

5. 实施效果

在30余年的发展历程中，"格莱珉银行"从借给42名赤贫农妇的27美元贷款艰难起步，逐步发展成为拥有380万人贷款客户、1277个营业机构、12546名员工、业务遍及46620个村庄（2004年数据）的庞大金融服务机构。该机构累计发放贷款44.6亿美元，除三个年份之外每年均实现盈利，成为全球通过小额信贷方式向贫困宣战的典范。[②] 尤努斯称孟加拉国已有58%的穷人通过乡村银行提供的小额信贷摆脱贫困。这种模式还被复制至全球100余个国家和地区，全世界有超过1亿穷人从中受益。[③] 我国农村地区已经建立了众多以服务"三农"为主要目的的金融机构体系，如农业银行、农业发展银行、邮政储蓄银行、农村信用社、农村商业银行、村镇银行等，由此商业性金融、合作型金融、政策性金融、开发性金融多点开花、协同发展的局面已初步形成。特别是自2005年以来，我国部分地区开始试点设立村镇银行、贷款公司、农村资金互助社、小额贷款公司4类新型农村金融机构，为农村金融体系注入活力。随着银监会有关政策的

---

① 黄文胜、陶建平、邢慧茹：《孟加拉国乡村银行对中国农村金融实践的启示》，《世界农业》2007年第10期，第47~50页。

② 黄文胜、陶建平、邢慧茹：《孟加拉国乡村银行对中国农村金融实践的启示》，《世界农业》2007年第10期，第47~50页。

③ 周建明：《孟加拉国乡村银行对我国建立现代农村金融制度的启示》，《新金融》2009年第2期，第47~49页。

不断完善，这些金融机构将呈现蓬勃发展的态势。

6. 经验教训

第一，建立普惠金融体系。依托现有中国农业银行、农村信用社和村镇银行等农村金融组织，建立农村的普惠金融体系。该体系可以囊括多类性质的金融机构，因而各金融机构可以通过在地区设立共享代理机构，为农户解决资金、保险、租赁等农村金融业务，实现信息共享和降低经营成本。第二，大力发展互联网金融。大力发展互联网金融降低普惠金融成本，包括 P2P 网贷、第三方支付平台等互联网金融，提高金融服务的个性化程度，大幅度提升资金的配置效率和金融服务质量，使更多的资金往来通过互联网平台享受到支付、借贷及财富管理的便利。第三，实现可持续性发展。对于从事普惠金融授信的机构和组织，政府需要提供相应的补贴，对普惠金融机构和普惠金融项目资金来源方面提供便利。

三　国内外创新驱动产业转型升级的共性分析

（一）坚持制度创新导向

第一，建立创新驱动的利益激励机制。通过明确创新观念、行为导向和创新目标，确保利益激励机制保持层次之分、区域之别和行业差异。在纵向层面，从国家到地方政府、企业等均建立相关的激励、扶持、奖励政策；在横向层面，兼顾各个领域的技术研发、生产技术创新、生产工艺流程改进、基础研究、人才培养等，并通过优化的配套政策进行监管和落实。第二，建立有利于科技研发的保障体系。通过科研经费管理制度的完善，提升科研人员参与创新的积极性、创造性和主动性，提高科研经费使用的有效性；充分发挥投资、信贷、金融财政等政策功能，促进重点领域、重点项目与重点技术的自主知识产权成果和科技成果的社会生产转化，进而促使科研成果的转化与应用。第三，完善知识产权保护制度。根据中国知识产权现状和创新驱动要求，完善知识产权相关的法律法规，消除不同层级之间知识产权体系的矛盾和冲突；加强知识产权保护，解决新技术领域的知识产权纠纷，同时完善知识产权的保护功能、激励功能；提高知识产权在高等院校、科研机构和企业等创新主体中的指标权重，鼓励、引导和支持不同创新主体开展基础研究和技术合作。

（二）增进产业互联互通

第一，建立相关行业协会，为产业的健康有序发展提供保障。行业协会具有熟悉行业、对市场的预知能力、掌握行业内外部信息和行业技术人才资源等方面独特的优势，配合政府进行宏观调控、经济运行分析、行业内部监管。随着我国改革开放的不断深入、社会主义市场经济的不断发展、经济体制的进一步改革，行业协会的作用与优势以及指导、协调行业发展方面的能力显著增强。第二，依托现有产业基础和资源优势，以基础建设和项目群为载体，以产业集群为主要发展模式，通过改革、改造、改组，加快培育一批体制机制新、发展潜力大、竞争实力强的企业集群；牵头或参加制定有利于我国战略性新兴产业发展的技术标准，提高自身的国际竞争能力。第三，依托区域所拥有的高等院校、科研机构、创新产业园区等平台和载体，加强不同载体的创新资源整合，大力推进创业孵化器、大学科技园、公共技术研发平台等载体的建设。结合国家战略性新兴产业发展规划，立足区域资源禀赋优势和产业特色，重点培育和发展一批潜力大、特色鲜明、优势明显的战略性新兴产业，积极参与全球产业价值链分工和竞争，带动区域产业结构整体水平的提升。

（三）企业积极开展转型

第一，促进企业学习和技术能力的提升。通过促进企业集群的学习以实现互动式创新，最终提高区域创新绩效；引进已有的技术和人才，采取合作研发、战略联盟等方式加快新产品开发。第二，注重企业组织架构重建。通过重新定位企业在产业链中的环节，依据价值链体系建立战略联盟。第三，推进商业模式创新，坚持以服务为核心的商业模式、直销与大规模定制相结合的商业模式以及基于 OEM、外包和虚拟职能的共生商业模式等。第四，强化产业链及价值链建设。鼓励企业提高技术开发和营销能力使产业链向上下游拓展；积极设立研发设计中心，与高等院校和科研院所合作，提高自主创新和研发能力；以装配、包装和物流等环节为重点，大力发展现代服务业。

四 国内外创新驱动产业转型升级的差异性分析

(一) 创新形式的差异性分析及对策

相较于发达国家，我国在产业转型升级方面的创新特征多数表现为商业模式的创新。大多数企业仍被锁定于全球价值链中利润率最低的制造和组装环节，竞争优势仍主要体现在低成本层面。企业对于从生产劳动密集型低价值产品向生产更高价值的资本或技术密集型产品角色转变的认知较为薄弱，致使创新形势较为简单、开发成本较低、复制较为便捷的商业模式创新备受企业钟爱。因此，科技创新能力的不足，将导致我国的产业转型升级表现形式难以得到质变。

第一，真正提升企业的科技创新能力。加强要素保证，强化产业发展引导；对技术密度高、成长空间大、综合能耗小和符合产业导向的项目，给予重点扶持，优先配置要素资源；积极实施主导产业的配套项目，通过产业的重点项目实施推动产业转型升级；推进重大招商引资项目的落地工作，加强项目建设协调服务。第二，完善政策支持体系，推进转型升级实施。在产业基地建设、企业技术中心和企业（行业）研发中心发展、自主创新、关键技术引进、特殊人才引进与扶持、重大技术攻关、公共服务平台建设、技术装备市场推广应用和企业联合重组建设等方面进行重点扶持。第三，鼓励协同创新发展，协同促进技术创新与市场拓展。充分利用协同创新优势，不断调动企业协同创新的主动性和积极性，使其自身发展与国内外制造业的发展现状和需求紧密结合，尽可能地加快工业软件、生产过程控制与管理系统、智能工业设施、工业互联网等领域中关键技术的研究与产业化。

(二) 发展阶段的差异性分析及对策

我国的产业结构优化升级处在发展的初级阶段，其中以财政资金补贴为主的产业结构调整政策模式滞后等问题，严重影响了我国产业结构的转型升级发展。现有金融体系发展进程及改革难以满足经济结构及产业结构的转型升级对金融体系的内在要求，并且在相当程度上呈现金融体系对经济发展"低端路径锁定"以及"利益集团俘获"的特征。随着一国产业结构的转型升级以及对微观经济自主创新能力需求的增加,将推动其金融体系由银行体系为主向以金融市场为主逐步转变的动态结构变化趋势。我国当前推进的金融市场以及多层次资本市场的发展政策,未能发挥有效支撑以及满足以制造业为主的实体经济转型升级、自主创新能力提升活动内在需求的基本功能。相反,近年来兴起的各种类型的投资基金、风险基金和天使基金,很大程度上导致偏向于短期投资和概念炒作以及通过创业板、新三板的运作上市而获取短期暴利的投资经营策略的盛行。在此情形下,资本市场的扩张非但未能有效地推动中国以制造业为主的实体经济的转型升级以及战略性新兴产业的发展壮大,而且未能化解实体经济部门对以长期贷款资金和股权投资资金为主要类型的外部融资需求的困局。这将造成金融市场和制造业可持续发展之间不兼容的现象。在金融监管能力和监管制度建设有待完善以及金融监管专业人才缺乏的情形下,如何正确理解产业结构与资源结构的合理协同关系,如何实现金融发展、实体经济部门转型升级和自主创新能力的全面融合,是中国金融体制改革的重点任务。

(三) 升级路径的差异性分析及对策

中小企业在发展过程中所面临的人才缺乏、资金不足、企业管理水平相对滞后、企业文化缺失等制约因素,严重限制了中小企业在产业转型升级实施过程中的研发能力,使得中小企业创新能力的缺失将限制产业向更高的价值链转变。

为解决中小企业研发能力不足的发展问题,通过鼓励大型企业为高技术服务和智能化成果的应用开放市场,加大制造业转型升级路径的有效探寻,产生特色化及个性化的制造技术优势;构建并实施由市场机制主导、以大型企业为首、行业联盟参与的智能制造技术标准规划。

第七章

珠江—西江经济带创新驱动产业
转型升级支撑体系构建

通过第五章中关于珠江—西江经济带产业转型升级的制约因素分析，可以看出，珠江—西江经济带各个产业存在创新不足的问题，对于人才和技术也处于极度需求的状态。

产业转型升级是一个复杂的系统工程，特别是以创新为第一驱动力的产业转型升级，需要借助于政府各部门联动，并形成强有力的领导机构。一个地区产业的整体升级过程，必然涉及政府、企业和民间组织（行业协会）的协调问题，我们认为，在这个过程中设立一个专门的领导机构是必要的。该领导机构主要的职责是通过一系列的制度建设，使得各部门形成协同效应，从而协调推进该地区的产业完成转型升级。本章将阐述组建"珠江—西江经济带创新驱动产业转型升级领导小组"的必要性及其主要职责和功能。在此基础上，论证了珠江—西江经济带创新驱动产业转型升级制度体系建设的重要性，并进一步构建了支撑珠江—西江经济带创新驱动产业转型升级的金融体系和财政体系。

一 珠江—西江经济带创新驱动产业转型升级组织体系构建

珠江—西江经济带创新驱动产业转型升级需要强有力的组织保障，从政府的视角来看，产业转型升级涉及各职能部门，为了更好地组织协调，从而更好地推动产业转型升级，由广东和广西两省份相关职能部门联合成立一个综合性的协调小组是必要的。

（一）成立领导小组的必要性

珠江—西江经济带产业转型升级是必要的、迫切的。产业转型升级领导小组的建立能够在宏观管理上发挥重大作用，领导小组更具权威性，能够保证产业转型升级的设计、协调、推进和监督中每一个环节的落实，有助于确保产业转型升级过程中的系统性、整体性、协同性。此时成立珠江—西江经济带创新驱动产业转型升级领导小组充分体现广东、广西两省份对经济带发展的高度重视，也充分表明了两省份促进经济发展的决心。创新驱动产业转型升级领导小组也一定能在今后的改革进程中发挥出应有的作用。

（二）领导小组机构设置

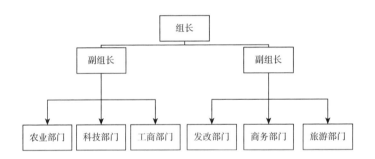

珠江—西江经济带创新驱动产业转型升级领导小组如下所示。

1. 组长：广东省党委书记、省长、广西壮族自治区党委书记、自治区主席

2. 副组长：两省份常委、副党委书记

3. 成员：

（1）农业部门

（2）科技部门

（3）工商部门

（4）发改部门

（5）商务部门

（6）旅游部门

（三）领导小组的基本功能

第一，研究部署和指导全区域促进战略性新兴产业发展的各项工作；研究制定促进区域产业发展的相关政策措施。

第二，明确各成员单位职责分工，部署年度工作计划；督促和检查各有关成员单位、各地方政府工作推进及政策配套落实情况。

第三，不定期召开会议对经济带战略性新兴产业发展工作进行研究部署。

（四）领导小组各部门职责

1. 农业部门

负责组织制定农业转型升级相关规划以及年度工作计划；巩固提升农业优势地位，突出抓好农产品质量安全、农业产出效率和农业品牌培育，推进农业的区域化布局、规模化生产、产业化经营、标准化管理和品牌化运作；对打造农副产品生产物流基地、食品加工基地、农业服务业融合发展示范基地和农业创新发展示范区等重点任务进行细化分解；负责推进农业转型升级相关规划的组织实施。

2. 科技部门

以技术创新和成果转化为抓手，进一步优化工业产业和产品结构。用高新技术改造提升传统产业，积极支持产业进行技术创新，不断促进产业结构优化升级，增强传统优势产业的可持续发展能力。加快培育新兴产业，重点支持新材料、新能源、先进装备制造、新型化工等产业发展壮大，以技术创新促进产业进步，提升产业发展质量，全面推进工业强市战略。

3. 工商部门

政府行政管理的基本手段是管理和服务，服务是政府的基本工作任务，也是工商部门的基本职责之一。工商部门在加强对市场主体服务的同时，更要注重站在经济社会发展的层面上，加强对产业发展的整体引导。一是加强行政指导，发挥产业发展"引路人"的作用；二是加强信息分析，发挥为政府提供信息的"参谋部"作用；三是加强帮扶引导，发挥对企业发展的"助推器"作用。

4. 发改部门

跟踪关注宏观产业政策形势，研究部署、统筹指导和协调推进产业转型工作，分解和督促落实相关工作任务及其责任；建立定期评估制度，定期分析和协调解决产业转型工作中遇到的困难和问题，根据情况修订完善相关政策。

组织制定园区转型升级相关规划以及年度工作计划；在深入调研基础上，探索建立"政府主导、企业化运营、市场化运作"的经济园区运营模式；研究制定创新驱动型园区发展模式的领导体制、运行机制和管理办法；调度和研究解决园区转型发展中遇到的困难和问题，确保完成既定任务。

5. 商务部门

贯彻执行国家和两省份商贸流通业、食品业、餐饮业、服务业及粮油和药品流通的法律法规、规章制度和方针政策，组织拟定全区域商贸流通改革、发展和开拓市场、促进消费的政策措施。研究起草规范流通和市场的规范性文件，并监督指导实施。制定商贸流通业发展目标及规划布局，并组织实施。同时执行国家对外贸易、经济合作、外商投资的方针、政策和法律法规，拟定外经贸中长期发展规划并组织实施。指导外商投资工作，承担全县外贸出口和吸收外资目标指导计划的实施、推进和完成。负责外国政府、联合国和非政府组织机构无偿援助项目管理。

6. 旅游部门

统筹协调旅游业发展，制定发展政策、规划和标准，起草相关法律法规草案和规章并监督实施，指导地方旅游工作。制定国内旅游、入境旅游和出境旅游的市场开发战略并组织实施，组织旅游整体形象的对外宣传和重大推广活动。组织旅游资源的普查、规划、开发和相关保护工作，指导重点旅游区域、旅游目的地和旅游线路的规划开发，引导休闲度假。监测旅游经济运行，负责旅游统计及行业信息发布。承担规范旅游市场秩序、监督管理服务质量、维护旅游消费者和经营者合法权益的责任。规范旅游企业和从业人员的经营和服务行为。组织拟定旅游区、旅游设施、旅游服务、旅游产品等方面的标准并组织实施。负责旅游安全的综合协调和监督管理，指导应急救援工作。推动旅游国际交流与合作，承担与国际旅游组织合作的相关事务。

（五）领导小组工作原则

第一，贯彻落实领导小组做出的各项决定和交代的各项任务，积极为领导小组的决策提供参谋。

第二，科学制订计划和规划，并按规划的具体要求推动传统产业转型发展。

第三，主动收集、协调和解决我市工业企业转型升级中遇到的困难和问题，做好工业经济转型升级的服务、推动和监督工作。

第四，推动老工业园区及低效用地企业的改造提升。

第五，根据供给侧结构性改革的要求，推进处置"僵尸企业"、打造企业联盟等工作。

第六，充分发挥行业协会、企业在工业经济转型升级中的主体作用，依靠各方力量共同推进工业建设。

第七，负责珠江—西江经济带工业经济转型升级日常工作及组织协调，收集、分析、反馈、通报工作情况；组织承办领导小组召开的现场会、协调会等会议；抓好协调事项的督查落实；承担领导小组交办的其他工作。

二　珠江—西江经济带创新驱动产业转型升级制度体系构建

（一）鼓励研发的激励机制设计

鼓励研发的激励机制	促进	技术创新	根本动力	产业结构升级

珠江—西江经济带政府应继续深化科技体制改革，并创新激励机制，降低企业研发的风险与成本。通过降低税收、增加政府采购等手段促进企业的研发投入。鼓励产学研发展，形成制造业独有的创新体系，吸引相关

创新要素。支持高新技术企业上市，奖励拥有自主产权的研发技术企业。创新激励机制，完善知识产权保护体系，提升企业自身技术创新能力。

同时，各地政府要充分发挥其宏观管理和政策引导作用，加大企业对核心技术开发和融资能力等方面的支持力度，提高对技术创新相关领域的研发投入。这对于技术密集型的产业尤为重要。政府拿出一定的资金扶持企业开展科技活动，可进一步推动区域内企业的技术合作与交流，从而推进技术进步。

1. 建立长效的人才培养机制

改革激励体制，提高现有研发人员的积极性，提高研发人员的待遇，使创新人才的报酬与效益和劳动挂钩。全面提高珠江—西江经济带区域的科技人才的待遇，为科技人才提供发展机会。在科研人员为科技事业发展做出贡献的同时，使得其工资水平逐步达到全国平均水平。建立高层次的人才培养制度，培养珠江—西江经济带优势领域的领军人才，并打造一批科技研发方面的专家。加大对技术创新的支持，促进企业与高等学校之间的人才交流与合作，建立具有引领产业发展作用的团队。通过制定相应的制度对人才的培养进行保障，以满足资源投入等方面。加强机制创新，包括人才培训机制创新、激励机制创新、绩效考核机制创新等方面内容，这些需要政府部门相关制度的不断完善，才能培养出有利于经济建设的创新型人才。[①]

2. 通过科技计划引导企业开展产学研合作

运用科技计划支持企业牵头产学研合作，可从企业的需求方面制订相应的计划。针对具有一定前景的领域，需建立企业与高校共同参与的机制。在科技基础设施建设中，优先组建产学研合作的技术平台，完成吸收并创新相应的技术。为推动企业成为技术创新的主体，可要求企业承担一定的研发费用，同时，企业可拥有合作完成的知识产权，促进企业实现成果转化。在产学研合作创新体系中，处于上游、中游和下游的分别是以基础研究为主的科学研究中心、工程研究中心和企业技术中心。这三种合作

---

① 陈军华、李心：《创新型人才主体特质及培养环境设计》，《科学管理研究》2013 年第 4 期，第 101~104 页。

创新的组织方式互相补充，有利于引导产学研合作创新的连续性，有利于产学研合作创新的不断深入。①

3. 鼓励并支持各地建立科研机构

科研机构可以吸引科技资源，可以培养一批科研人员，并且可以为推动区域经济的发展做出贡献，同时也可以为科研人员提供新的创新环境。

第一，由珠江—西江经济带各政府在科研机构较少的地区进行规划，在规划的同时结合当地经济的发展状况、突出的技术领域，设定具有一定特点、特色和符合实际情况的区域发展方向。

第二，鼓励各个等级的科研机构到珠江—西江经济带各地方建立分院。但是在有些地区由于缺乏相应的人才资源，即使建立相应的科研机构，科技创新和科研力量也不会得到加强。所以，可以考虑由较高层次的研究机构派出相关的科技人员，对当地的科研机构进行培训。同时，建立有效的培训机制，并在待遇方面给予一定的资金支持，扶持地方科研机构的发展。

第三，当地政府部门拿出一定的资金，对愿意到本地区来的高层次培训人员进行专门补贴。一方面，鼓励其他地区科研人员到地方的科研机构工作，对于到本地区科研机构的人员在原有津贴的基础上给予特殊补贴；另一方面，对于本地的科研机构人员，专门给予特殊补贴，以此来吸引更多人才投入科研活动中来。

4. 通过政策法规规范企业产学研合作

产学研合作是为技术创新而开展经济行为的总和，同时也是法律行为。产学研的合作行为，需要通过法律法规来约束，仅仅通过市场关系是不能很好地解决的。因此，完善相关法律法规不仅能够规范产学研合作的行为，使其具有持续性，同时又能维护合作单位的权益，调动各方的积极性。政府有关部门要在发展高科技的过程中，加强对产学研合作经验的总结和归纳，突出宣传一些产学研合作的成功案例；通过深刻剖析、认真总结产学研合作成功的经验与失败的教训和症结所在，研究分析企业与科研

---

① 李廉水：《论产学研合作创新的组织方式》，《科研管理》1998 年第 1 期，第 31~35 页。

院校合作的基础、条件、形式以及存在的问题，积极探索产学研合作的新思路。①

政府应该建立专门的部门管理和规范企业产学研合作。企业的产学研合作涉及多个领域，因此，需要由政府的有关部门进行管理。通过行政手段，增加创新投入，支持企业加强创新能力，优先在具备一定条件的企业建设研发平台；支持企业与科研机构组建技术研发平台，合作研发核心技术、培养人才、共享科研成果；鼓励高校和科研机构支持企业技术创新，促进技术的创新和成果的转化。

5. 加大政府资金支持力度，吸引企业资金投入

在科技资金投入中，发挥政府的主导作用，吸引企业增加投入，成为科技创新的投入主体。利用针对与企业税收相关的优惠政策鼓励企业对科技产品研发的投入。

第一，在珠江—西江经济带各城市大力宣传企业税收优惠政策，使当地企业了解和掌握相关政策的内容及步骤。

第二，科技部门要与有关税务部门积极交流，完善企业税收优惠政策的实施流程和审批。

第三，对企业做好该项政策的咨询服务和培训。对重点领域资助，刺激该行业开展科技研发活动。根据珠江—西江经济带当前的发展需求，确定一定时期内的重点发展行业，对这些行业发展所需要的各种要素实施相应的优惠政策。

6. 拓宽经费投入渠道，建立投资体系

拓宽科技创新研发经费投入渠道，建立以企业、政府、社会参与的多元化科技投入体系。第一，对一些基础研发创新活动实行资助制度，鼓励类似的基础科技创新研发活动；第二，对可以投入市场的研究成果的研发活动，可以实行低息贷款政策并推广；第三，推行风投基金，支持比较有潜力或者是重点发展的行业科研活动；第四，加强政策性金融机构对珠江—西江经济带各地区科研活动的支持；第五，鼓励各大金融机构投资科

① 崔彩周：《我国产学研合作现实存在的问题与可行对策初探》，《特区经济》2005 年第 2 期，第 192~193 页。

技研发活动，在企业开展自主知识产权的科研产品活动时，针对其所需的贷款资金，优先安排审批。

7. 加大对科技产品产出的激励

完善对科技产品的激励机制，提高研发人员对创新活动的积极性，从而加快创新以及吸收再创新的进程，更好地为珠江—西江经济带各地区的科技创新活动提供支撑。积极实施专利和品牌计划，引导企业在研发活动中建立以专利保护为主的知识产权管理制度，促进企业与科研机构的技术创新和专利申请。鼓励企业申请专利、运用专利，从而推进专利技术标准化。

（二）鼓励成果转化的激励机制设计

1. 完善知识产权保护体制机制

现代市场经济能够稳定运行最重要的制度条件之一是产权制度。产权制度的其中一个表现在于对经济运行中利益分配关系的确定。创新成果与人或者团体之间的关系是由产权来规定的，所以产权是创新激励的保障。明确的产权关系是维持科研创新的最有力手段，产权的持久性、规范性等特性则提供给科研创新人员和使用者一定的安全感，在这种环境中科研技术创新活动则会相对稳定地发展。知识产权激励的重点是明确产权责任关系并建立产权制度保障。优惠的财政税收手段能够很好地引导企业的创新，并对企业知识产权给予一定的资助。具体应该从以下三方面进行完善。

第一，建立知识产权交易中心。整合珠江—西江经济带现有的知识产权服务机构，建立一个知识产权交易中心，成为珠江—西江经济带知识产权交易的重要平台。

第二，完善知识产权保护制度，加强法律保护，提高审查效率，利用法律制裁侵犯知识产权的行为，营造一个良好的知识产权交易环境。

第三，建立相对公平的知识产权评价体制。知识产权交易中心需要知识产权评价制度来运行，相应地建立知识产权等评价标准，允许企业与专利拥有者之间自由交易。

知识产权是激励自主技术创新的一种方式，强化知识产权的保护，加强对知识产权相关法律法规的建设，对建设产权激励制度尤为重要。首先，政府应加大对知识产权保护的资金投入力度，鼓励建立产学研相关的专项资金，大力支持具有较高应用前景的技术和项目，使这一系列资金成为政府支持技术创新和科研活动的保障。强化企业对知识产权的保护意识，管理层需支持企业的知识产权保护工作，并且要在企业内部进行广泛的相关知识的教育和培训，培育良好的知识产权保护文化氛围。高层管理者必须把自己的知识产权保护意识、保护要求贯彻给项目经理，项目经理应当有能力辨别和控制信息流动的异常。高技术企业还应充分利用法律机制中的各种协议，并应充分考虑其中的细节。[①]

2. 增加政府财政直接投入

重视调动企业参与转化的积极性，将财政资金投入企业当中的同时，应注重对企业自主创新的引导，吸引企业参加相关科技项目和科研技术的开发，引导珠江—西江经济带优势领域企业的科技创新。同时，必须加强风险投资机制的建立，让各市场投资方占据主力地位，形成以企业为主导的投资转化模式。科技创新成果来自科研个人和相应的机构，资金来源于社会资本，环境来源于政府，交流机制来源于中介机构。如此转化模式能够刺激企业的创新、释放政府的压力，使资金来源更为广泛。

3. 加强政府采购的推动作用

首先应该增加政府对珠江—西江经济带内科研成果的采购。然后正确定位政府采购，从而提升采购政策的效率。在政府的采购模式中，政府不应该仅采购相对成熟的科技产品，而应该逐步注重对科技创新技术的采购。对于政府采购目录，在充分考虑政府部门的实际需求的同时，也应该考虑符合市场需求且具有潜力的科研技术。采购目录也不能一成不变，随

---

① 牟莉莉、汪克夷、钟琦：《高技术企业合作研发中的知识产权保护机制研究》，《科技管理研究》2009 年第 2 期，第 251~253 页。

着经济和社会的不断发展，应该不断更新并向全社会征集建议。最后政府采购政策的落实，应当严格要求全市各级政府部门和国有企业按照政策规定进行采购。在具体落实的过程中，政府各部门必须严格监管、协调配合、各负其责，促进科研成果转化的采购政策正确、稳定地落实。

4. 优化税收激励政策

珠江—西江经济带各地方政府可以扩大税收优惠政策范围，针对创新型企业可以考虑增加一定数量，使得这些企业得到纳税减免。建议政府税务部门针对企业不同现状拟定相应区别化的税率或者起点，这样可以扶持小型科技企业。在关税方面，为完成科技研发的进口设备或者零件，可减免税负。在企业增值税方面，政府可以考虑允许部分企业在一次性缴税之后可获得优惠性福利。政府可以将降低科技成果转化风险作为制定成果转化税收政策的主要侧重点。针对技术企业可以制定以下政策。

第一，具有营利性收入的企业，可以向所在地财政部门提出申请使用风险投资基金。针对中小企业，在其具有营利性收入时可以申请技术创新发展基金，获得批准后即可拿到一定金额的发展基金。

第二，对亏损的科技创新型企业，政府也应适当提供财政补贴、减免税收。如果亏损较为严重，可以延迟收取相应的税费，或者把该年的亏损计入经营利润，这样通过降低收入来减少企业缴纳的税费。

第三，针对新的科技型企业，企业如果把投资得到的利润用于创新研发活动，可以减免其所得税。

第四，当参与成果转化的企业购买新设备时，可将花费划为成本，并在纳税前减除；在人力资源方面，政府可以规定企业员工培训和继续教育的花费标准，用来鼓励企业更多地投入人力资源。

5. 构建政府引导型的风险投资体系

政府部门应制定相关的法律法规，引导社会资金的流入，增加风险资金的来源。同时，增加政府对科技成果转化中的财政支持，在新兴产业中需要政府主导风险投资，使得足够的资金流入确保科技成果转化。首先，由各地方政府财政出资，建立相应的投资企业。其次，利用这些投资公司，以入股的方式为科技企业提供投资。最后，针对各地区重大科技项目，政府财政以贷款的方式为企业提供资金支持。除此之外，各地政府也可以采取政策补助的方式，促进风险投资的发展。补助金和委托费的方式也可以在中小企业科技成果转化中使用。在政府引导投资的过程中，也需要注重经济和社会效益。政府应准确把握投入时机，投资具有发展前景且因缺少社会资本而处于初创期的科技创新企业，体现政府对某一行业的投资意图，从而吸引社会资本进入。[①]

（三）鼓励创新创业的激励机制设计

从公共经济学角度来讲，技术创新具有产品的部分特质，会随着市场的供求变化而变化，并不能完全依靠市场调节来避免出现市场失灵的情况，所以，在科学技术创新的过程中，政府的作用是不可替代的。国家创新体系在我国现在的经济建设中是一个重要的侧重点。国家创新体系是由创新相关的机构和组织组成的，主要包括企业、科研机构和高等院校，国家创新体系的主要功能在于创新及创新技术传播和创新成果的应用。国家创新体系的建立和完善是鼓励创新激励机制建立的重要基础之一。政府应采取相关措施营造技术创新的制度环境，包括建立其他适应技术创新环境的制度，发挥政府的宏观调控职能，提升政策的导向作用，形成有效的创新管理体系。

1. 发挥政府在创新创业中的作用

政府在创新创业中的作用：第一，政府对于科研项目的补贴是发挥作用的方式之一；第二，政府对于创新创业项目设备或技术的采购也是一种方式。这两种方式都是由政府直接拿出资金帮助企业解决在科研创新活动中出现的资金问题，间接资金支持是税收政策的优惠等方式。政府的直接投资属于事先支持，企业如果想得到政府的直接投资，必须要付出相应资金；而间接投资是以事后奖励的方法来激励企业在科研技术创新方面的资

---

① 郭丽虹、赵新双：《优化政府创业投资引导基金效益的策略研究》，《中国科技论坛》2007年第11期，第99~101、115页。

本投入。产业政策也是政府鼓励科学技术创新的一方面，政府应制定相应的产业政策措施来促进企业的技术创新。同时，政府在制定吸引外资参与本区域的创新创业的投资政策时，应以投资环境为重点，对相应问题进行综合考虑，出台相应的环境组合政策，发挥政府的综合效应。[①]

2. 完善科技创新中介服务体系

第一，大力培育建立能够提供专业化服务的中介机构，并且构建科技创新中介服务体系。这些服务涵盖科技创新服务项目的各个环节，能够服务于整个创新链和各种创新主体。

第二，设立科技创新服务的专项资金，扶持相关企业公司。

第三，加大鼓励创新服务业的政府支持力度，提供场地，提升政府在科技创新中介服务中的补贴。

第四，大力开展科技创新服务业的企业交流会。

3. 建立健全科技金融服务体系

第一，发展科技金融服务市场，着力发展风险投资和天使投资。鼓励企业为科技创新发展而进行的资金转让行为，引进风投退出机制，促进金融投资市场的发展。

第二，鼓励市场的资本流向科技创新企业，例如鼓励中小型科技创新企业发行公司债券，在资本市场上加强对尚未盈利的科技创新企业的支持。

金融不仅可以直接为科技创新提供融资支持，还可以检验科技创新成果的有效性和市场价值。反过来，科技创新也为金融创新打开了空间，为金融资本提供了优质的资源配置，为金融自身安全和效率提供了强大的支持。[②]

4. 加强企业自身创新能力

符合市场需要的技术创新对企业来说才是必要的。企业要加强科技创新信息收集工作，确保企业创新工作符合目前市场的需求。企业要将大量的收入投入技术创新中，提升企业自给自足的能力。加大企业对先进设备及技术的资金和人才投入，建立专项的科学技术研发基金，强化自身的优势，为企业的未来发展打下坚实的技术设备基础。对于科研创新资金要物

---

① 常忠义：《区域创新创业政策支持体系研究》，《中国科技论坛》2008 年第 6 期，第 21～24、30 页。

② 周昌发：《科技金融发展的保障机制》，《中国软科学》2011 年第 3 期，第 72～81 页。

尽其用，以尽可能用更少的资金研发出更多的科研成果。

5. 加强企业人才队伍建设

建立完善的人才管理体制，为科学创新培养人才。相比于大量引进外来人才，不如关注企业内部的人力，立足自身才能更好地发展。建立人才评价体系，才能够对所有员工进行公平的考评和奖惩，激发员工的积极性。激发员工从事科技创新的积极性和培养高水平的研发人员同样重要。因此珠江—西江经济带企业在技术升级创新的过程中，应当更注重研发人员专业能力的培养，确保有创新能力和科研能力的人才能够获得与其相对应的职位，为企业的发展做出贡献。同时，企业创新能力需要企业人才体系的支撑。企业人才结构决定企业创新能力结构。构建企业创新能力的人才支撑体系，关键是塑造企业人才的专业知识素质、创新心理素质和创新品质素质。对于人才协同创新而言，关键是实现企业人才与需求环境、技术环境和竞争环境的动态适配，消除人才之间的界面障碍也很重要。[①]

6. 积极引导企业家在自主创新中主导作用的发挥

企业家在企业完善创新体系中，拥有不可磨灭的作用，发挥了企业家在企业自主创新中的作用。企业自主创新涉及方方面面，不只靠企业家和研发人员，也需要整合外部资源，这就发挥了企业家的作用，打造属于企业自身的创新体系。因为企业家作为企业的领导者，能够站在顶端总览全局，能够有效地结合内外部的资源。以企业家为核心的企业创新体系，有利于协调各个系统、提高技术创新效率、维持创新方向。为此，要建立完善的企业家激励机制，要通过一定的规定设计，加大对企业家的奖励，克服短期利益的行为，能够从企业长远发展角度出发，为企业的发展和创新谋求长远利益。

三 珠江—西江经济带创新驱动产业转型升级金融支撑体系构建

（一）设立各类珠江—西江经济带创新驱动产业转型升级天使基金

天使投资者是拥有创业经历和财富的一群人，知道创业过程中的困

---

① 孔曙光、陈玉川：《企业创新能力的人才支撑体系构建》，《统计与决策》2009 年第 4 期，第 185~186 页。

难，也有一定的经验教训和社会资源，能够很好地帮助创业者。与其他方式不同，天使投资是一种非正规投资方式，是民间非正式的风险投资。

1. 珠江—西江经济带产业转型升级中天使基金的作用

天使投资是创业投资的一部分，是新兴企业早期资金来源的重要组成部分。天使投资具有和正式风投一样的高风险、高收益的特点，也都是长期性的资本投资。但是天使投资具有民间性和分散投资的特点，又因为其具有成本低、数量多的优点，在一定程度上能够避免代理投资带来的问题。天使投资因为其投资于企业的初创期，使得它变得更加特殊，并且独立于风险投资形式之外。

由于珠江—西江经济带上中小型企业发展方向不明确，资金来源不稳定，让其很难在金融市场中获得资金扶持。对处于初创期企业来说，上市融资的方式远不如天使风险投资实际。所以鼓励各类天使基金投资属于初创期的小企业，扶持有前景的小企业健康发展，促进珠江—西江经济带产业转型升级。

2. 鼓励天使基金在珠江—西江经济带产业转型升级中的应用

政府在天使投资中的作用是巨大的，特别是我国目前的发展状态，天使投资离不开政府。珠江—西江经济带政府的主要作用在于为天使投资发展创造良好的运行环境，为天使投资的运行构建一套完整的体系，使其更好地作用于当地的产业转型升级。[①]

第一，政府设立天使母基金以示范引导天使投资。对于官方资金进入天使投资领域的问题，一般认为应当由政府资金成立天使母基金，吸引、撬动更多的民间资本进入。从2006年9月天津滨海天使创业投资基金在天津经济技术开发区成立，到2009年6月深圳在建立天使投资人备案登记制度，在提出进行天使投资时，可以获得有关政府创业投资引导资金配合参股的间接支持。可以说政府在天使母基金上投放力度不断加大，但要注意过去设立风险引导基金发生过的轻易改变投资方向、权力寻租行为的弊端。对于珠江—西江经济带产业转型升级过程中，政府通过设立天使母基金的方式，鼓励民间投资，并设立相应的天使基金促进珠江—西江经济带

---

① 杨行翀：《中国天使投资发展探索》，《企业经济》2007年第10期，第149~151页。

各产业的转型升级。

第二，政府要制定扶持中小企业的采购政策。借鉴经济发达国家和地区发展风险投资产业的实践，可知它们无一不是选择了政府采购实现扶持中小企业发展的政策目标。通过政府采购政策为创业企业提供了市场支持和保护，有效地降低了投资者的资本回收风险和创业企业的市场营销风险，为地区的产业转型升级提供了良好的基础，同时也会促进地区的经济平衡发展。

3. 设立天使基金的注意事项

第一，制定规范天使投资发展的相关法律法规。天使投资在我国的发展还属于萌芽阶段，法律政策部分没有成文的规定，各界了解也不多。法律法规的制定有助于天使投资的健康稳定发展，避免一些不合法的行为进入天使投资，或者是不懂行情的人进入，导致自己和企业受损。建立完整的信用审查制度，也有利于天使投资的长期发展，从而杜绝"老赖"现象的频发。在此基础上加大培训力度，构建健康的天使投资管理体系。

第二，改善天使投资生存环境。政府引导天使投资的发展是必要的，有利于降低和缩短天使投资的风险和周期。在税收政策优惠方面，除了中小企业，也需要对天使投资人进行资金奖励和物质鼓励，鼓励这一群体的发展。[1]

（二）设立珠江—西江经济带创新驱动产业转型升级政府引导基金

1. 产业转型升级政府引导基金的资金来源

政府引导基金的资金主要来源：支持创业的财政性专项资金，引导基金的收益，闲置资金存放银行或购买国债所得的利息收益，社会捐赠资金等。珠江—西江经济带政府可以将财政专项资金作为引导基金的资金，也可由地方政府与国家政策性银行共同出资设立。[2]

---

[1]　李姚矿、昂朝文：《我国天使投资运作模式的构建》，《投资研究》2009 年第 6 期，第 42~44 页。

[2]　张译文：《我国创业投资引导基金存在的问题及对策》，《经济纵横》2014 年第 7 期，第 87~90 页。

2. 确定产业转型升级政府引导基金的投资方式

第一，明确界定政府的权责。政府只制定引导基金的扶持方式，不参与具体的项目运作。政府需要划定基金的扶持范围，在这个范围内基金才可以扶持。同样也需要明确投资的重点，扶持投资只能明确投向哪一类企业，不能明确投向哪一个企业。

第二，股权和债权融合。基金投资具有风险性，股权投资的风险比担保投资大。可以通过担保的方式进行运作，在此期间，参股支持并且跟踪投资，提高基金的投资安全性。这样既可以减轻政府的负担，又可以解决创新型中小企业的融资问题。同时，也能引导民间资本流向符合技术创新的行业和领域，从而实现政府政策目标的盈利和政府、企业共同发展的局面。

3. 产业转型升级政府引导基金市场化

第一，政府对于基金的管理，需要经过公开招投标的方式或委托团队管理的方式进行。相关管理机构可以由政府、基金公司和相关金融机构组成，对基金的决策进行研究确定。同时，成立风险评估机构，对各大项目的投资进行风险评估，通过评估后才可以投资。

第二，健全激励引导机制。政府要建立健全激励机制，吸引优秀的管理人才参与到政府引导基金的队伍中来，提高管理水平。同时，在收益分配方面，要制定有效的奖惩制度，既可以留住人才和吸引资本，又可以对管理人员的违法行为进行约束。

4. 合理使用政府引导基金，助力产业转型升级

第一，创新型企业是政府引导基金扶持的主要目标，引导社会资本进入创新型企业。我国风险投资偏好于周期短、快速的项目，其中大多数为教育和餐饮，通过设立政府引导基金，吸收社会资本，引导资金流向新兴产业，促进珠江—西江经济带经济产业结构的升级。

第二，政府引导基金的设立能够改善创业资本的供给和资金来源问题。创业投资和其他金融工具不同，它具有长周期性、高风险性的特点，因此，民间资本不愿意进入。所以如果完全依赖市场机制，就会导致资金供应不足的问题，需要相应的管理。

第三，政府引导基金是政策性基金，其主要的扶持目标是创新型中小企业。在初创期的企业处于高风险期，也是比较重要的时期，但是缺少资金进入，而处于成熟期的企业相比于初创期的企业，资金过多。政府设置引导基金，就可以发挥引导基金的作用，将资本引入需要资金的行业，既符合国家的政策导向，也可以为风投机构的投资起到示范作用，保障政府对风投机构发展目标的实现，建立政府资金和商业资金的相互促进、相互依赖的关系。①

（三）建立珠江—西江经济带创新驱动产业转型升级企业贷款绿色通道制度

1. 改革银行等金融机构的贷款审批程序

简化中小企业的贷款申请程序，降低申请贷款的难度。将金融机构发放贷款的业务放在中小企业上，形成中小企业贷款发放机制。银行等金融机构需要将贷款审查要求降低，建立中小企业贷款绿色通道，完善中小企业贷款审批制度，主动了解中小企业的需求，优先给予资金支持。

2. 探索最高限额抵押贷款办法

允许企业将资产进行抵押的同时，银行在明确企业的最高限额抵押贷款后，可以向企业发放贷款，满足企业的不断需求。

3. 创新担保方式，减少抵押方式的使用

银行等金融机构对中小企业的抵押物不感兴趣，这是中小企业贷款难的原因之一。对于这种情况，有些金融机构会采取联保的方式，贷款企业上下游的企业也被纳入担保范围，这样就会容易贷款成功，同时也是共享信用，如果出现信用问题，则会给其他生意伙伴带来影响，甚至影响各个企业的发展，但是这种贷款方式也有其优点，在一定程度上容易被接受。

4. 优惠从事中小企业贷款业务的银行

针对从事中小企业贷款业务的银行及金融机构，政府的政策应该给予一定的优惠，比如降低门槛、降低存款准备金率等。通过相关政策的鼓励，能够促进这类银行的建立及发展，也是对相关金融机构的补充。

---

① 孟兆辉、李蕾、谭祖卫、刘春晓：《政府创业投资引导基金委托管理模式及激励约束机制比较分析》，《科技进步与对策》2014年第17期，第11~15页。

5. 形成各类贷款公司及银行的共同发展模式

小额的贷款公司熟悉本地的中小企业，银行等金融机构可以通过收购这些信息，提供部分资金，共担风险，赚取贷款收益。这种方式可以节省银行收集信息的成本，改善小额贷款公司没有资金的现状，两者可以形成互补、共同发展。

四　珠江—西江经济带创新驱动产业转型升级的公共政策体系构建

（一）珠江—西江经济带创新驱动产业转型升级的基础设施环境支撑

基础设施是人们衣食住行的保障，是社会长久发展的基本要求。基础设施即物质基础设施、社会基础设施和城市基础设施，这些对城市的发展有着重要的作用。

1. 物质基础设施对产业转型升级的支撑作用

第一，打造立体化、网络化、密集化、综合化的交通体系，有利于缩短空间距离、提高通达性，加快城市内部各区域以及不同城市之间的要素、能量等传播，减少其因空间距离延长造成的损耗，扩大城市的控制区域和影响范围。

第二，强化信息网络、通信网络基础设施建设，使之更加高效，有利于加速各区域之间的信息流动，大大缩短了城市建设各主体之间的时间距离，有利于推动城市的智能化发展，提高城市建设的现代化水平。

第三，不断地完善集中供水、燃气、电力等基础设施，强化其产品供给的能力和效率，有利于提高城市对人口集中、产业集中的支撑能力，推动城市人口密度、经济密度的逐渐提升。

第四，加强污水处理、废气处理、固体垃圾处理等环境治理设施的建设，有利于提高城市发展的环境容纳能力、夯实城市进一步扩容的环境基础。

第五，强化城市的住房建设，增加高层、多层住房规模总量的供给，有利于开发城市空间，提升城市的容纳能力，提高城市的繁荣度。

加强交通、供水、燃气、电力、网络等基础设施的建设，有助于提高劳动力的工作效率，提升各个产业发展的速度，推进产业转型升级。同时，环境基础设施的不断改善，能够改变现阶段环境对产业转型升级发展的境况，促进产业的转型升级。

2. 社会基础设施建设对产业转型升级的支撑作用

社会基础设施主要是由教育、医疗、社会保障等公共服务构成的。社会基础设施建设主要是提升城市质量，城市的推进不仅要求较高质量的硬件，还需要社会基础设施的跟进发展，以满足城市环境的需求。社会基础设施主要是与城市建设主体之一———人的发展密切相关的一些公共服务。

第一，富足公平的教育资源、高质量的教育水平以及学习型教育体系的构建，有利于加快建设学习型社会，有利于提高人口的整体素质，有利于加速人力资本、智力资源的积累，有利于提高区域整体的创新能力，促进城市的集约发展。

第二，构建优质高效、结构均衡、全民共享的公共文化服务体系，有利于提高全民的文化素养、道德素质，有利于加强全社会的精神文明建设，对增强集约型城市发展的文化底蕴有积极作用。

第三，合理分布的医疗卫生资源、高质量的医疗卫生服务和现代化的医疗卫生体系，有利于促进城乡医疗卫生服务的公平化，有利于提升社会整体的医疗卫生能力和人们的生活质量，有利于医疗型城市的推进。

改善社会基础设施有利于解决就业、养老、医疗、住房等问题，有助于社会的和谐稳定，是人民生活、企业发展的基础。社会基础设施的完善能够促进相关产业的升级，同时也是社会经济发展的基础。

3. 城市基础设施建设的必要性

第一，城市基础设施是城市发展的基础。城市的生存和发展，离不开交通、水源。靠近河流的城市，城市交通比较发达，城市也会得到发展，而交通发展落后，城市也会随之衰败。

第二，城市的基础设施建设保障城市的正常运转。城市部分基础设施直接属于生产活动，也有城市基础设施间接地影响经济效益，进而影响城市的正常运转。

第三，城市基础设施是提高居民生活质量的重要因素。城市基础设施不仅服务于生产活动，同样也服务于城市居民。城市基础设施直接影响到居民的生活质量，完备的城市基础设施为城市居民营造良好的工作条件和生活环境。

总之，城市基础设施是产业转型升级的基础，是城市社会经济运转的核心，是城市居民生活的物质前提。城市基础设施对经济社会发展的作用表现在直接生产和间接生产上。同时，城市基础设施是为人服务的，是人们活动的物质基础，也是衡量社会进步的重要因素。

（二）珠江—西江经济带创新驱动产业转型升级的公共政策体系

政府是制定产业转型升级的公共政策的主体。在制定产业转型升级的公共政策时，首先要明确政府的作用，其次要明确产业转型升级的公共政策制定的原则，最后要明确以产业转型升级为导向的公共政策内容。

1. 营造环境

在经济全球化的不断加速中，产业转型升级的环境也变得复杂，影响其能力的因素也随着国际贸易活动的不断增加而增加。随着产业转型升级的发展，这些活动对公共服务的需要也不断增加。因此，政府应保持相关政策稳定，各方面为产业转型升级的发展提供便利，为产业转型升级营造稳定的经济和政治环境。

2. 生产要素资源供给

第一，中小企业主要依赖于自有资金，通过银行贷款和资本融资的难度较大，因此公共政策就需要发挥出其应有的作用，需要引导金融机构对产业转型升级中的中小企业提供贷款和资金支持。除此之外，政府可以提倡设立相关基金，对中小企业进行扶持。

第二，形成本地劳动力市场。公共政策可以吸引满足需求的一定质量的技术劳动力，形成本地劳动力市场。科研人员对高科技型企业的技术发展非常重要。劳动力的高流动率会加快知识和技术的传播，增加创新的机会。同时，本地劳动力市场可以有效吸引人才，促进创新。

3. 区域品牌推广

企业遵循优胜劣汰的规律，单个企业难以生存，品牌效应是短暂的，而区域品牌的效应是持久的，只需要避免一些外部因素。区域品牌营销能够促进产业转型升级和改善相关产业的形象。产业内的中小企业相比于大型企业，缺乏财力，不能在广告宣传方面大量投资。因此，地方政府要制定区域品牌推广的公共政策，协助行业协会，联合中小企业，提升它们的产业形象，帮助其产品进行广告宣传，增强企业的信心。一般而言，大中型企业不愿组织代表其产业的大型宣传活动，因此，为宣传产业整体形象，政府和行业协会有必要组织相关活动，增强产业内企业的凝聚力，推进产业转型升级。

五　小结

本章通过设立珠江—西江经济带创新驱动产业转型升级的领导小组，统筹促进珠江—西江经济带产业转型升级发展。构建产业转型升级的相关制度体系，设计创新创业知识产权保护的激励机制，鼓励珠江—西江经济带中各大企业的发展，推进产业转型升级，进而鼓励天使基金的设立、政府引导基金的设立、企业贷款绿色通道制度的建立，直接作用于经济带中的中小企业，实现平衡发展，加快产业转型升级步伐。然后，推进经济带各城市、各地区的基础设施建设，为产业转型升级打下坚实基础。最后，建立珠江—西江经济带产业转型升级公共政策体系，发挥政府和市场的作用，保障经济带各产业的转型升级。

第八章

促进珠江—西江经济带创新驱动产业转型升级发展的对策思路

通过对珠江—西江经济带创新驱动和转型升级过程现状的调研、实证分析发现，珠江—西江经济带在实施创新驱动过程中主要面临科技成果转化率较低、企业自主创新能力和动力不足、产业创新遭遇技术瓶颈、高端科技创新和管理人才匮乏等发展瓶颈。而这些发展瓶颈的产生主要源自企业、农户等创新主体理念不够深入、创新视野不够开阔、创新环境不够优化等。在国家支持推动创新驱动和党的十九大关于建设创新型国家、实施乡村振兴战略的大背景下，珠江—西江经济带应紧紧抓住园区、企业、农户三大主体，以创新理念为突破口，营造创新环境，全面推动珠江—西江经济带创新驱动产业转型升级发展。

一 以制度创新为抓手，加快园区平台建设，推动经济带创新业态发展

制度创新是推动创新驱动产业转型升级的重要前提。① 珠江—西江经济带要把握制度创新这一前提，建立和完善企业创新，推动体制改革、机制完善、政策扶持、人才培养、作风建设等制度创新建设，形成企业内部鼓励和支持自主创新的良好文化与制度环境，以有效推动地区创新业态发展。

---

① 田贵平：《物流经济学》，机械工业出版社，2007。

（一）加速自主创新示范区建设，搭建创新驱动平台

建设自主创新示范区是深化城市体制机制改革、加快实施创新驱动发展战略的重大举措，同时，是发挥科技创新的驱动引领作用、推进大众创业、万众创新的重要举措，也是调动各地发展积极性、鼓励竞相创新发展的有效措施，还是应对当前经济下行压力、培育发展新动能的重要抓手。珠江—西江经济带城市应通过加快建设自主创新示范区，提升各地发展积极性。广西应以南宁为龙头，发挥建设自主创新示范区带头作用。自治区十二届人民政府第 95 次常务会议通过《南宁自治区级自主创新示范区建设总体方案》，正式提出南宁将积极培育战略性新兴产业，发展科学、生物医药和高端制造业，加快培育节能环保、新材料、机器人、通用航空等新兴产业，努力建成东南亚乃至国际一流的、具有国际影响力的自主创新示范区。① 而广东方面，近年来，广东把实施创新驱动发展战略作为推动经济结构战略性调整和产业转型升级的核心战略与总抓手，制定实施了一系列新的政策举措，推动全省科技创新驶入"快车道"。抓紧建立由科技部门、发改部门、财政部门等各相关部门和珠三角各市共同参与的工作协调推进机制，统筹谋划珠三角国家自主创新示范区建设方案、发展规划、政策法规等重大事项，并在培育高新技术企业、创设新型研发机构、打造以产学研合作为依托的协同创新体系、壮大孵化育成体系等方面先行先试，引领和带动创新驱动发展先行省建设。珠三角地区充分发挥改革"试验田"作用，② 自主创新成效突出，高新技术企业数和高新技术产品产值居全国前列，成为广东乃至全国创新发展的前沿高地，为建设国家自主创新示范区打下坚实基础。加速推进广西、广东两省份自主创新示范区建设，从而打造促进经济增长和创新创业的新引擎，可形成加快珠江—西江经济带区域发展的新优势。

与此同时，各地方政府要加大力度完善地区基础设施建设，促进创新环境形成。在软件方面，包括推进互联网、宽带的全方位覆盖，推动地区

---

① 《南宁自治区级自主创新示范区建设总体方案》，2017 年 4 月 13 日。

② 张建营、毛艳华：《珠三角城市群经济空间联系实证分析》，《城市问题》2012 年第 10 期，第 2~8 页。

"互联网+"与"大数据"平台的构建，购置地区电子书籍、影像资源；在硬件方面，主要集中在投入资金推动地区公共图书馆、科研机构、创新孵化基地的发展建设上。完善地区基础设施建设，搭建起创新发展的软硬件环境，使地区创新能力得以保障。[①] 另外，各城市应加强科技服务机构能力建设，引进一批国际科技服务机构，培育和扶持一批基础较好、能力较强、业绩显著、信誉优良的科技服务机构。鼓励科技中介、行业协会、产业联盟等开展产业研究与决策服务，支持有条件的企业将研发中心、设计中心、检验检测中心等内设机构向社会提供科技研发、技术推广、工业设计、技术检测等专业服务，保护产业协会的权利，使产业协会、产业联盟等机构成为推动产业内部技术共享与资源互联的有力中介。鼓励高校、科研院所、企业的研发设计团队面向社会开展专业化研发设计服务，承接研发外包业务。支持多种形式的应用研究和实验发展活动，鼓励运用现代信息技术培育云设计、虚拟实验与制造、研发众包、网络众筹等科技服务新业态；鼓励产业内部龙头企业牵头开展技术创新联盟，政府投资划地建设技术研发基地，搭建创新驱动平台。

建设中小企业技术创新公共服务平台，提供技术支撑服务，开展创新创业信息推送服务，打破信息壁垒也是促进地区创新驱动产生升级的关键举措。综合运用科技信贷、创业投资、专利服务、科技咨询、创新券、创业券等工具支持科技型中小微企业，特别是在种子期、初创期的研发创新活动。出台知识产权保护法等相关政策，保护地区知识产权，同时，依托科研机构与高校建立的联系，加速科技研发与科技成果的转化。建立创新产业孵化基地，将发展规模较小的创新型企业吸收进孵化基地内部，通过减免水电、租金等优惠政策扶持中小创新企业的发展，推动创新孵化基地的发展壮大。提升科技创新平台服务能力，推进科技创新平台资源共享，构建网络化、特色化、专业化的科技创新平台服务体系，编制、发布科技创新平台及其服务目录，实施科技创新平台年度共享服务评估制度。加大资金投入，在软件方面推进创新平台基础设施建设，支撑珠江—西江经济

---

① 李燕萍、毛雁滨、史瑶：《创新驱动发展评价研究——以长江经济带中游地区为例》，《科技进步与对策》2016 年第 22 期，第 103～108 页。

带"互联网+科技成果转移转化"发展。

（二）发挥产业园区作用，加速新业态培育

近年来，依托广西、广东两省份丰富的矿产、资源区位优势以及特色动植物优势资源，珠江—西江经济带各城市园区经济发展迅速。同时，各园区按照不同的特色，划分出了各自的园区功能和产业发展定位，园区的规模聚集效应已经初步显现。随着"打造西江黄金水道"战略的推动与实施，广西加大了在工业发展上的资金与技术投入，成果也初步显现，表现为近年来西江经济带工业经济总量在全区的占比超过60%，在全区工业发展中具有重要的地位。[①] 同时，广西也加快产业园区的建设步伐，其中包括在沿江 7 个市建设高新技术开发区、国家级园区、工业园区等。通过产业园区的建设，广西地区逐渐形成了产业集聚，降低了生产成本，提升了产业整体竞争力。而广东方面，在产业园区的带动下，粤东西北地区经济社会振兴发展基础进一步夯实，区域发展带动能力显著增强，成为承接珠三角产业梯度转移的重要平台。广东当前正处于加快转型升级、率先全面建成小康社会的关键阶段，要抓住国家推动"珠江—西江经济带发展战略"的契机，建设一批具有地区优势的产业园区，着重发展珠江沿江城市，打造其成为承接珠三角、长三角经济带的重要后备地区。

珠江—西江经济带各城市应加强产业园区建设，多引进战略性新兴产业，推动产业向中高端升级迈进，形成具有一定区域竞争实力、具有鲜明特色的战略性新兴产业聚集地。强化龙头产业带动作用，每种类型的高新技术产业，比如电子信息产业、新能源电动车产业、生物制造产业等都要有龙头带动效应，坚持产业带动，推动工业经济平稳发展。加强产业园规划建设，进一步完善园区设施，不断提升产业园区承载力和增强产业基地的吸引效应，加快建设珠江—西江经济带产业园"双创"生态科技示范园。通过打造高新技术产业园，引进和扶持新兴产业发展，优化珠江—西江经济带各城市工业结构，提高工业总量。

[①] 自治区西江黄金水道建设领导小组办公室：《初成"亿吨"再奋发 全力助推西江亿吨黄金水道建设》，《广西日报》2013 年 1 月 28 日。

新业态、新产业是转变经济发展方式的突破口。[1] 珠江—西江经济带各城市应结合地区发展优势，促进地区产业集群发展，同时，改变传统产业发展方式，培养高新电子技术、生物医药等新兴业态发展。结合电子商务的发展趋势，大力推进移动电子商务、大宗交易网络平台、电子商务供应链协同等载体建设，不断加强传统企业与电子商务的融合，积极发展电子商务新业态，提高经济社会活力；发挥现代互联网的作用，通过完善地区网络建设，增加网络覆盖率，推广使用现代公共服务信息平台，促进电子商务进驻农户，推进产供销一体化发展。立足于南宁作为会展城市、百色作为革命老区的优势，整合旅游业的全产业链，多方面促进会展旅游、红色旅游、生态旅游等新业态的推广；强化以现代信息技术为基础的物流技术应用，全面提升物流企业仓库管理、装卸运输、采购订货以及配送发运的自动化水平。

（三）深化产学研合作，加速科技成果产业化

政府应当推动企业、科研机构和高等院校 3 个部门积极开展合作，鼓励发展。产业技术创新战略联盟，促进创新资源在三者之间合理自由流动，充分释放资本、人才、信息、技术等创新资源的活力，高效完成创新产品从研发到投入使用的全过程。支持高水平大学建设，培育一批在全国乃至全球占有重要地位的理工科、应用型重点学科。重点支持高校提升知识创新和应用技术开发能力，支持科研院所开展应用技术研究和成果转化，促进高校和科研院所科技成果转化。加快推进高校和科研院所的研发设施、研发服务、研发信息面向社会开放共享，服务广州科技创新。支持企业与高等学校、科研机构合作，进行基础核心技术、前沿关键技术研发活动，解决企业关心的前沿技术问题，形成一批引领型、颠覆性产业技术创新成果。支持与国（境）外机构合作建设国际一流大学。引进国际人才、技术、资金和管理等资源，布局建设若干集研究生及以上人才培养和研发功能于一体的国际一流研发机构，开展前沿科技研发和高层次人才培

---

[1]　尉强：《推动培育"三新"产业发展对内蒙古宏观经济具有重大战略意义》，《内蒙古统计》2016 年第 5 期，第 10~12 页。

养，打造连接国际创新资源的新节点。建设一批具有技术评估、成果推介、融资担保、知识产权等功能的专业性和综合性成果转化转移机构。建立"研发机构、企业、中介、经纪人"等多元化、多层次的技术产权交易体系。改革高等院校、科研院所科技成果使用权、处置权和收益权，高等学校、科研院所可自主决定对科技成果的合作实施、转让、对外投资和实施许可等事项，推动高等院校、科研机构成立技术转移综合管理服务机构，为科技成果转化提供相关服务。相关主管部门根据自身行业特点和行业科技成果转化需求，设立本行业的科技创新推广机构或成立科技成果转化综合管理服务平台，建立支持科技创新成果产业化的投资新机制，建立科技成果交易补助制度。

要促进科技成果加速转化，则需建立从众创空间到专业园区的全产业链孵化载体。[①] 可完善创新体制机制，形成科技创新基地；建立科技研发平台，为技术创新提供发展平台；建立与国内外科研机构的合作关系，将产品研发与产品生产进行无缝对接，缩短科技成果转化的时间。在新常态下，珠江—西江经济带城市要有效促进产业转型升级发展，应从"先污染，后治理"的传统思维中跳跃出来，转变成走低能耗、低污染的创新、集约式发展的增长道路。[②]

（四）加快专业孵化器建设，积极推进技术创新

各级政府应重视产品孵化基地的技术革新，为孵化基地进行技术研发提供硬件与软件设施，提升孵化服务质量和水平。大力发展"创业导师+专业孵化+天使投资"的孵化模式，鼓励孵化器以自有资金配套支持创业导师工作。[③] 引进国外科技创业孵化资源，在生物医药、移动互联网、智能制造等领域，建设 2~3 家优势突出、资源集聚、服务齐全、机制创新且具有国际影响力、集聚力的国际科技企业孵化器，汇聚一批国际科技创业项目。实施科技企业孵化器增长计划，打造"众创空间+孵化器+加速器+

---

① 陈穗芳：《"大汕头湾区城市格局"正在形成》，《潮商》2017 年第 4 期，第 4~16 页。
② 梁达：《加快培育壮大新业态新产业》，《金融与经济》2015 年第 6 期，第 26、32~34 页。
③ 陈强、鲍竹：《中国天使投资发展现状与政策建议》，《科技管理研究》2016 年第 8 期，第 21~25 页。

科技园"一体化的科技创业服务链条，推动孵化器多元化、资本化、专业化、网络化发展。

珠江方面，应加快推进广州科学城国家级区域双创示范基地建设。支持社会资本参与众创空间建设，加快发展"互联网+"创客网络。培育品牌化、专业化、国际化、连锁化的众创空间，建设 10 家在全国乃至国际具有较强影响力的特色众创空间。支持各类科技园、孵化器、创业基地等加快与互联网融合创新，搭建全链条、综合性服务体系，打造线上线下相结合的大众创业、万众创新载体；西江方面，进一步完善"广西大数据创新孵化基地"。南宁创新综合体依托软通动力强大的信息技术服务，咨询与解决方案，云计算、大数据及互联网服务能力，以"众创、众包、众筹、众扶"四众服务为主旨[1]，涵盖空间、人才、业务、政策、融资和平台六大要素，通过乐业空间、乐业学院、通力平台、广西中小企业云服务平台以及广西大数据协同创新中心平台等实现中关村模式的发展，助力南宁成为一流的云计算和大数据创新高地，给南宁创新创业者提供更有力的支持与帮助。

研究发现，技术创新和技术引进有利于本地区产业结构合理化，且存在长期空间溢出效应。[2] 根据熊彼特增长理论可知，内生的研发和创新是推动技术进步和经济增长的决定性因素。[3] 在我国经济新常态下，珠江—西江经济带城市科技创新工作要紧紧围绕国家"十三五"规划纲要和创新驱动发展战略纲要，充分发挥科技创新在推动产业迈向中高端、增添发展新动能、拓展发展新空间、提高发展质量和效益中的核心引领作用。具体包括加快实施地区科技重大专项，构建具有国际竞争力的产业技术体系，加强现代农业、新一代信息技术、智能制造、能源等领域一体化部署，推进颠覆性技术创新，加速引领产业变革；健全支撑民生改善和可持续发展的技术体系，突破资源环境、人口健康、公共安全等领域的瓶颈制约；发

---

① 查日升：《全球价值链治理的影响因素与政府作用机理》，《宏观经济研究》2016 年第 6 期，第 49~57 页。

② 林春艳、孔凡超：《技术创新、模仿创新及技术引进与产业结构转型升级——基于动态空间 Durbin 模型的研究》，《宏观经济研究》2016 年第 5 期，第 106~118 页。

③ 严成樑、龚六堂：《熊彼特增长理论：一个文献综述》，《经济学》（季刊）2009 年第 3 期，第 1163~1196 页。

挥经济带"双核"城市带动作用，建设具有重大带动作用的创新型省市和区域创新中心，推动地区自主创新示范区和高新区创新发展，系统推进全面创新改革试验；完善区域协同创新机制，加大科技扶贫力度，激发基层创新活力；打造"一带一路"协同创新共同体，提高地区创新资源的配置能力，促进创新资源双向开放和流动。大力发展科技服务业，建立统一开放的技术交易市场体系，提升面向创新全链条的服务能力；结合珠江—西江经济带地区企业资金规模限制实际，还可以考虑建立以政府为主导的校企合作引进设备的模式，将一些高校的研发、实验设备与企业进行统筹使用，走产学研相结合之路；还可以和当地有资质的相关实验室进行合作，吸收它们先进的技术，实现企业自身技术能力的提高。

二 以技术创新为重点，推进区域企业研发，驱动经济带传统产业转型升级

本书第一章关于技术创新理论的提出与发展演化详细介绍了技术创新在推动产业转型升级过程中的作用。企业技术创新的根本价值所在，即企业竞争力的提升。企业在竞争中的良好表现要靠企业良好的产品质量及品牌形象支撑，而产品的质量及差异化需要先进技术的支持。为此，珠江—西江经济带各传统企业要以提升企业科技技术为首要目标，进行技术创新与研发，以保障企业在经济全球化与信息化高速发展形势下不被市场所淘汰。

（一）充分发挥创新主体地位，建立技术开发研究体系

党的十八大提出：企业是创新的主体。中央"十三五"规划建议，强化企业创新主体地位和主导作用，形成一批有国际竞争力的创新型领军企业，建立国家科技创新中心，并依托科技创新中心整合带动地区中小企业发展，形成区域性创新。同时，要加大对新技术研发的投入建设力度，大力引进高新设备，推广新技术应用。[①] 习近平总书记在广西视察时也曾指出，"创新是引领发展的第一动力"，要推动创新驱动发展，加快形成新的

---

① 《中华人民共和国国民经济和社会发展第十三个五年规划纲要》，简称"十三五"规划（2016—2020 年）。

增长动力源。而作为广西首府的南宁市，要实现突破性的产业创新驱动转型发展，在广西起"牵头羊"的作用，就要突破体制机制瓶颈，构建灵活创新机制，推进工业转型发展。首先，要做大做强三大重点产业，集中优势资源做大做强电子信息、先进装备制造、生物医药三大重点产业。其次，要着力推进三大国家级开发区扩容提升，有序推动国家级开发区统筹城区工业发展。此外，要加强园区基础设施建设，重点推动江南工业园区、新兴产业园区、六景工业园区和黎塘工业园区的产业集聚，形成特色产业高地。重点推进江南工业园区、邕宁新兴产业园区和三个国家级开发区基础设施建设，同时继续推动工业园区内的道路、排水等基础设施建设项目更多地被纳入年度城建计划。推动其他园区向专业化、生态化和特色化发展，使园区成为县域经济发展的有效载体。最后，重点推进创新培育20个广西名牌产品。2016年南宁工业已建成国家认可实验室10家、国家重点实验室1家、自治区级企业技术中心80家、市级企业技术中心83家，自治区级及市级企业技术中心数量居全区各市第一。南宁市品牌培育也获得新成果，2016年新认定自治区工业新产品100个、南宁市工业新产品123个，获得广西名牌产品30个，3家企业获第二届南宁市市长质量奖。

（二）加大创新资源投入力度，提高资源配置效率

调研收集的数据显示，珠江—西江经济带各城市工业企业的研发投入偏低，要实现"十三五"发展目标，各城市应紧紧抓住"一路一带"契机，发挥地区产业优势，进一步实施科技重要专项和科技计划。大力实施创新驱动发展战略等工作，综合利用财税、金融、政采、产业等各方面的政策措施，完善市场经济环境，降低企业研发投入风险，使企业在研发活动中获得切实利益。加大财政科技经费的支出，包括加大高新技术研究、科技成果孵化育成及产业发展的投入，建立财政性科技投入增长机制。同时应优化和创新财政支持方式，通过无偿与有偿资助相结合、以奖代补等方式对科技创新行为、创新团队及项目引进、重大科技成果产业化项目给予支持，激发企业创新活力，为创新驱动产业转型升级提供重要的资金支持，加强科技金融工作。大力引进和发展融资租赁及科技担保公司，为科技型中小企业的科研和技术改造提供设备、器材等融资租赁与融资担保服

务。探索总结新时期科技与金融结合的先进做法和经验，创新发展多方式筹措科技投入资金，充分宣传、利用各种政策奖励，推动更多的科技型企业上市融资，发展壮大。珠江—西江经济带各级政府、企业应在做好创新发展战略规划的前提下，加大创新资源投入力度，提高资源配置效率。要充分发挥市场的调节作用，引导创新资源向企业集聚，强化企业的技术创新主体地位，培养若干具有国际影响力的创新型领军企业，健全投入机制。确保财政科技投入增幅不低于财政公共预算收入增幅。市、县两级分别建立完善的科技计划项目体系，重点支持科技创新体系建设、产业创新链打造、核心技术攻关、科技创新平台建设和重大科技成果转化等；集聚创新资源，打造区域创新高地，加强组织领导。成立全市科技创新与科教合作领导小组，负责对全市科技创新工作中的重点任务等进行研究决策。各城市分别建立相应的工作机构，具体负责本城市的推进工作。

不同的资源基础对应不同的科技体制，包括新旧体制的资源基础匹配性、战略目标协同性、横向与纵向依赖性和功能布局复合性。要充分发挥市场和企业在科技创新中的主导作用，重视科研专家在创新驱动发展过程中的重要作用，根据其丰富的科研经验进行科技发展战略的定位与转变。同时，要求各地政府要树立起创新理念及创新全局意识，将地区技术革新和产业转型升级放在首位，对地区的资源配置进行合理的再分配；探索地区资源配置方式，以创新驱动产业转型升级为核心要义，根据地区间资源配置的差异，建立起地区资源配置体制机制；畅通地区间资源流通渠道，根据各地区资源配置的优势与劣势，进行地区间资源配置的交互，强化配置的优势互补；推进地区内部资金、人才、技术等要素资源的供给侧结构性改革。

（三）优化人才成长环境，壮大创新研发队伍

创新驱动的本质是人才驱动，"十三五"规划建议中专门指出"围绕重点学科领域和创新方向，造就一批世界水平的科学家、科技领军人才、工程师和高水平创新团队"。[①] 而本书第五章在制约因素中的调查结果显

---

① 陈耀华、陈琳：《互联网+教育智慧路向研究》，《中国电化教育》2016 年第 9 期，第 80~84、135 页。

示，珠江—西江经济带地区与境外专家较多的省（区、市）相比，其境外专家较少。这表明，经济带引智力度不足，与地区经济社会发展的需要不相适应。为此，中游地区各省份首先应实施更加积极的创新人才引进政策，大幅度提升人才引进资金规模，从满足高技术产业和现代服务业发展的需求出发，引进一批既懂技术，又懂管理和市场的海内外高层次创新创业领军人才。人才是企业创新转型发展的活力源泉，是发展的动力，一切问题归结起来是人的问题，因而人的问题是解决一切问题的关键。以广西地区南宁市的调研数据为例，调研企业中的南南铝在这方面做出了很好的典范，为支撑高端新材料的研发，南南铝加大人才引进和培养力度，组建了由德国、瑞士等国的铝加工行业知名企业专家组成的国外专家团队，由中国工程院左铁镛院士、王国栋院士以及国家 973 项目首席科学家、中南大学张新明教授组成的国内高端铝材研发专家团队，由中国金属结构协会专家、2014 年首届南宁市创新团队领军人物尹昌波以及全国劳模、门窗结构设计大师朱建成组成的产品结构设计专家团队，并引进了 2 名博士后、10 名博士、82 名硕士。其中，博士每人一个研发团队、一个研发方向，在与众多高端客户合作开发中为进入高端铝材领域做出了突出贡献，已成为企业研发的中坚力量。但放眼珠江—西江经济带各城市调研总体情况发现，平均硕士学历及以上员工 30 人，其中博士学历 2.5 人，这充分显示出珠江—西江经济带各城市在人才引进方面还存在一定的局限性。

各城市应积极引进创新型人才，鼓励人才创新。首先要做好政策护航，创新人才激励机制。制定一套符合地区发展需要的人才选拔方案，引导建立公平、公正的人才选拔机制，如南宁市在 2014 年出台了《南宁市加快人才特区建设三年行动计划（2014 年—2016 年）》，就是一个提升创新能力、促进经济发展的很好的办法。它是以人才项目任务为引领，通过采取扎实有效的举措，加速推进人才特区建设。其中，通过实施"百名工科博士硕士入邕企"计划，三年推动 100 名以上工科及关键性学科博士、硕士进入南宁市六大重点产业工作。该计划采取企业自主引才、政府资金引导的形式，有效地发挥企业引才、用才的主体作用，引导和鼓励工科及关键性学科博士、硕士等应用型高层次人才向南宁市重点企业流动，通过高层次人才的聚集促进南宁市经济发展；以劳务薪酬、工资绩效等形式激励人才发挥其主观能动性，完善薪酬制度，建立一套合理的人才奖励机制；完善创新人才激励制度建设①，改革科研评价和奖励制度，将专利创造、标准制定及成果转化作为评定的重要依据，并且在深入贯彻《促进科技成果转化法》的基础上提高创新人才成果转化收益分享比例，鼓励各类创业风险投资机构或个人对创新人才提供融资支持；实施"高精尖缺"人才集聚工程，建立精准引才机制，开展重点领域高端人才集聚行动，引进培养一批国际领先、国内一流的高端人才。② 对科技人员进行职称评审与岗位考核时，发明专利转化应用情况应与论文指标要求同等对待，技术转让成交额应与纵向课题指标要求同等对待。引导高等学校、科研院所在现有职称评定、岗位聘用、科技成果评审体系中，增加专利、技术转让、成果产业化等职称评定要素的比重。探索建立人才分类评价体系，改革完善职业资格管理制度，实施分级管理专项职业能力企业评价工作，推动评价标准和体系更加科学规范。落实科技成果转化收益分配和科技人才个人所得税优惠政策。另外，健全人才服务保障体系，妥善解决高端创新创业人才在居留、落户、医疗、保险、住房等方面的困难和问题，强化城市吸引力。此项工作不仅要求各城市通过体制机制吸引人才，更应从基本生活等各方面留住人才。

（四）营造良好创新氛围，激发企业内部创新潜力

通过调研发现，珠江—西江经济带各城市大部分企业的自主创新能力低，技术设备落后，企业缺少创新氛围与创新潜力。比如在贵港市港北区的爱凯尔集装箱港务有限公司进行调研时，通过与公司人力资源部经理黄先生的一次座谈，了解到该公司的发展情况：公司经历了一次国企改制、外资收购的过程，现在是一家印度尼西亚全资的外资企业，企业多年以来一直稳中求进，主要从事港口货物装卸等业务。同时，黄先生也表示公司的创新性在同行业中处于劣势，自收购以来一直沿用国企的老旧设备，未

---

① 李燕萍、毛雁滨、史瑶：《创新驱动发展评价研究——以长江经济带中游地区为例》，《科技进步与对策》2016年第22期，第103~108页。
② 钟顺昌、李坚、简光华：《产城融合视角下城镇化发展的新思考》，《商业时代》2014年第17期，第39~42页。

曾更新换代，R&D 经费投入较少。所以提高企业的自主创新能力实属当务之急，政府应该引导和支持企业开展创新活动，而企业应该招聘更多高新技术人才帮助企业发展。

在推动营造创新氛围时，要特别重视小企业的创新能力。改革开放以来，创新一直在我国的经济发展中发挥着重要的作用。我国中小企业数量较多，在创新型企业中占据重要部分，近年来中小企业的创新发展情况也受到了党中央的高度重视，如何提升中小企业科技创新水平是珠江—西江经济带在创新驱动产业转型升级过程中要解决的关键性问题。解决这一问题需要内部与外部力量的双力合作，具体为外部通过各地政府对中小企业的创新发展实施补贴优惠政策、引导创新型主导企业与中小企业建立技术协作关系，拉动中小企业科技创新与技术进步；而内部力量则需要中小企业自身进行引入技术的消化吸收，创新管理理念与商业模式，推动自身创新发展。无数的事实也证明了，只有通过内部与外部力量的结合，才能有效促进中小企业创新型发展，才能充分带动国家整体创新能力步上新台阶。所以，珠江—西江经济带各城市在发挥企业创新主导地位、推动地区创新的过程中，应重视培养中小企业创新能力，加快促进地区创新驱动产业转型升级。

同时，党中央历来高度重视创新。当前我国处于全面建成小康社会的关键阶段，推进大众创业、万众创新已成为实现经济中高速增长和迈向中高端水平的新动力，也是释放人才红利与实现个人梦想的重要契合点。万众创新已发展成我国企业创新升级过程中的良好风气，各种企业创新创业在市场中不断涌现。[①] 而在万众创新浪潮下，往往容易产出许多重要的科技成果，它们来自民间中小企业，凭借企业内部员工强烈的创新意识将一技之长改进并完善成为行业中的"小巨人"，而这些成果的出现对提高我国，甚至国际上某一行业的技术往往起着非常重大的作用。因此，各地政府要维持好地区万众创业、大众创新的氛围。同时，加强与民间创新型企业的联系，持续跟进并关心在此浪潮下所产出的科技成果，必要时对这些

---

① 王佑镁：《发现创客：新工业革命视野下的教育新生态》，《开放教育研究》2015 年第 5 期，第 40、49~56 页。

成果的研发给予一定的资金及技术支持，推动重要科技成果的产生，维护地区大众创新环境。

（五）将技术引进与自主创新相结合，大力发展高效集成创新

技术引进与自主创新是企业创新发展必经的两大阶段。企业应充分认清自身在市场中的定位，明确自身的发展阶段，在进行创新升级时首先进入技术引进阶段。在此阶段中，企业要尽量快速吸收和消化引进的先进技术，将自身创新技术快速提升到一个新水平后，快速结束技术引进阶段，减少对引进技术的依赖。当进入第二阶段自主创新时，企业必须已具备良好的技术与充足的创新技术人才，在此基础上，企业加大科技创新的资金与人力投入，将重点放在技术研发上，以研发出推动企业技术创新的新型技术，从而推动企业良性发展。

从企业创新升级的规律可以看出，企业创新要经历一个从技术引进、消化、吸收到自主创新的过程，而这个过程的过渡需要结合各地政府的宏观政策与企业自身的创新投入。当前，珠江—西江经济带各城市企业发展速度较慢，技术基础较差，企业规模普遍较小，缺乏像发达工业城市那样大的技术创新投入。所以，珠江—西江经济带各城市政府要科学引导企业进行技术引进，加大对企业技术引进的扶持，帮助企业更好地进行技术消化与再创造；建立起技术引进和自主创新的联合机制，将技术引进充分消化，为企业自主创新奠定坚实基础。

三　以理念创新为突破口，推进区域乡村振兴战略，驱动经济带农业产业转型升级

2017 年 10 月 18 日，习近平同志在十九大报告中指出，实施乡村振兴战略。农业、农村、农民问题是关系国计民生的根本性问题，必须始终把解决好"三农"问题作为全党工作重中之重。而要实施乡村振兴战略，应使农民接受创新驱动理念，拥有创新意识，逐步推动农业现代发展，从而构建出创新驱动产业转型升级，全面发展乡村振兴战略新体系。

（一）以理念创新为切入点，培养农户创新意愿

基于本研究的实证分析，得出以下结论：我国长期以家庭种植与小农经济为主，农产品长期处于自给自足状态，农户缺乏创新意识与进行技术革新获取超额产出的动力，且受中国传统小农经济与农业思维的影响，珠江—西江经济带各城市农民思想还较为传统与保守，坚信由我国农耕文化延传下来的耕种方式一定能使得农产品喜获丰收。但事实上，随着科技日益进步，传统耕作方式已无法达成农产品的超额产出。因此，各地政府应重视地区居民素质的提高，从改变农户传统农业思维着手，培养农户创新意愿，促使其形成创新思维。

同时，要关心农民的切身利益，从农民的利益角度出发，制定符合农民利益的政策，用这些政策引导农民进行产业转型升级创新。具体表现为，可免费向农民发放新品种作物的种子，进行农产品新培育技术的培训，对采用新技术进行农业生产的农民给予一定的政策补贴。通过这些方式，农民将在享受优惠的同时逐渐接受并培养起自身的创新思维与创新意识。但是随着当今国际形势的转变，现有的一些农业优惠政策已与农民的切身利益断层，创新型技术的推广受到严重阻碍，推广效果甚微。基于此，珠江—西江经济带各城市应对现有的农业优惠政策进行全面剖析与考察，根据最新发展形势改良政策，重新发挥农业优惠政策在影响农民种植方式、培养农民创新意愿方面的重大作用。党的十九大之后，国家又将"乡村振兴"战略作为一项工作重点。在此背景下，珠江—西江经济带各城市政府应积极开展创新意识宣传，增强农户创新意识，使农户创新方式从"被动"转化为"主动"，发挥农户在进行创新产业转型升级中的主观能动性，全面推进实施乡村振兴战略。

（二）以技术创新为依托，推动农业示范区建立

我国经济发展进入速度变化、结构优化和动力转换的新常态。推进供给侧结构性改革，促进经济提质增效、转型升级，迫切需要依靠科技创新培育发展新动力。协调推进新型工业化、信息化、城镇化、农业现代化和绿色化，建设生态文明，迫切需要依靠科技创新突破资源环境瓶颈制约。

应对人口老龄化、消除贫困、提升人民健康素质、创新社会治理，迫切需要依靠科技创新支撑民生改善。① 珠江—西江经济带各地应以加快推进农业现代化、保障地区粮食安全和农民增收为目标，深入实施藏粮于地、藏粮于技战略，超前部署农业前沿和共性关键技术研究。以做大做强民族种业为重点，发展育种关键技术，培育具有自主知识产权的优良品种，开发耕地质量提升与土地综合整治技术，从源头上保障地区粮食安全；以发展农业高新技术产业、支撑农业转型升级为目标，重点发展农业生物制造、农业智能生产、智能农机装备、设施农业等关键技术和产品；围绕提高资源利用率、土地产出率、劳动生产率，加快转变农业发展方式，突破一批节水农业、循环农业、农业污染控制与修复、盐碱地改造、农林防灾减灾等关键技术，实现农业绿色发展。建立信息化主导、生物技术引领、智能化生产、可持续发展的现代农业技术体系，支撑农业走产出高效、产品安全、资源节约、环境友好的现代化道路。

针对珠江—西江经济带各城市目前存在农产品附加值过低的问题，各地应因地制宜，结合本地资源优势，有重点地扶持有规模的加工企业。② 对加工企业上游产品的基地建设，要给予重点支持，着重解决基地基础设施建设，促进农产品品种、品质、产量的配套生产，对加工企业收购本地农产品加工的，特别是对农产品实行保护价收购的企业，要大力扶持。从资源优势出发，围绕种植、畜牧、蔬菜、水果和花卉五大优势产业，整合力量，突出重点，狠抓一批规模化、集约化的产业化基地建设。重点培育一批规模化良种繁育基地、规模化饲养小区，建设水果生产基地，无公害、绿色食品基地，规模化设施基地，完善花卉基地。农产品生产基地建设，使农业生产方式由"低、小、散"进一步向集约化方向发展，农产品产量、质量和档次得到了全面提升，提高了农民组织化程度和农业产业化经营水平。如珠江—西江经济带中的佛山市花卉种植较多，可借鉴"云南特色花卉高效生产技术集成创新与示范"项目。筛选出适销对路、农艺与

---

① 《国务院关于印发"十三五"国家科技创新规划的通知》，http://www.most.gov.cn/mostinfo/xinxifenlei/gjkjgh/201608/t20160810_127174.htm.

② 贾征：《试析农产品深加工对武汉市农业产业化发展的影响及对策》，《理论月刊》2003年第12期，第172~173页。

商品性状优良的鲜切花品种，建立示范区，示范区内鲜切花产品质量达到国家或行业相关标准，运输损耗率降低、运输成本降低；形成新品种育苗配套技术体系、新品种配套繁育技术体系；研制栽培基质和专用肥料配方。同时，以现代蔬菜种业创新创业基地、寿光"三条生态农业走廊"等示范园区建设为中心①，实施互联网+绿色农业示范区建设工程，积极培育绿色农业创新型产业集群，打造各具特色的优势农业产业示范带，构建创新驱动产业转型升级新体系。

（三）以市场为导向，构建现代农业产业结构体系

产前、产后系统是农业产业化的薄弱环节②，发展农业产业化，要着重加强产前、产后的开发，以农业产业一体化思维制定管理机制，促进农业产业化发展。在发展农业产业化的过程中，要提高农业的竞争力，产中环节固然重要，但更为重要的是产前、产后，特别是产后。提升产后竞争力的具体做法包括农产品加工后包装方式的创新，以独特的包装将农产品打造成市场上具有识别度与地方特色的商品，提升农产品整体外观；运输过程中产品保鲜技术的创新与提升，以确保农产品运输到达目的地的完好性，减少在运输过程中因损坏而增加成本；营销过程中产品品牌的建立与创新，通过建立农产品独特的品牌进行营销，增加产品销售量。许多发达城市的农业，长期具有较强的竞争力，这在很大程度上是因为整个农业的产业体系始终保持着旺盛的创新能力。珠江—西江经济带各城市在面对科技日益进步的今日，要以市场为导向，将科技创新充分运用于农业产前、产中、产后的各方面，从整体上提升产品的整体竞争力，使其在市场上占据一席之地。

消费者的喜好与市场需求是不断变化的。珠江—西江经济带各城市要占据地区农产品在市场中的地位，找准产品市场是关键。因此，各地政府应找准市场定位，发展优势种植企业，形成产业聚集。特色产业始终走在前端并成行成户，具有相当可观的规模，政府可以较为方便地管理并能更好地促进

---

① 张云刚：《寿光市发展现代农业园区的实践与启示》，《新西部》（理论版）2014 年第 17
期，第 19、51 页。

② 姜长云：《推进农业产业化需要重视的两个突出问题》，《中国农村观察》2001 年第 5 期，
第 25~31、80 页。

企业的转型升级，由一户牵动一户的转型，由一个产业牵动一个产业的升级，让资金更好地投放，使资金最大化地使用和有效地规划，最终使得龙头产业在稳步上升中取得不同质的发展，使得还在发展中的企业能更进一步，率先走向创新型科技的转型升级，解放更多的生产力，让机器或是电子科技等代替人工劳动力。

以调研过程中的典型城市——贵港市产业创新升级经验为例。近年来，贵港市在优质谷培育、桑蚕养殖、茶叶种植等产业进行了技术升级，并已取得显著效果，表现在优质谷培育、桑蚕养殖及茶叶种植收成丰厚，成了促进农民增收的重要环节，并且贵港市无公害稻谷生产基地等10个产地通过了无公害农产品产地认证，也标志着地区农产品质量的提升。但就目前种植面积来看，整体种植面积在珠江—西江经济带城市中处于中下水平。在此经验基础上，贵港市应加大基础设施建设与资金投入，推动优质谷培育、桑蚕养殖、茶叶种植等优势产业的进一步发展，进而拉动地区农业产业发展。所以贵港市应该重视桑蚕业带来的巨大经济效益，扩大种桑养蚕面积，也要有意识地去引导和帮助农民认识优势新兴产业的好处，去鼓励支持其种植。因贵港市农产品精深加工数量不多，所以要重视农产品精深加工，充分利用产品资源，提高农产品质量和市场吸引度，对农产品进行多样化加工，提高产品附加值。在创新驱动产业转型升级经济新常态下，珠江—西江经济带各城市应该牢牢地抓住时机，发挥农业优势产业种植的优势，优化农业产业结构，扩大农业新兴产业规模，实现农业更好、更快发展。

（四）以企业为龙头，带动农业产供销体系优化

在农业产业化发展面临的新形势、新任务情形下，各地政府应明确方向，采取措施，以企业为龙头，改为推动农业产业化发展。根据中央推动农业产业化发展及培育发展龙头企业的一号文件的有关精神，各地政府要抓住国家大力推进龙头企业发展的契机，把握好支持龙头企业发展的政策方向，将相关的优惠推动政策落实至地区农业产业化发展。[①] 为此，要推

---

① 《"十三五"期间农业龙头企业如何发展?》，http://www.360doc.com/content/18/0119/21/52197150_723473250.shtml。

动珠江—西江经济带产业创新升级，要发展以龙头企业为主的产业化经营组织，不断加强高标准原料基地建设，提高生产能力和质量安全水平；同时，要以地区资源与区位优势作为产业发展的主导方向，根据地区特色形成具有竞争优势的地区主导产业，并以主导产业为依托，带动形成生产、包装、运输、销售一体化的区域产业链，促进地区产业融合与产业结构的进一步完善；认清龙头企业在此过程中的战略定位，培养龙头企业进行技术研发与革新，引进互联网思维与现代产业思维，培养其成为推动地区主导产业发展的重要拉力。同时，发挥龙头企业在产业一体化进程中的方向引领、技术推动作用，畅通龙头企业与农户、农场的沟通渠道，发展形成产业产供销一体化，完善产供销体制机制。

本书调查数据显示，珠江—西江经济带产业转型升级的需求侧管理缺失，因此，要注重农业产供销体系优化。通过农业产供销过程中资源整合和流程优化，促进农业进行跨界和协同发展，有利于加强从农业生产到消费等各环节的有效对接，降低农业生产过程中的经营和交易成本，促进供需精准匹配和产业转型升级，全面提高农业产品和服务的质量。① 因此，要加快农业产供销体系创新与应用，促进产业组织方式、商业模式创新，推进供给侧结构性改革，具体做法主要包括鼓励家庭农场、农民合作社、农业产业化龙头企业、农业社会化服务组织等合作，建立集农产品生产、加工、流通和服务等于一体的农业产供销，发展种养加、产供销、内外贸一体化的现代农业。鼓励承包农户采用土地流转、股份合作、农业生产托管等方式融入农业产供销体系，完善利益联结机制，促进多种形式的农业适度规模经营，把农业生产引入现代农业发展轨道。

总而言之，珠江—西江经济带的规划和建设为推动两广经济一体化、促进广西加快发展带来了重大机遇。广西立足珠江—西江，衔接北部湾，面向港澳和东盟，实施更加积极主动的开放合作战略，珠江—西江经济带开放合作成果丰硕。党的十九大指出，我国已由高速增长阶段转向高质量发展阶段，正处在转变发展方式、优化经济结构、转换增长动力的攻关

---

① 《国务院办公厅关于积极推进供应链创新与应用的指导意见》（国办发〔2017〕84 号），2017 年 10 月 13 日。

期。必须坚持质量第一、效益优先，以供给侧结构性改革为主线，推动经济变革，提高全要素生产率。珠江—西江经济带作为珠江三角洲地区转型发展战略腹地，应继续深化第二产业结构调整，促进传统优势产业转型升级，发展高新技术产业，大力引进和培养创新型人才，以人才带动科技创新，创新驱动产业转型升级；认清自身产业发展现状及面临的国际国内形势，加大产业集聚优势，优先发展新型制造业，向"服务+制造"方向发展；加快高新技术产业发展，立足产业基础，通过科技招商选项目、产学研合作引项目、自主创新上项目，不断调优产业结构，大力培育高新技术企业和战略性新兴产业；坚持实施乡村振兴战略，以新时代新作为的精神状态推动农村三次产业融合发展取得新成效。珠江—西江经济带在推动地区创新驱动产业转型升级发展工作上依然任重而道远。

著作类

［1］〔英〕阿瑟·刘易斯：《经济增长理论》，周师铭、沈丙杰、沈伯根译，机械工业出版社，2015。

［2］〔挪〕埃克里·S. 赖纳特：《富国为什么富，穷国为什么穷》，杨虎涛译，中国人民大学出版社，2013。

［3］〔美〕艾尔弗雷德·D. 钱德勒：《看得见的手——美国企业的管理革命》，重武译，商务印书馆，1987。

［4］〔美〕艾尔弗雷德·D. 钱德勒主编《大企业和国民财富》，北京大学出版社，2005。

［5］〔美〕艾尔斯：《经济进步理论》，徐颖莉等译，商务印书馆，2011。

［6］〔英〕艾丽斯·兰姆：《组织创新》，载〔挪〕詹·法格博格、〔美〕戴维·莫利、理查德·R. 纳尔逊主编《牛津创新手册》，知识产权出版社，2012。

［7］白玲：《技术创新与产业竞争力研究》，经济管理出版社，2009。

［8］〔美〕保罗·斯威齐：《资本主义发展论》，陈观烈、秦亚男译，商务印书馆，2011。

［9］〔丹〕本特-奥克、伦德瓦尔编《国家创新系统：建构创新和交互学习的理论》，李正凤译，知识产权出版社，2016。

［10］蔡晓月：《熊彼特式创新的经济学分析——创新原域、连接与变迁》，复旦大学出版社，2007。

[11] 陈英：《后工业经济：产业结构变迁与经济运行特征》，南开大学出版社，2005。

[12] 戴伯勋、沈宏达：《现代产业经济学》，经济管理出版社，2001。

[13] 〔美〕道格拉斯·C. 诺思、罗伯斯·托马斯：《西方世界的兴起》，厉以平、蔡磊译，华夏出版社，1999。

[14] 〔美〕道格拉斯·C. 诺思：《经济史上的结构和变革》，厉以平译，商务印书馆，1992。

[15] 〔美〕道格拉斯·C. 诺思：《经济史中的结构与变迁》，陈郁等译，人民出版社，1994。

[16] 〔美〕道格拉斯·C. 诺思：《制度、制度变迁与经济绩效》，刘守英译，上海三联书店，1990。

[17] 〔美〕道格拉斯·C. 诺思等：《制度变迁的理论：概念与原因》，载科思等编《财产权利与制度变迁：产权学派与新制度学派译文集》，杭行等译，上海三联书店，1991。

[18] 〔意〕多西等编《技术进步与经济理论》，经济科学出版社，1992。

[19] 傅家骥：《技术创新学》，清华大学出版社，2001。

[20] 〔美〕哈里·兰德雷斯、大卫·C. 柯南德尔：《经济思想史》，周文译，人民邮电出版社，2014。

[21] 黄凯南：《现代演化经济学基础理论研究》，浙江大学出版社，2010。

[22] 黄宁：《技术创新与产业发展》，云南大学出版社，2008。

[23] 贾根良：《演化经济学：经济学革命的策源地》，山西人民出版社，2004。

[24] 〔美〕杰里米·里夫金：《第三次工业革命：新经济模式如何改变世界》，张体伟、孙豫宁译，中信出版社，2012。

[25] 经济合作与发展组织：《以知识为基础的经济》，机械工业出版社，1997。

[26] 〔匈〕卡尔·波兰尼：《巨变：当代政治与经济的起源》，社会科学文献出版社，2013。

[27] 〔美〕科思等编《财产权利与制度变迁：产权学派与新制度学派译文集》，上海三联书店，1991。

［28］〔英〕克里斯托夫·弗里曼：《技术政策与经济绩效：日本国家创新系统的经验》，张宇轩译，东南大学出版社，2008。

［29］〔英〕克利斯·弗里曼、罗克·苏特：《工业创新经济学》，华宏勋等译，北京大学出版社，2004。

［30］〔美〕理查德·R. 纳尔逊、悉尼·G. 温特等：《经济变迁的演化理论》，胡世凯译，商务印书馆，1997。

［31］〔美〕理查德·R. 纳尔逊编《国家（地区）创新体系比较分析》，曾国屏等译，知识产权出版社，2011。

［32］马克思：《机器、自然力和科学的应用》，自然科学史研究所译，人民出版社，1979。

［33］马克思：《政治经济学批判（序言）》，人民出版社，1971。

［34］马克思：《资本论》（第一卷），中共中央马克思恩格斯列宁斯大林著作编译局译，人民出版社，1972。

［35］马克思：《资本论》（第一卷），中共中央马克思恩格斯列宁斯大林著作编译局译，人民出版社，1975。

［36］〔英〕迈克尔·波兰尼：《个人知识——迈向后批判哲学》，许泽民译，人民出版社，2000。

［37］〔美〕迈克尔·波特：《国家竞争优势》，李明轩、邱如美译，华夏出版社，2002。

［38］孙晓华：《技术创新与产业演化：理论及实证》，中国人民大学出版社，2012。

［39］田贵平：《物流经济学》，机械工业出版社，2007。

［40］〔美〕威廉·拉让尼克、玛丽·奥苏丽文：《公司治理与产业发展》，赵晓译，人民邮电出版社，2004。

［41］〔英〕威廉·拉让尼克：《车间的竞争优势》，徐华、黄虹译，中国人民大学出版社，2007。

［42］〔美〕威廉·拉让尼克：《创新型企业》，载〔挪〕詹·法格博格、〔美〕戴维·莫利、理查德·R. 纳尔逊主编《牛津创新手册》，知识产权出版社，2012。

［43］〔美〕沃尔特·鲍威尔、斯汀·格罗达尔：《创新网络》，载

〔挪〕詹·法格博格、〔美〕戴维·莫利、理查德·R.纳尔逊主编《牛津创新手册》，知识产权出版社，2012。

［44］〔美〕西蒙·库兹涅茨：《现代经济增长》，北京经济学院出版社，1989。

［45］杨公朴、夏大慰：《现代产业经济学》，上海财经大学出版社，1999。

［46］〔英〕伊迪丝·彭罗斯：《企业成长理论》，黄一义译，格致出版社、上海三联书店、人民出版社，2010。

［47］〔美〕约瑟夫·熊彼特：《经济发展理论》，何畏、易家祥等译，商务印书馆，1990。

［48］〔美〕约瑟夫·熊彼特：《经济发展理论》，邹建平译，中国画报出版社，2012。

［49］〔美〕约瑟夫·熊彼特：《经济周期循环论》，戴睿、易诚译，中国长安出版社，2009。

［50］〔美〕约瑟夫·熊彼特：《资本主义、社会主义和民主主义》，绛峰译，商务印书馆，1979。

［51］〔挪〕詹·法格博格：《创新：文献综述》，载〔挪〕詹·法格博格、〔美〕戴维·莫利、理查德·R.纳尔逊主编《牛津创新手册》，知识产权出版社，2012。

［52］张凤、何传启：《国家创新系统：第二次现代化的发动机》，高等教育出版社，1999。

［53］张耀辉：《技术创新与产业组织演变》，经济管理出版社，2004。

［54］中国科技发展战略研究小组编《中国区域创新能力报告（2002）》，经济管理出版社，2003。

［55］周新生：《产业兴衰论》，西北大学出版社，2000。

［56］庄卫民、龚仰军：《产业技术创新》，东方出版中心，2005。

［57］Argyris, C., Schon, D. A., *Organizational Learning* II：*Theory, Method and Practice*（Reading, MA：Addison-Wesley Publishing Co., 1996）.

［58］Burns, T., Stalker, G. M., *The Management of Innovation*（London：Tavistock Press, 1961）.

［59］Cohen, S. , Zysman, J. , *Manufacturing Matters*: *The Myth of the Post-Industrial Economy* (New York: Basic Books Press, 1988).

［60］Edquist, C. , *Systems of Inovation*: *Technologies*, *Institutions and Organizations* (London: Pinter, 1997).

［61］Freeman, C. , Clark, J. , Soete, L. , *Unemployment and Technical Innovation*: *A Study of Long Waves and Economic Development* (London: Frances Printer Publishers, 1982).

［62］Freeman, C. , Perez, C. , "Structural Crises of Adjustment, Business Cycles and Investment Behaviour," in Dosi, G. , et al. , eds. , *Technical Change and Economic Theory* (London: Pinter Publishers Limited, 1988).

［63］Freeman, C. , *The Economics of Industrial Innovation* (Cambridge: MIT Press, 1982).

［64］Langrish, J. , et al. , *Wealth from Knowledge*: *A Study of Innovation in Industry* (London: Palgrave Macmillan, 1972).

［65］Lastres, H. M. M. , Cassiolato, J. E. , Maciel, M. L. , *Pequena Empresa*: *Cooperacäo e Desenvolvimento Local* (UFRL, 2003).

［66］Lazonick, W. , *Business Organization and the Myth of the Market Economy* (New York: Cambridge University Press, 1991).

［67］Leydesdorff, L. , *The Measurement and Evaluation of Triple Helix Relations among Universities* (Copenhagen, 2002).

［68］Lundvall, B. A. , *National Systems of Inovation*: *Towards a Theory of Innovation and Interactive Learning* (London: Pinter, 1992).

［69］Mintzberg, H. , *The Structuring of Organizations*: *A Synthesis of the Research* (London: Prentice Hall Press, 1979).

［70］Murmann, J. P. , *Knowledge and Competitive Advantage*: *The Coevolution of Firms*, *Technology*, *and National Institution* (Cambridge: Cambridge University Press, 2003).

［71］Nelson, R. R. , *National Systems of Innovations*: *A Comparative Analysis* (Oxford: Oxford University Press, 1993).

［72］North，D. C.，Davis，L. E.，*Institutional Change and American Economic Growth*（Camridge：Camridge University Press，1971）.

［73］North，D. C.，Davis，L. E.，*Institutional Change and American Economic Growth*（Camridge：Camridge University Press，1971）.

［74］North，D. C.，*Institutions*，*Institutional Change and Economic Performance*（Cambridge：Cambridge University Press，1990）.

［75］Nurkse，R.，*Problems of Capital Formation in Underdeveloped Countries*（Basil Blackwell，1953）.

［76］OECD，*National Innovation System*（Paris：OECD Publications，1997）.

［77］Oxford：OECD，*National Innovation System*（Paris OECD Publications，1997）.

［78］Peters，T. J.，Waterman，R. H.，*In Search of Excellence：Lessons from America's Best-run Companies*（New York：Harper & Row，1982）.

［79］Porter，M.，*Competitive Advantage of Nation*（New York：Free Press，1990）.

［80］Schmookler，J.，*Invention and Economic Growth*（Cambridge：Harvard University Press，1966）.

［81］Schumpeter，J. A.，*Business Cycles：A Theoretical，Historical，and Statistical Analysis of the Capitalist Process*（New York：McGraw-Hill Book Company，1939）.

［82］Schumpeter，J.，Theorie Der Wirtschaftlichen Entwicklung（Lannée Sociologique，1912）.

论文类

［1］曹虹剑、张建英、刘丹：《模块化分工、协同与技术创新——基于战略性新兴产业的研究》，《中国软科学》2015 年第 7 期。

［2］查日升：《全球价值链治理的影响因素与政府作用机理》，《宏观经济研究》2016 年第 6 期。

［3］常忠义：《区域创新创业政策支持体系研究》，《中国科技论坛》

2008 年第 6 期。

　　[4] 陈东旭：《创新驱动能力测量、分析与改进策略探讨——基于珠三角统计数据的实证研究》，《武汉商学院学报》2017 年第 4 期。

　　[5] 陈国华、郭燕：《基于创新驱动的连云港产业转型升级机理及评价》，《市场周刊》（理论研究）2016 年第 4 期。

　　[6] 陈建青、扬甦华：《创新、经济增长与制度变迁的互依性》，《南开经济研究》2004 年第 4 期。

　　[7] 陈军华、李心：《创新型人才主体特质及培养环境设计》，《科学管理研究》2013 年第 4 期。

　　[8] 陈强、鲍竹：《中国天使投资发展现状与政策建议》，《科技管理研究》2016 年第 8 期。

　　[9] 陈穗芳：《"大汕头湾区城市格局"正在形成》，《潮商》2017 年第 4 期。

　　[10] 陈伟：《金融支持江苏创新驱动战略研究》，《江海纵横》2012 年第 5 期。

　　[11] 陈曦：《创新驱动发展战略的路径选择》，《经济问题》2013 年第 3 期。

　　[12] 陈耀华、陈琳：《互联网+教育智慧路向研究》，《中国电化教育》2016 年第 9 期。

　　[13] 陈羽、邝国良：《"产业升级"的理论内核及研究思路述评》，《改革》2009 年第 10 期。

　　[14] 程惠芳、唐辉亮、陈超：《开放条件下区域经济转型升级综合能力评价研究——中国 31 个省市转型升级评价指标体系分析》，《管理世界》2011 年第 8 期。

　　[15] 程其健：《美国天使投资发展的研究及对我国的启示》，硕士学位论文，江西财经大学，2009。

　　[16] 程强、宋颖、赵琴琴：《供给侧改革下科技创新驱动我国传统产业转型升级发展研究》，《科技与经济》2017 年第 4 期。

　　[17] 程强、武笛：《科技创新驱动传统产业转型升级发展研究》，《科学管理研究》2015 年第 4 期。

[18] 崔彩周：《我国产学研合作现实存在的问题与可行对策初探》，《特区经济》2005 年第 2 期。

[19] 崔有祥、胡兴华、廖娟等：《实施创新驱动发展战略测量评估体系研究》，《科研管理》2013 年第 1 期。

[20] 邓少军：《多层次信息消费驱动我国传统产业转型升级的机理研究——动态能力理论视角》，《社会科学》2014 年第 1 期。

[21] 丁华、左新兵：《创新驱动发展评价指标体系构建》，《开放导报》2014 年第 4 期。

[22] 董为民：《财政支持企业科技创新问题研究》，博士学位论文，山西大学，2012。

[23] 董昕：《科技创新驱动区域协调发展的国际经验与启示》，《区域经济评论》2016 年第 6 期。

[24] 分享经济发展报告课题组，张新红、高太山、于凤霞、李红升、胡拥军、郝凯、徐清源、蔡丹旦：《中国分享经济发展报告：现状、问题与挑战、发展趋势》，《电子政务》2016 年第 4 期。

[25] 傅尔基：《制度创新、经济增长与中国经济转型——诺思"新世纪诺贝尔经济论坛"演讲述评》，《上海改革》2002 年第 5 期。

[26] 盖文启：《论区域经济发展与区域创新环境》，《学术研究》2002 年第 1 期。

[27] 葛国耀、姚蕾：《以智能制造引领产业转型升级发展——人工智能与制造业实体经济融合发展的深圳龙岗实践》，《广东经济》2017 年第 11 期。

[28] 龚园喜：《个人所得税的公平与效率分析》，《市场周刊》（商务）2004 年第 8 期。

[29] 郭广银：《以产学研合作推进实施创新驱动战略》，《群众》2011 年第 6 期。

[30] 郭丽虹、赵新双：《优化政府创业投资引导基金效益的策略研究》，《中国科技论坛》2007 年第 11 期。

[31] 郭丽娟、仪彬、关蓉、王志云：《简约指标体系下的区域创新能力评价——基于主基底变量筛选和主成分分析方法》，《系统工程》2011

年第 7 期。

［32］海热提·涂尔逊、杨志峰、王华东等：《论城市可持续发展》，《北京师范大学学报》（自然科学版）1998 年第 1 期。

［33］郝俊怿、邹新阳：《普惠金融的国际比较对我国的启示》，《特区经济》2016 年第 12 期。

［34］洪银兴：《论创新驱动经济发展战略》，《经济学家》2013 年第 1 期。

［35］洪银兴：《现代化的创新驱动：理论逻辑与实践路径》，《江海学刊》2013 年第 6 期。

［36］胡永健、周寄中：《政府直接资助强度与企业技术创新投入的关系研究》，《中国软科学》2008 年第 11 期。

［37］华克思：《区域产业转移作用机理与发展路径研究》，博士学位论文，中国科学技术大学公共管理系，2017。

［38］华正伟：《我国创意产业集群与区域经济发展研究》，博士学位论文，东北师范大学，2012。

［39］黄木易、程志光：《区域城市化与社会经济耦合协调发展度的时空特征分析——以安徽省为例》，《经济地理》2012 年第 2 期。

［40］黄顺魁：《制造业转型升级：德国"工业 4.0"的启示》，《学习与实践》2015 年第 1 期。

［41］黄文胜、陶建平、邢慧茹：《孟加拉国乡村银行对中国农村金融实践的启示》，《世界农业》2007 年第 10 期。

［42］黄雁雁：《创新驱动发展战略下制造业转型升级影响因素实证研究——以浙江省纺织服装企业为例》，《金融经济》2016 年第 2 期。

［43］黄玉洁、栾群：《国内外推动产业升级的经验与启示》，《现代产业经济》2013 年第 Z1 期。

［44］纪菁：《我国产业基金运作模式研究》，硕士学位论文，首都经济贸易大学，2015。

［45］贾征：《试析农产品深加工对武汉市农业产业化发展的影响及对策》，《理论月刊》2003 年第 12 期。

［46］江金波、刘华丰、严敏：《旅游产业结构及其转型升级的科技创

新路径研究——以广东省为例》，《重庆大学学报》（社会科学版）2014 年第 4 期。

［47］ 姜长云：《推进农业产业化需要重视的两个突出问题》，《中国农村观察》2001 年第 5 期。

［48］ 蒋玉涛、招富刚：《创新驱动过程视角下的创新型区域评价指标体系研究》，《科技管理研究》2009 年第 7 期。

［49］ 孔曙光、陈玉川：《企业创新能力的人才支撑体系构建》，《统计与决策》2009 年第 4 期。

［50］ 李创：《国内外产业转型机制研究》，《物流工程与管理》2017 年第 10 期。

［51］ 李海超、李美葳、陈雪静：《高科技产业原始创新驱动因素分析与实现路径设计》，《科技进步与对策》2015 年第 6 期。

［52］ 李晗韬：《政府主导的产业投资基金研究》，硕士学位论文，中国财政科学研究院，2016。

［53］ 李廉水：《论产学研合作创新的组织方式》，《科研管理》1998 年第 1 期。

［54］ 李明超：《创意城市推动文化创意产业发展的政府导向研究——以杭州市为例》，《管理学刊》2013 年第 6 期。

［55］ 李茜：《中国天使投资组织的运作模式分析》，硕士学位论文，上海交通大学，2013。

［56］ 李汝凤：《我国稀贵金属产业创新驱动发展研究》，博士学位论文，云南大学，2014。

［57］ 李伟庆：《创新驱动制造业转型升级的机理研究》，《科技视界》2015 年第 16 期。

［58］ 李艳学：《天使投资在政府对科技型中小企业科技投入中的应用研究》，硕士学位论文，天津大学，2007。

［59］ 李燕萍、毛雁滨、史瑶：《创新驱动发展评价研究——以长江经济带中游地区为例》，《科技进步与对策》2016 年第 22 期。

［60］ 李姚矿、昂朝文：《我国天使投资运作模式的构建》，《投资研究》2009 年第 6 期。

［61］李姚矿、吴娟：《国外天使投资研究中的定义和抽样方法述评》，《中国软科学》2011 年第 S1 期。

［62］李煜华、王月明、胡瑶瑛：《基于结构方程模型的战略性新兴产业技术创新影响因素分析》，《科研管理》2015 年第 8 期。

［63］梁达：《加快培育壮大新业态新产业》，《金融与经济》2015 年第 6 期。

［64］林春艳、孔凡超：《技术创新、模仿创新及技术引进与产业结构转型升级——基于动态空间 Durbin 模型的研究》，《宏观经济研究》2016 年第 5 期。

［65］林德发：《我国技术创新金融支持的现状分析》，《生产力研究》2009 年第 21 期。

［66］林德宏：《超越熊彼特——对传统创新观的反思》，《南京财经大学学报》2006 年第 4 期。

［67］刘嘉琪、张晓兰：《我国分享经济发展态势及国外经验借鉴》，《发展研究》2016 年第 8 期。

［68］刘建民、陈霞、吴金光：《湖南省产业转型升级的水平测度及其影响因素的实证分析》，《湖南社会科学》2015 年第 1 期。

［69］刘雷、喻忠磊、徐晓红、张华：《城市创新能力与城市化水平的耦合协调分析——以山东省为例》，《经济地理》2016 年第 6 期。

［70］刘良灿、张同建：《知识产权战略与自主技术创新的联动效应研究——基于我国产业集群升级的视角》，《特区经济》2011 年第 7 期。

［71］刘亮、李洁、李明月：《供给侧改革应与需求侧管理相配合》，《贵州社会科学》2016 年第 7 期。

［72］刘世薇：《东北地区可持续城市化潜力与途径研究》，博士学位论文，中国科学院研究生院（东北地理与农业生态研究所），2014。

［73］刘帅：《二元经济转型中技术创新效应分析》，博士学位论文，辽宁大学，2014。

［74］刘思峰、蔡华、杨英杰等：《灰色关联分析模型研究进展》，《系统工程理论与实践》2013 年第 8 期。

［75］刘小元、林嵩：《地方政府行为对创业企业技术创新的影响——

基于技术创新资源配置与创新产出的双重视角》，《研究与发展管理》2013年第5期。

［76］刘晓露、裴少峰：《区域产业结构升级的影响因素研究——基于河南省地市级面板数据的分析》，《河南科技大学学报》（社会科学版）2014年第5期。

［77］刘雅方：《政府引导基金发展策略研究》，硕士学位论文，山东财经大学，2015。

［78］刘洋：《河北省政府制度创新对产业转型升级影响的实证研究》，硕士学位论文，燕山大学，2016。

［79］刘宇：《基于结构方程模型的我国汽车产业升级微观机理研究——以江西为例》，《华东经济管理》2012年第8期。

［80］刘治兰：《我国企业技术创新能力不足的制约因素与突破路径》，《新视野》2014年第6期。

［81］卢锐：《科技企业孵化与我国孵化产业的实践》，《科技和产业》2002年第5期。

［82］罗登跃：《基于因子分析的企业自主创新能力评价研究》，《科技管理研究》2010年第8期。

［83］马胜利：《中国创新驱动发展的路径选择》，《党政干部学刊》2014年第12期。

［84］孟建伟：《自主创新呼唤创新文化》，《理论视野》2006年第6期。

［85］孟兆辉、李蕾、谭祖卫、刘春晓：《政府创业投资引导基金委托管理模式及激励约束机制比较分析》，《科技进步与对策》2014年第17期。

［86］苗强、窦艳杰：《基于粗支持向量机的区域创新能力评价研究》，《商业时代》2011年第17期。

［87］牟莉莉、汪克夷、钟琦：《高技术企业合作研发中的知识产权保护机制研究》，《科技管理研究》2009年第2期。

［88］倪明：《企业自主创新能力评价模型及评价方法研究》，《科技进步与对策》2009年第5期。

［89］潘宏亮：《创新驱动引领产业转型升级的路径与对策》，《经济纵

横》2015 年第 7 期。

[90] 彭宇文、吴林海：《中美农业科技体制比较与我国农业科技体制改革研究》，《科技管理研究》2008 年第 6 期。

[91] 乔虹：《产业创新能力的测度与评价》，《统计与决策》2016 年第 23 期。

[92] 任峰、李垣：《市场导向与技术创新的关系研究》，《中国软科学》2003 年第 6 期。

[93] 邵平、荣兆梓：《家庭农场财政补贴政策的效用研究——以上海松江模式为例》，《上海经济研究》2015 年第 9 期。

[94] 邵巧蓉：《高新技术企业研发人员激励机制研究》，硕士学位论文，哈尔滨理工大学，2007。

[95] 沈思：《云南省"十三五"期间科技服务业发展重点领域遴选研究》，硕士学位论文，昆明理工大学，2016。

[96] 宋东升：《产业转型升级背景下区域创意农业发展研究——以河北省为例》，《经济研究参考》2015 年第 57 期。

[97] 宋刚、张楠：《创新 2.0：知识社会环境下的创新民主化》，《中国软科学》2009 年第 10 期。

[98] 宋永春：《论人力资源管理中的激励机制》，《企业活力》2005 年第 12 期。

[99] 苏振：《旅游产业演进与旅游公共政策研究》，博士学位论文，云南大学，2011。

[100] 邰传林、王丽萍：《创新驱动发展与金融支撑体系研究新进展》，《北京化工大学学报》（社会科学版）2016 年第 2 期。

[101] 谭学瑞、邓聚龙：《灰色关联分析：多因素统计分析新方法》，《统计研究》1995 年第 3 期。

[102] 唐清泉、李海威：《我国产业结构转型升级的内在机制研究——基于广东 R&D 投入与产业结构的实证分析》，《中山大学学报》（社会科学版）2011 年第 5 期。

[103] 唐未兵、傅元海、王展祥：《技术创新、技术引进与经济增长方式转变》，《经济研究》2014 年第 7 期。

［104］涂俊、吴贵生：《基于 DEA－Tobit 两步法的区域农业创新系统评价及分析》，《数量经济技术经济研究》2006 年第 4 期。

［105］屠年松、李彦：《创新驱动产业转型升级研究——基于 2002－2013 年省际面板数据》，《科技进步与对策》2015 年第 24 期。

［106］王传宝：《全球价值链视角下地方产业集群升级机理研究》，博士学位论文，华中科技大学，2009。

［107］王春吉：《中小企业融资的国际比较》，《工业技术经济》2010 年第 7 期。

［108］王桂月、徐瑶玉、王圆圆等：《我国科技创新对产业转型升级的影响分析》，《华东经济管理》2016 年第 3 期。

［109］王佳妮、李阳、刘曼红：《中国天使投资发展趋势与对策研究》，《科研管理》2015 年第 10 期。

［110］王娇俐、王文平、王为东：《产业集群升级的内生动力及其作用机制研究》，《商业经济与管理》2013 年第 2 期。

［111］王镜超：《日本科技创新政策发展的历史演进与经验借鉴》，硕士学位论文，北京交通大学，2016。

［112］王娟：《创新驱动传统产业转型升级路径研究》，《技术经济与管理研究》2016 年第 4 期。

［113］王来军：《基于创新驱动的产业集群升级研究》，博士学位论文，中共中央党校，2014。

［114］王伟光、马胜利、姜博：《高技术产业创新驱动中低技术产业增长的影响因素研究》，《中国工业经济》2015 年第 3 期。

［115］王文寅、梁晓霞：《创新驱动能力影响因素实证研究——以山西省为例》，《科技进步与对策》2016 年第 3 期。

［116］王小雨：《内蒙古资源型产业转型升级的技术创新驱动机制》，《北方经济》2012 年第 7 期。

［117］王新红、李世婷：《基于创新驱动的产业升级能力影响因素分析》，《技术与创新管理》2017 年第 2 期。

［118］王佑镁：《发现创客：新工业革命视野下的教育新生态》，《开放教育研究》2015 年第 5 期。

［119］韦森：《再评诺斯的制度变迁理论》，《经济学》（季刊）2009年第2期。

［120］尉强：《推动培育"三新"产业发展对内蒙古宏观经济具有重大战略意义》，《内蒙古统计》2016年第5期。

［121］魏杰：《国有投资公司治理结构的特点研究》，《管理世界》2001年第1期。

［122］吴海建、韩嵩、周丽等：《创新驱动发展评价指标体系设计及实证研究》，《中国统计》2015年第2期。

［123］吴睿：《天使投资视角下的初创期科技型小微企业融资研究》，硕士学位论文，重庆工商大学，2013。

［124］吴优、李文江：《创新驱动发展评价指标体系构建》，《开放导报》2014年第4期。

［125］伍梅、陈洁莲：《广西高层次创新型科技人才政策问题与对策》，《科技管理研究》2011年第6期。

［126］武巧珍：《网络经济条件下企业技术创新与组织创新互动研究》，《经济管理》2006年第7期。

［127］肖卫东：《涉农企业开展农业科技创新的瓶颈因素与驱动机制》，《理论学刊》2016年第1期。

［128］肖艳、张书铨：《不完全契约框架下公私混合基金中剩余权的优化配置——基于政府引导基金参股投资模式的分析》，《上海经济研究》2013年第8期。

［129］徐勇、韩珠珠：《企业创新的过程研究——基于市场需求和企业利润视角》，《科技管理研究》2008年第11期。

［130］徐玉莲、王宏起：《科技金融对技术创新的支持作用：基于Bootstrap方法的实证分析》，《科技进步与对策》2012年第3期。

［131］严成樑、龚六堂：《熊彼特增长理论：一个文献综述》，《经济学》（季刊）2009年第3期。

［132］严亦斌：《高新技术中小企业融资制度创新研究》，博士学位论文，武汉大学，2011。

［133］杨起全、孙福全、刘峰等：《调整我们的思路和政策：以创新

驱动发展》，《科学发展》2010 年第 1 期。

［134］杨行翀：《中国天使投资发展探索》，《企业经济》2007 年第 10 期。

［135］杨煦、程健：《天使投资在中国》，《地方财政研究》2008 年第 9 期。

［136］姚云浩、高启杰：《我国区域产学研合作效率评价——基于省际数据的 DEA-Tobit 分析》，《科技和产业》2014 年第 1 期。

［137］叶金国、张世英：《企业技术创新过程的自组织与演化模型》，《科学学与科学技术管理》2002 年第 12 期。

［138］叶子荣、贾宪洲：《金融支持促进了中国的自主创新吗》，《财经科学》2011 年第 3 期。

［139］于众：《美国中小企业集群发展问题研究》，博士学位论文，吉林大学，2016。

［140］余利丰、肖六亿：《高新技术改造提升传统产业效果评价体系研究——以河南省为例》，《科技进步与对策》2015 年第 5 期。

［141］虞振飞、张军、杜宁、陈鹏万：《浅析研究型大学在产学研合作中遇到的问题》，《科研管理》2008 年第 S1 期。

［142］袁境：《西部承接产业转移与产业结构优化升级研究》，博士学位论文，西南财经大学，2012。

［143］袁庆明：《制度创新与经济增长——诺思经济增长理论述评》，《河北学刊》2000 年第 1 期。

［144］曾繁华、何启祥、冯儒、吴阳芬：《创新驱动制造业转型升级机理及演化路径研究——基于全球价值链治理视角》，《科技进步与对策》2015 年第 24 期。

［145］曾彦佳：《重庆市财政政策在促进科技成果转化中的现状及问题研究》，硕士学位论文，重庆大学，2015。

［146］张海丰、杨虎涛：《组织创新与技术创新互动：一种演化分析视角》，《贵州社会科学》2015 年第 9 期。

［147］张海丰：《新制度经济学的理论缺陷及其演化转向的启发式路径》，《学习与实践》2016 年第 9 期。

［148］张海丰：《追赶型工业化的演化经济学分析》，学术论文联合对比库，2016。

［149］张宏彦：《基于科技创新导向的金融支持政策研究》，《科技进步与对策》2012年第14期。

［150］张建华、曹悦、郭小敏等：《科技型中小企业创新管理循环改进机制》，《科学管理研究》2016年第1期。

［151］张建菅、毛艳华：《珠三角城市群经济空间联系实证分析》，《城市问题》2012年第10期。

［152］张杰：《中国产业结构转型升级中的障碍、困局与改革展望》，《中国人民大学学报》2016年第5期。

［153］张岭、张胜：《金融体系支持创新驱动发展机制研究》，《科技进步与对策》2015年第9期。

［154］张梅青、盈利：《创意产业集群网络结构演进机制研究》，《中国软科学》2009年第S1期。

［155］张美丽、石春生、贾云庆：《企业组织创新与技术创新匹配效应涌现机理研究》，《软科学》2013年第6期。

［156］张明斗、莫冬燕：《城市土地利用效益与城市化的耦合协调性分析——以东北三省34个地级市为例》，《资源科学》2014年第1期。

［157］张其仔：《比较优势的演化与中国产业升级路径的选择》，《中国工业经济》2008年第9期。

［158］张群、吴石磊、郭艳：《区域创新能力评价研究——以齐齐哈尔市为例》，《哈尔滨商业大学学报》（社会科学版）2013年第1期。

［159］张然：《创新驱动与中国产业转型升级战略探析》，《改革与战略》2016年第11期。

［160］张仁开：《从科技管理到创新治理——全球科技创新中心的制度建构》，《上海城市规划》2016年第6期。

［161］张维、邱勇、熊熊：《天使投资在中国的发展环境研究》，《科技管理研究》2007年第6期。

［162］张卫：《基于熊彼特创新视角的再工业化作用机制研究》，《科技管理研究》2016年第2期。

［163］张译文：《我国创业投资引导基金存在的问题及对策》，《经济纵横》2014 年第 7 期。

［164］张银银、邓玲：《创新驱动传统产业向战略性新兴产业转型升级：机理与路径》，《经济体制改革》2013 年第 5 期。

［165］张玉明、梁益琳：《企业自主创新的多元资金支持模型实证研究》，《科技进步与对策》2011 年第 20 期。

［166］张云刚：《寿光市发展现代农业园区的实践与启示》，《新西部》（理论版）2014 年第 17 期。

［167］张宗益、张莹：《创新环境与区域技术创新效率的实证研究》，《软科学》2008 年第 12 期。

［168］赵晓广、李书奎、高磊：《科技中介机构的社会功能》，《河南科技》2010 年第 5 期。

［169］赵晓艳：《深化我国政府投资体制改革》，硕士学位论文，四川大学，2007。

［170］赵秀丽：《国家创新体系视角下的国有企业自主创新研究》，博士学位论文，山东大学，2013。

［171］郑文范、孙家成：《论创新驱动与东北老工业基地再振兴》，《科技进步与对策》2014 年第 24 期。

［172］郑秀杰、董丽英：《中小企业创业融资新渠道探索——天使投资》，《生产力研究》2007 年第 21 期。

［173］中国人民银行杭州中心支行课题组、郑南源：《金融创新与产业集群转型升级研究——以浙江为例》，《浙江金融》2011 年第 5 期。

［174］钟顺昌、李坚、简光华：《产城融合视角下城镇化发展的新思考》，《商业时代》2014 年第 17 期。

［175］钟伟彬：《广州市科技企业孵化器建设问题研究》，硕士学位论文，兰州大学，2015。

［176］周昌发：《科技金融发展的保障机制》，《中国软科学》2011 年第 3 期。

［177］周及真：《企业创新行为模式及其内在机理分析》，《商业经济研究》2017 年第 18 期。

［178］周建华：《我国沿海发达地区产业集群转型升级动力机制及其路径的比较研究》，博士学位论文，暨南大学国际贸易学系，2016。

［179］周建明：《孟加拉国乡村银行对我国建立现代农村金融制度的启示》，《新金融》2009年第2期。

［180］周静珍、万玉刚、高静：《我国产学研合作创新的模式研究》，《科技进步与对策》2005年第3期。

［181］周明、喻景：《创新驱动工业结构优化升级、转换能力及影响因素的实证研究——以重庆市为例》，《中国科技论坛》2016年第3期。

［182］周忠民：《湖南省科技创新对产业转型升级的影响》，《经济地理》2016年第5期。

［183］朱奕：《浅析江苏省科技中介机构发展》，《科技视界》2013年第29期。

［184］祝佳：《创新驱动与金融支持的区域协同发展研究——基于产业结构差异视角》，《中国软科学》2015年第9期。

［185］庄志彬、林子华：《创新驱动我国制造业转型发展的对策研究》，《福建师范大学学报》（哲学社会科学版）2014年第1期。

［186］Agarwal, R., Gort, M., "The Evolution of Markets and Entry, Exit and Survival of Firms," *The Review of Economics & Statistics* 78（1996）.

［187］Arocena, R., Sutz, J., "Innovation Systems and Developing Countries," Druid Working Papers, No. 2-5, 2002.

［188］Arthur, W. B., "Increasing Returns and Path Dependence in the Economy," *Economy University of Michigan* 37（1994）.

［189］Banker, R. D., Charnes, A., Cooper, W. W., "Some Model for Estimating Techilical and Scale Inefficiencies in Data Envelopment Analysis," *Management Science* 30（1984）.

［190］Becheikh, N., Landry, R., Amara, N., "Strategic Factors That Affect Technological Innovation in SME in Manufacturing Sector," *Canadian Journal of Administrative Sciences-Revue Canadienne Des Sciences De L Administration* 23（2006）.

［191］Bhattacharya, M., Bloch, H., "Determinants of Innovation,"

Small Business Economics 22 （2004）.

［192］ Bi, R. , Zhao, S. , Fu, S. , "Study on the Low Carbon Technology Innovation Mechanism Based on Perspective from the Manufacturing Industry Upgrading," *Science & Technology Progress & Policy* （2017）.

［193］ Cabrer-Borrás, B. , Serrano-Domingo, G. , "Innovation and R&D Spillover Effects in Spanish Regions: A Spatial Approach," *Research Policy* 36 （2007）.

［194］ Cassiolato, J. E. , Lastres, H. M. M. , "Discussing Innovation and Development: Converging Points between the Latin American School and the Innovation Systems Perspective?," Globelics Working Paper, 2008.

［195］ Charnes, A. , Cooper, W. W. , Rhodes, E. , "Measuring the Efficieny of Decision Making Units," *European Journal of Operational Research* 2 （1978）.

［196］ Chen, G. , "Research on Innovation Driving Force and Industrial Upgrading under Information Technology," *International Conference on Organizational Innovation* （2017）.

［197］ Coase, R. H. , "The Nature of the Firm," *Economica* 4 （1937）.

［198］ Cozzarin, B. P. , "Are World-First Innovations Conditional on Economic Performance?," *Technovation* 26 （2006）.

［199］ Doloreux, D. , Parto, S. , "Regional Innovation Systems: A Critical Review," *Discussion Papers* 4 （2004）.

［200］ Dosi, G. , et al. , *Technical Change and Economic Theory* （London: Pinter Publishers Limited, 1988）.

［201］ Doutriaux, J. , "Knowledge Clusters and University−Industry Cooperation," *Handbook of Research on Innovation and Clusters−Cases and Policies, Cheltenham*, （2006）.

［202］ Etzkowitz, H. , "Innovation in Innovation: The Triple Helix of University-Industry-Government Relations," *Social Science Information* 42 （2003）.

［203］ Evangelista, R. , Vezzani, A. , "The Economic Impact of

Technological and Organizational Innovations," *A Firm-Level Analysis Research Policy* 39 (2010).

[204] Fagerberg, J., Verspagen, B., "Technology Gaps, Innovation Diffution and Transformation: An Evolutionary Interpretation," *Research Policy* 31 (2002).

[205] Fare, R., Grosskopf, S., Lovell, C. A. K., "Productivity and Growth," 2008.

[206] Freeman, C., "The Economics of Technical Change," *Cambridge Journal of Economics* 18 (1994).

[207] Gereffi, G., "International Trade and Industrial Upgrading in the Apparel Commodity Chain," *Journal of International Economics* 48 (1999).

[208] Geroski, P. A., "What Do We Know about Entry?," *International Journal of Industrial Organization* 13 (1995).

[209] Giuliani, E., Pietrobelli, C., Rabellott, R., "Upgrading in Global Value Chains: Lessons from Latin American Clusters," *World Development* 33 (2005).

[210] Gordon, D. M., "The Triple Helix: Gene, Organism and Environment," *Quarterly Review of Biology* 13 (2000).

[211] Gort, M., Klepper, S., "Time Paths in the Diffusion of Product Innovations," *Economic Journal* 92 (1982).

[212] Gort, M., Klepper, S., "Time Paths in the Diffusion of Product Innovations," *Economic Journal* 92 (1982).

[213] Hui, W. U., Zhang, X., Jianfeng, H. E., "Research on Synergistic Development of Financial Development, Technological Innovation and Industrial Upgrading," *Science & Technology & Economy* (2017).

[214] Humphrey, J., Schmitz, H., "Governance and Upgrading: Linking Industrial Cluster and Global Value Chain Research," *Local Enterprises in the Global Economy* 29 (2004).

[215] Ireland, N., Stoneman, P., "Technological Diffusion, Expectations and Welfare," *Oxford Economic Papers* 38 (1986).

［216］Jiaying, Q. U. , Zhang, C. , "Study on Upgrading Mechanism of Industry Cluster with the Perspective of Core Enterprise Innovation Transition," *China Development* (2016).

［217］Kamien, M. I. , Schwartz, N. L. , "Market Structure, Elasticity of Demand and Incentive to Invent," *Journal of Law & Economics* 13 (1970).

［218］Klepper, S. , "Firm Survival and the Evolution of Oligopoly," *Rand Journal of Economics* 33 (2002).

［219］Klepper, S. , Graddy, E. , "The Evolution of New Industries and the Determinants of Market Structure," *Rand Journal of Economics* 21 (1990).

［220］Krugman, P. A. , " 'Reciprocal Dumping' Model of International Trade," *Journal of International Economics* 15 (1983).

［221］Lahorgue, M. A. , Cunha, N. D. , "Introduction of Innovations in the Industrial Structure of a Developing Region: The Case of the Porto Alegre Technopole ' HomeBrokers ' Project," *International Journal of Technology Management* 2 (2004).

［222］Lai, H. , Management, S. O. , "Research on Design Driven Innovation System Construction and Industry Transformation and Upgrading Mechanism," *Science & Technology Progress & Policy* 2017.

［223］Levinthal, D. A. , March, J. G. , "The Myopia of Learning," *Strategic Management Journal* 14 (1993).

［224］Lucas, R. E. , "Why Doesn't Capital Flow from Rich to Poor Countries?," *American Economic Review* 80 (1990).

［225］Mansfield, E. , "Technical Change and the Rate of Imitation," *Econometrica* 29 (1961).

［226］Mansury, M. A. , Love, J. H. , "Innovation, Productivity and Growth in US Business Services: A Firm-level Analysis," *Technovation* 28 (2008).

［227］Murphy, K. M. , Shleifer, A. , Vishny, R. W. , "Industrialization and the Big Push," *Journal of Political Economy* 97 (1989).

［228］Nelson, R. R. , Sampat, B. , "Las Instituciones Como Factor Que

Regula el Desempeño Económico," *Revista De Economía Institucional* 3 (2001).

［229］Pelikan, P., "Bringing Institutions into Evolutionary Economics: Another View with Links to Changes in Physical and Social Technologies," *Journal of Evolutionary Economics* 13 (2003).

［230］Price, W. J., Bass, L. W., "Scientific Research and the Innovative Process.," *Science* 164 (1969).

［231］Radosevic, S., "International Technology Transfer and Catch-Up in Economic Development," *Edward Elgar* 20 (1999).

［232］Rogers, E. M., "Diffusion of Innovations," *Journal of Continuing Education in the Health Professions* (1983).

［233］Romer, P. M., "Endogenous Technological Change," *The Journal of Political Economy* 98 (1990).

［234］Romer, P. M., "Increasing Returns and Long-Run Growth," *Journal of Political Economy* 94 (1986).

［235］Rondé, P., "Innovation in Regions: What Does Really Matter?," *Research Policy* 34 (2005).

［236］Scherer, F. M., "Corporate Inventive Output, Profits, and Growth," *Journal of Political Economy* 73 (1965).

［237］Schultz, T. W., "Investment in Human Capital," *Economic Journal* 82 (1961).

［238］Solo, C. S., "Innovation in the Capitalist Process: A Critique of the Schumpeterian Theory," *Quarterly Journal of Economics* 65 (1951).

［239］Solow, R. M., "Technical Change and the Aggregate Production Function," *The Review of Economics & Statistics* 39 (1957).

［240］Utterback, J. M., Abernathy, W. J., "Adynamic Model of Process and Product Innovation," *Omega* 3 (1975).

［241］Vernon, R., "International Investment and International Trade in the Product Cycle," *Quarterly Journal of Economics* 80 (1966).

［242］Wang, G. Y., Yu, Y., Wang, Y. Y., et al., "An Analysis on the Impact of Technological Innovation on Industrial Transformation and

Upgrading in China，" *East China Economic Management*（2016）.

［243］ Wei, W., "Study on the Relationship among Financial Development, Technology Innovation and Industrial Upgrading," *Technoeconomics & Management Research*（2016）.

［244］ Xie, T., Zhao, Y., "Technology Innovation, Financial Development and Industrial Structure Upgrading-Based on Bayesian Quantile Regression," *Science & Technology Management Research*（2017）.

［245］ Zhong, Y. Q., "Cultural Industry Upgrading and Urban Cultural Innovation：A Case Study of Shenzhen," *Journal of Shenzhen University*（2016）.

其他类

［1］《国务院关于印发"十三五"国家科技创新规划的通知》，http：//www. most. gov. cn/mostinfo/xinxifenlei/gjkjgh/201608/t20160810_127174. htm。

［2］《"十三五"期间农业龙头企业如何发展?》，http：//www. 360doc. com/content/18/0119/21/52197150_723473250. shtml。

［3］《国务院办公厅关于积极推进供应链创新与应用的指导意见》（国办发〔2017〕84 号），2017 年 10 月 13 日。

［4］胡锦涛：《坚定不移沿着中国特色社会主义道路前进，为全面建成小康社会而奋斗》（全文），新华网，http：//news. xinhuanet. com/18cpcnc/2012-11/17/c_113711665. htm 2012。

［5］《南宁自治区级自主创新示范区建设总体方案》，2017 年 4 月 13 日。

［6］习近平：《决胜全面建成小康社会 夺取新时代中国特色社会主义伟大胜利——在中国共产党第十九次全国代表大会上的报告》，《前进》2017 年 11 月 8 日。

［7］《中华人民共和国国民经济和社会发展第十三个五年规划纲要》，简称"十三五"规划（2016—2020 年）。

［8］自治区西江黄金水道建设领导小组办公室：《初成"亿吨"再奋发 全力助推西江亿吨黄金水道建设》，《广西日报》2013 年 1 月 28 日。

珠江—西江经济带创新驱动与产业转型
升级现状调查问卷一（农户）

您好！

非常感谢您在百忙中为我们填写问卷！本问卷是以广西师范大学"珠江—西江经济带创新驱动产业转型升级现状调查"项目组针对农户在2011~2016年这5年内从事创新的基本情况为主要调查内容。所有问卷信息我们会严格保密，并仅将其用于学术和政策研究。如需要，我们将寄送一份本调查的研究报告，为您提供参考。

衷心感谢您的支持与配合！

第一部分：选择题
（可以根据企业实际情况，选择单项或多项）

1. 您的家庭中，主要农作物种植面积占家庭总种植面积的比例为（_____）？

    A. 10%以下　　B. 10%~25%　　　C. 26%~50%　　　D. 50%以上

    E. 其他：_____（请注明）

2. 您的家庭年总收入在以下哪个层次（_____）？

    A. 0~15000元　　　　　　　　　B. 15000~35000元

    C. 35000~45000 元　　　　　　　D. 45000~55000 元

    E. 55000~75000 元　　　　　　　F. 75000 元以上

    G. 其他：_____（请注明）

3. 您的家庭人均收入在以下哪个层次（_____）？

    A. 0~200 元　　　　B. 200~450 元　　　　C. 450~600 元

    D. 600~800 元　　　E. 800~1000 元　　　F. 1000 元以上

    G. 其他：_____（请注明）

4. 您的家庭年总支出在以下哪个层次（_____）？

    A. 0~15000 元　　　　　　　　　B. 15000~35000 元

    C. 35000~45000 元　　　　　　　D. 45000~55000 元

    E. 55000~75000 元　　　　　　　F. 75000 元以上

    G. 其他：_____（请注明）

5. 生产性支出占家庭总支出的比重为（_____）？

    A. 10%以下　　B. 10%~25%　　C. 26%~50%　　D. 50%以上

    E. 其他：_____（请注明）

6. 非农产业支出占家庭总支出的比重为（_____）？

    A. 10%以下　　B. 10%~25%　　C. 26%~50%　　D. 50%以上

    E. 其他：_____（请注明）

7. 购买现代农业机械设备支出占家庭总支出的比重为（_____）？

    A. 10%以下　　B. 10%~25%　　C. 26%~50%　　D. 50%以上

    E. 其他：_____（请注明）

8. 您的农产品主要通过什么渠道进行销售（_____）？（多选题，
至少选一项）

    A. 路边摆摊　　　　　　　　　B. 专业销售市场

    C. 销售合作组织　　　　　　　D. 互联网（现代）销售渠道

    G. 其他：_____（请注明）

9. 您家庭采用的种植方式为（_____）？

    A. 传统人工种植　　　　　　　B. 现代机械

    C. 传统人工种植为主，现代机械种植为辅

    D. 现代机械种植为主，传统人工种植为辅

10. 您家庭使用新品种农作物种植面积占年种植面积比例为（_____）？

    A. 10%以下   B. 10%~25%   C. 26%~50%   D. 51%~70%

    E. 71%~100%

11. 您家庭农业生产资金主要来源于（_____）？

    A. 自有资金   B. 政府补贴

    C. 其他融资渠道_____（请注明）

第二部分：填空题

1. 您的家庭共有（_____）人，其中劳动力人数为（_____）人。文化程度为小学的人数为（_____）人，文化程度为初中的人数为（_____）人，文化程度为高中的人数为（_____）人，文化程度为大学的人数为（_____）人，文化程度为硕士生、博士生的人数为（_____）人。

2. 您的家庭中农产品年总产量为（_____）吨。

3. 您的家庭中主要种植的农产品年产量为（_____）吨。

4. 在您家庭总收入中，粮食作物收入占总收入（_____）%；经济作物收入占总收入（_____）%；其他作物收入占总收入（_____）%。

5. 在您家庭总收入中，第一产业经营收入占总收入（_____）%；第二产业经营收入占总收入（_____）%；第三产业经营收入占总收入（_____）%。

6. 您的家庭拥有现代化农业机械数量为（_____）台。

7. 在当地，购买现代农业机械设备政府补贴比例为（_____）%。

第三部分：问答题

1. 您觉得创新驱动产业转型升级为您的家庭以及身边的乡亲们带来哪些变化？您是如何看待这些变化的？

2. 您的家庭在进行家庭产业转型升级过程中有哪些成功经验？（如有典型案例可附页说明）

3. 您认为哪些因素帮助您进行了产业转型升级，又有哪些因素阻碍了产业转型升级？

谢谢您的支持！

珠江—西江经济带创新驱动产业转型
升级调查问卷二（企业）

您好！

非常感谢您在百忙中为我们填写问卷！本问卷是以广西师范大学"珠江—西江经济带创新驱动产业转型升级现状调查"项目组针对贵公司在 2011～2016 年这 5 年内从事创新的基本情况为主要调查内容。所有问卷信息我们会严格保密，并仅将其用于学术和政策研究。如需要，我们将寄送一份本调查的研究报告，为贵企业提供参考。

衷心感谢您的支持与配合！

1. 单位名称：_____

2. 服务的主要对象：_____

3. 投资主体（可多选）：

　□ 政府　□ 科研机构　□ 高等院校　□ 创投机构　□国有企业

　□ 民营企业　□ 社会团体　□ 自然人

　□ 其他：_____

4. 业务领域（可多选）：

　□ 信息　□ 生物　□ 新材料　□ 先进制造　□ 能源　□ 资源

　□ 环境　□农业　□ 现代交通　□ 海洋　□ 人口健康

　□ 公共安全　□ 其他：_____

5. 人员情况

在职人数（人）				
聘用方式	全职人员（人）		兼职人员（人）	
外聘专家级别	教授级高工（人）		副高级职称（人）	
学位结构	大专以上学位（人）		学士学位（人）	
	硕士学位（人）		博士学位（人）	
职称与资质（人）	高级职称（人）		中级职称（人）	

6. 企业家（领导）年龄：＿＿＿＿＿＿＿

7. 研发人员平均年龄：＿＿＿＿＿＿＿

8. 专利申请量：＿＿＿＿＿＿＿；专利授权量：＿＿＿＿＿＿＿

9. 新产品的更新换代周期：＿＿＿＿＿＿＿；员工培训周期：＿＿＿＿＿＿＿

10. 贵公司 2015 年度推出的所有新产品年销售额：＿＿＿＿＿＿＿万元

11. 贵公司 2015 年度、2016 年度的年销售额：＿＿＿＿＿＿＿万元

12. 贵公司 2015 年度的资产总额：＿＿＿＿＿＿＿万元

13. 贵公司在 2015 年度的研究和发展（R&D）总投入额：＿＿＿＿＿＿万元

14. 购买科技开发及科研教学用仪器设备总支出：＿＿＿＿＿＿＿万元

其中：进口科技开发及科研教学用仪器设备总支出：＿＿＿＿＿＿＿万元

15. 企业信息化管理应用现状

□ 企业已完成网络工程　□ 企业已经应用 OA 系统

□ 企业应用财务电算化　□ 企业已经实施 ERP

□ 企业还没有实施信息化系统，并打算实施　□ 其他

16. 贵公司改良了现有的产品开发流程

□ 没有进行　□ 较小程度进行　□ 中等程度进行

□ 较大程度进行

17. 贵公司获取全新的生产技术和能力情况

□ 没有进行　□ 较小程度进行　□ 中等程度进行

□ 较大程度进行

18. 贵公司升级关于现有的产品和技术的知识情况

□ 没有进行　□ 较小程度进行　□ 中等程度进行

□ 较大程度进行

19. 在过去 5 年，贵公司推出了＿＿＿＿＿＿＿款对公司全新的或对市场全新的新产品，＿＿＿＿＿＿＿款对基于公司现有的产品改进的新产品

联系人：＿＿＿＿＿＿＿　联系电话：＿＿＿＿＿＿＿　电子信箱：＿＿＿＿＿＿＿

珠江—西江经济带创新驱动产业转型升级调查问卷三（制度创新）

您好！

为进一步推动珠江—西江经济带创新驱动与产业转型升级，促进区域一体化协同发展平台建设，广西师范大学课题组将政府、园区、企业等相关部门开展调研，调研结果将以数据文件形式表现，仅用于对珠江—西江经济带创新驱动与产业转型升级研究，不做任何其他用途。有关信息收集单位将严格履行保密义务。

真诚地希望得到您的大力支持！谢谢。

一 被调查者的基本信息

A 性别（男、女）

B 年龄：20 岁以下、20~35 岁、36~60 岁、60 岁以上

C 职业_____

二 单项选择题（等级一最大）

1. 您认为本地区政府对创新的积极性程度为？（　　　）

   A. 一　　　　B. 二　　　　　C. 三　　　　　D. 四

2. 您认为本地区企业对创新的积极性程度为？（　　　）

   A. 一　　　　B. 二　　　　　C. 三　　　　　D. 四

3. 您认为本地区个人对创新的积极性程度为？（　　　）

   A. 一　　　　B. 二　　　　　C. 三　　　　　D. 四

4. 您认为本地区政府智囊团建设水平如何？（　　　）

   A. 一　　　　B. 二　　　　　C. 三　　　　　D. 四

5. 您认为本地区有形财产保护力度如何？（　　　）

   A. 一　　　　B. 二　　　　　C. 三　　　　　D. 四

6. 您认为本地区知识产权保护力度如何？（　　　）

   A. 一　　　　B. 二　　　　　C. 三　　　　　D. 四

7. 您认为本地区人力资本激励程度如何？（　　　）

　　A. 一　　　　　B. 二　　　　　C. 三　　　　　D. 四

8. 您认为本地区科技创新现有支持力度如何？（　　）

　　A. 一　　　　　B. 二　　　　　C. 三　　　　　D. 四

三　多项选择题

1. 您认为本地区政府采用了哪些措施来促进生产发展？（　　）

　　A. 出台引导农民加强农村基础设施建设的措施，例如，加强农田水利基本建设、对中低产田改造等

　　B. 出台鼓励农民利用现代科技发展现代农业的措施

　　C. 出台鼓励企业扩大经营规模的措施

　　D. 出台财政支持的措施

　　E. 出台增加信用贷款支持的措施

　　F. 出台支持企业发展的措施

　　G. 其他措施：＿＿＿＿＿＿

2. 您认为本地区政府采用了哪些措施来促进生活宽裕（提高居民收入）的？（　　）

　　A. 建立健全劳动力市场促进劳动力转移

　　B. 出台鼓励农民发展农业生产的措施

　　C. 出台优化产业结构的措施

　　D. 出台增加财政转移性支付的措施

　　E. 出台增加信用贷款支持的措施

　　F. 其他措施：＿＿＿＿＿＿

3. 您认为本地区政府采用了哪些措施来促进精神文明建设的？（　　）

　　A. 出台加强教育的措施

　　B. 出台鼓励进行文化建设的措施

　　C. 出台树立农村新风尚的措施

　　D. 增加对文化建设的投入

　　E. 出台引导正确消费社会主义先进文化的措施

　　F. 其他措施：＿＿＿＿＿＿

四　排序题

1. 您认为本地区政府采用促进生产发展的措施中哪些比较有效？请您

按其效果从大到小进行排序：（　　　）

A. 出台引导加强基础设施建设的措施

B. 出台鼓励农民利用现代科技发展现代农业的措施

C. 出台鼓励企业扩大经营规模的措施

D. 出台增加对生产性财政支持的措施

E. 出台增加信用贷款支持的措施

F. 出台支持企业发展的措施

G. 其他措施：＿＿＿＿＿＿

2. 您认为本地区政府采用促进生活宽裕（提高收入）的措施中哪些比较有效？请您按其效果从大到小进行排序：（　　　）

A. 建立健全劳动力市场促进农村劳动力转移

B. 出台鼓励农民发展农业生产的措施

C. 出台优化产业结构的措施

D. 出台增加财政转移性支付的措施

E. 出台增加信用贷款支持的措施

F. 其他措施：＿＿＿＿＿＿

3. 您认为本地区政府采用促进村精神文明建设的措施中哪些比较有效？请您按其效果从大到小进行排序：（　　　）

A. 出台加强教育的措施

B. 出台鼓励进行文化建设的措施

C. 出台树立农村新风尚的措施

D. 增加对农村文化建设的投入

E. 出台引导正确消费社会主义先进文化的措施

F. 其他措施：＿＿＿＿＿＿

五　您对当地政府关于制度创新方面的状况，有什么想法（或者有什么建议）？

珠江—西江经济带创新驱动产业转型
升级调查问卷四（园区）

您好！

为进一步推动珠江—西江经济带创新驱动与产业转型升级，促进区域一体化协同发展平台建设，广西师范大学课题组将对政府、园区、企业等相关部门主体开展调研，调研结果将以数据文件形式表现，仅用于对珠江—西江经济带创新驱动与产业转型升级研究，不作任何其他用途。有关信息收集单位将严格履行保密义务。

真诚地希望得到您的大力支持！谢谢。

第一部分：选择题
（可以根据企业实际情况，选择单项或多项）

1. 贵市产业园区的主要投资资金来源为（　　　），其占总资金的比例大致为（　　　）

    A. 银行贷款　　　　　　　　　B. 政府资金支持

    C. 外资直接投资　　　　　　　D. 其他：_____（请注明）

2. 贵市产业园区吸收投资资金的主要用途为（　　　）

    A. 扩大生产　　　　　　　　　B. 技术研发

    C. 支付劳动成本　　　　　　　D. 技术与产品引进

3. 贵市最主要产业的发展类型属于（　　　）

    A. 制造类产业　　　　　　　　B. 加工类产业

    C. 对外贸易类产业　　　　　　D. 服务类产业

    E. 其他：_____（请注明）

4. 贵市在产业创新发展中处于领先地位的行业为（　　　）

    A. 计算机硬件　　B. 网络　　　C. 通信　　　　D. 半导体

    E. 一般 IT 行业　F. 医药保健　G. 环保工程　　H. 生物科技

    I. 新材料　　　　J. 资源开发　K. 光电子与光机电一体化

L. 新能源与高效节能技术　　　M. 旅游业

O. 科技服务等　　　P. 核应用技术

N. 其他重点科技

Q. 农业和其他传统型非科技行业

R. 其他：_____（请注明）

5. 贵市经济发展的支柱行业为（　　　）

A. 计算机硬件　　B. 网络　　　C. 通信　　　D. 半导体

E. 一般 IT 行业　　F. 医药保健　　G. 环保工程　　H. 生物科技

I. 新材料　　　J. 光电子与光机电一体化　　　K. 资源开发

L. 新能源与高效节能技术　　　M. 核应用技术

N. 其他重点科技　　　O. 科技服务等

P. 旅游业

Q. 农业和其他传统型非科技行业

R. 其他：_____（请注明）

6. 贵市产业创新发展的渠道主要为（　　　）

A. 引进先进技术　　　B. 提高新技术开发与应用能力

C. 引进高技术人才　　　D. 政府统一规划协调资源整合

E. 企业内部战略变革　　　F. 其他：_____（请注明）

7. 贵市政府对创新发展企业提供哪些政策与服务（　　　）

A. 对创新成果进行奖励

B. 对创新产品提供税收减免等相关优惠

C. 对科技项目进行支持

D. 对创新型企业提供技术人才（含科技特派员）

E. 对创新型企业提供采购支持

F. 对创新成果提供知识产权顾问服务

G. 其他：_____（请注明）

8. 您认为贵市产业创新发展中的制约因素主要有（　　　）

A. 资金不足　　　B. 技术人才匮乏

C. 缺乏创新动力　　　D. 缺乏创新发展的战略方向

E. 创新发展意识淡薄　　　F. 创新成果产权不明确

G. 市场存在强大的贸易保护　　H. 其他：_____（请注明）

9. 您认为贵市企业自主创新的制约因素为（　　　）

A. 缺乏核心技术　　　　　　B. 缺乏自主知识产权

C. 缺乏知名品牌　　　　　　D. 缺乏政府政策导向

E. 其他：_____（请注明）

10. 您认为贵市目前的产业创新发展评价为（　　　）

A. 严重缺乏创新发展

B. 具有创新发展意识，但实践较少

C. 具有较强创新发展意识，积极投入创新改革

D. 已经初步形成了创新发展格局

E. 已经完全实现创新发展，完成产业结构优化升级

F. 其他：_____（请注明）

11. 贵市人才资源储备量（　　　）

A. 非常充足　　　　　　　　B. 能够满足人才需求

C. 勉强能够满足人才需求　　D. 不能满足人才需求

E. 人才缺乏情况严重

12. 目前贵市产业结构发展呈现（　　　）

A. 由以轻纺工业为主上升为以化工为主的状态

B. 由以原材料为主上升到以加工组装为主的状态

C. 由以低附加值的劳动密集型产业为主上升到以高附加值的技术
密集型产业为主

D. 其他：_____（请注明）

13. 贵市产业可持续发展水平为（　　　）

A. 可持续性强

B. 可以达到持续发展

C. 目前可持续性弱但未来具有可持续性

D. 完全不具有可持续性

14. 贵市产城融合发展程度为（　　　）

A. 产业化先于城镇化

B. 城镇化先于产业化

C. 产业化与城镇化相背离

D. 产业化与城镇化呈现部分融合

E. 产业化与城镇化融合密切

15. 您认为贵市的产业发展前景 （　　　）

A. 非常好　　B. 还好　　　　C. 勉强一般　　D. 不是太好

E. 非常不好

16. 您认为贵市创新型产业的成长状态 （　　　）

A. 非常好　　B. 还好　　　　C. 勉强一般　　D. 不是太好

E. 非常不好

17. 贵市产业发展资金充足率为 （　　　）

A. 非常充足　　　　　　　B. 能够满足

C. 勉强能够满足　　　　　D. 不能满足

E. 严重匮乏

第二部分：填空题

1. 贵市于_____年开始开展产业创新活动。

2. 贵市在产业创新活动中表现卓越的企业为_____。

3. 2016 年，贵市就业人数在第一、第二、第三产业的分布比例为_____。

4. 贵市 2016 年全年 R&D 经费为_____万元，R&D 项目数为_____项，新产品的开发项目数为_____项，新产品的开发经费支出_____万元，新产品的销售收入达_____万元。

5. 贵市通过技术转让达到收入_____万元。

6. 贵市工业三废排放中，废气_____标立方米，废水_____吨，固体废物_____吨。

7. 贵市高端技术人才来自本市、外市、国外的比例为_____。

8. 贵市主要产业的产值为_____万元。

9. 贵市高技术产业产值为_____万元。

10. 贵市第一、第二、第三产业的产值比例为_____。

第三部分：问答题

1. 贵市在产业创新发展过程中有哪些成功经验？（如有典型案例可附页说明）

2. 贵市在产业创新发展过程中遇到过哪些问题，是如何解决的？（请具体说明）

3. 您对政府推进产业创新发展有哪些具体建议？（请具体说明）

4. 您对我们进行产业创新调研有哪些宝贵建议？（请具体说明）

谢谢您的支持！

珠江—西江经济带创新驱动产业转型
升级调查问卷五（政府机关）

您好！

为进一步推动珠江—西江经济带创新驱动与产业转型升级，促进区域一体化协同发展平台建设，广西师范大学课题组将对政府、园区、企业等相关部门开展调研，调研结果将以数据文件形式表现，仅用于对珠江—西江经济带创新驱动产业转型升级研究，不作任何其他用途。有关信息收集单位将严格履行保密义务。

真诚地希望得到您的大力支持！谢谢。

一 创新驱动与产业转型升级基本情况

1. 贵市设有专门技术研发机构：（　　　）

    A. 国家级企业技术中心　　　　B. 省级企业技术中心

    C. 地市级企业技术中心　　　　D. 未申请认定

    E. 其他（请注明）　　　　　　F. 没有

2. 贵市企业研发机构的主要组织形式为：（　　　）

    A. 企业独自组建　　　　　　　B. 与高校、院所合作组建

    C. 与国外机构合作组建　　　　D. 其他（请注明）

3. 贵市企业生产的主导产品

    有无自主专利技术：（　　　）　　A. 没有　　　　B. 有

    有无自主商标：（　　　）　　　A. 没有　　　　B. 有

4. 贵市企业主要技术创新方式：（　　　）

    A. 自主原始创新　　　　　　　B. 引进国内技术

    C. 引进国外技术　　　　　　　D. 集成创新

    E. 引进吸收消化再创新　　　　F. 其他（请注明）

5. 贵市企业技术水平与国内外同行比较处于：（　　　）

    A. 国际领先水平　　　　　　　B. 国际先进水平

    C. 国内领先水平　　　　　　　D. 国内先进水平

E. 国内一般水平　　　　　　F. 其他（请注明）

6. 贵市企业正在研发项目：（　　　）

 A. 对现有产品改进

 B. 未来 2 年内投产的新产品

  附名单：_____

  _____

  _____

 C. 未来 3~5 年内投产的新产品

  附名单：_____

  _____

 D. 其他（请注明）　　　　　E. 暂时没有

7. 贵市企业技术人员主要来源：（　　　）

 A. 自己培养　　　　　　　　B. 引进

 C. 招聘　　　　　　　　　　D. 其他（请注明）

8. 贵市企业总体引进技术人员数（　　　）

 A. 0~100 人（含）　　　　　B. 100~200 人（含）

 C. 300~500 人（含）　　　　D. 500 人以上

9. 贵市企业引进技术的主要方式：（　　　）

 A. 购买设备　　　　　　　　B. 购买专利

 C. 购买样品　　　　　　　　D. 聘请国外技术员

 E. 购买图纸、技术资料　　　F. 其他

二　创新驱动产业转型升级成果与绩效

1. 贵市共有国际互联网用户数_____户

2. 贵市高新技术产业总体情况：

 （1）高新技术企业数_____（个）

  附名单：_____

  _____

  _____

 （2）高新技术产业从业人员数_____（人）

3. 贵市产业转型直接成果：

（1）高新技术产业产值_____（万元）

（2）战略性新兴产业产值_____（万元）

（3）现代服务业产值_____（万元）

（4）文化创意产业产值_____（万元）

4. 贵市企业总体引进技术人员数_____（人）

5. 贵市规模以上工业企业新产品的总体研发情况：

（1）研发成功新产品数量_____（个）

附名单：_____

_____

_____

新产品销售收入_____（万元）

（2）拥有产品商标_____（个），其中：

A. 国家驰名商标_____（个）

附名单：_____

_____

_____

_____

B. 省级著名商标_____（个）

附名单：_____

_____

C. 地市级著名商标_____（个）

附名单：_____

_____

_____

三 创新驱动产业转型升级自主性与外部依存度

1. 贵市在对企业自主创新方面的优惠扶持政策落实情况：（   ）

A. 非常到位   B. 基本到位

C. 有待提高   D. 急需提高

2. 贵市大学为贵企业提供了哪些技术创新支持：（   ）

A. 提供人才   B. 转让科技成果

    C. 提供科技咨询   D. 提供试验、测试平台

    E. 没有支持

3. 与科研机构、大学合作对贵市企业自主创新作用：（　　　）

    A. 非常大   B. 比较大   C. 一般   D. 不大

    E. 没有多大作用

4. 影响企业自主创新的政府自身方面原因：（　　　）

    A. 扶持政策不到位   B. 办事效率低

    C. 办事不能公开、公正   D. 投入不够

    E. 其他（请注明）

5. 您认为政府在提高企业自主创新能力上应该发挥哪些作用：（　　　）
（多选）

    A. 开展产学研合作   B. 搭建科技条件平台

    C. 提供科技信息服务   D. 提供创新基金

    E. 设立科技孵化器   F. 帮助引进人才

    G. 提供优惠政策

6. 贵市企业开展自主创新活动最希望政府做哪些工作：（　　　）（最
多3项）

    A. 专项支持（贷款贴息、低息贷款、财政专项支持等）

    B. 税收减免   C. 政府采购支持

    D. 创造公平竞争市场环境   E. 提高办事效率

    F. 保护知识产权   G. 其他（请注明）

7. 贵市企业最需要什么样的技术创新服务：（　　　）

    A. 技术中介   B. 科技成果转让   C. 人才培训

    D. 技术指导   E. 合作研发   F. 其他（请注明）

8. 目前各类科技服务中心对企业技术创新的作用：（　　　）

    A. 很大   B. 较大   C. 一般   D. 不大

    E. 几乎没有作用

9. 贵市民用航空货运量占总体货运量比重在：（　　　）

    A. 10%～30%   B. 30%～50%

    C. 50%～70%   D. 70%以上

四 影响创新驱动产业转型升级的因素

1. 不利于创新驱动产业转型升级的主要外部因素：

外部因素	完全不重要	不太重要	有点不重要	中立	有点重要	比较重要	非常重要
国家和省相关政策落实不到位	1	2	3	4	5	6	7
地方政府缺乏创新政策扶持	1	2	3	4	5	6	7
技术成果产业化发展困难	1	2	3	4	5	6	7
技术市场不健全、缺乏公平的竞争环境	1	2	3	4	5	6	7
缺少技术创新服务平台	1	2	3	4	5	6	7
知识产权保护的力度不强	1	2	3	4	5	6	7
社会文化氛围不理想	1	2	3	4	5	6	7
市场信息不充分	1	2	3	4	5	6	7

2. 不利于创新驱动产业转型升级的主要内部因素：

内部因素	完全不重要	不太重要	有点不重要	中立	有点重要	比较重要	非常重要
缺乏高级技术人才	1	2	3	4	5	6	7
企业资金不足	1	2	3	4	5	6	7
缺乏技术研发的装备和条件	1	2	3	4	5	6	7
创新成本过高，风险太大	1	2	3	4	5	6	7
难以获得有效的市场信息	1	2	3	4	5	6	7
内部激励制度不完善	1	2	3	4	5	6	7
自主研发能力弱，缺乏不断创新的基础	1	2	3	4	5	6	7
创新意识不强	1	2	3	4	5	6	7
缺乏科技研发团队	1	2	3	4	5	6	7
产学研合作未能真正到位	1	2	3	4	5	6	7
研发投入不足	1	2	3	4	5	6	7
员工技术培训经费投入不足	1	2	3	4	5	6	7
其他（请注明）	1	2	3	4	5	6	7

五 开放题

1. 您认为促进贵市创新驱动产业转型升级的主要途径有哪些：

_____

_____

_____

_____

联系人：_____ 联系电话：_____ 电子信箱：_____

珠江—西江经济带发展研究院调研课题
"珠江—西江经济带创新驱动产业转型升级现状调查"

实 践 日 志

调研地点：_____

团队成员：_____

调研时间：_____

材料要求：实践日志需要跟随实践进程每日进行填写，所写日志主要应反映每日实践活动的开展过程和每日完成成果。每人每日 1 篇，提交电子版与纸质版备存 1 份。

记录人：（手写签名）

日期：

（不够可加页）

珠江—西江经济带发展研究院调研课题
"珠江—西江经济带创新驱动产业转型升级现状调查"

实 践 笔 记（手 记）

调研地点：_____

团队成员：_____

调研时间：_____

材料要求：实践笔记（手记）需要跟随实践进程每日进行填写，所写笔记（手记）主要阐明调查主题的意义、调查过程、调查后得出的结论，以及你的思想认识等。每日每人 1 篇，提交电子版与纸质版备存 1 份。

记录人：（手写签名）

年　　月　　日

调研目的地／调研单位证明（可另附纸张）：

邮编：

联系人：

电话：

单位公章（签章）

年　　月　　日

（不够可加页）

实践小组总结

珠江—西江经济带发展研究院调研课题
"珠江—西江经济带创新驱动产业转型升级现状调查"

实 践 小 组 总 结

调研地点：_____

团队成员：_____

调研时间：_____

实践小组总结，内容需具备：标题、目录、摘要、前言、正文、结束语、参考文献、附录等部分。其中正文必须包括调查方法及使用、现状及其成因、应对策略与政策建议等基本内容。

实践小组总结撰写格式要求

1. 字号字体

总结题目	黑体 2 号
各章标题	黑体小 2 号
各节的一级标题	黑体 4 号
各节的二级标题	黑体小 4 号
各节的三级标题	黑体小 4 号
正文	宋体小 4 号
中文摘要、结论、参考文献标题	黑体小 2 号
中文摘要、结论、参考文献内容	宋体小 4 号
英文摘要标题	Times New Roman 大写粗体小 2 号
英文摘要内容	Times New Roman 体小 4 号
中文关键词标题	黑体小 4 号
中文关键词	宋体小 4 号
英文关键词标题	Times New Roman 粗体小 4 号
英文关键词	Times New Roman 小 4 号
目录标题	黑体小 2 号
目录内容中章的标题	黑体 4 号

（含结论、参考文献、致谢、附录标题）

目录中其他内容	宋体小 4 号

总结的页码页面底端居中、阿拉伯数字（Times New Roman 5 号）连续编码

页眉与页脚	宋体 5 号居中
表格	宋体 5 号居中

2. 页面设置

（1）页边距标准：

上边距为 25mm，下边距为 20mm，左边距为 30mm，右边距为 30mm。

（2）段前、段后及行间距：

章标题的段前为 0.8 行，段后为 0.5 行；节标题段前为 0.5 行，段后为 0.5 行；标题以外的文字行距为"固定值"23 磅，字符间距为"标准"。

3. 摘要与关键词

摘要应简要说明报告所研究的内容、目的、方法、主要成果和特色，字数为 300 字左右。关键词一般为 3~6 个，用分号隔开。

4. 目录

目录应包括章、节、条三级标题，目录和正文中的标题题序统一按照"1""1.1""1.1.1"等的格式编写，目录中各章节题序中的阿拉伯数字用 Time New Roman 体。

5. 正文

正文各章节应拟标题，每章结束后应另起一页。标题要简明扼要，不应使用标点符号。标题序号从大到小的顺序文科为："一""（一）""1.""（1）""①"……

涉及他人的观点、统计数据或计算公式的要注明出处（引注），涉及计算内容的数据要求准确。

6. 注释与参考文献

注释：总结中用文献按学术论文规范注明出处，注序要与文中提及的序号一致。注释方法参见参考文献。参考文献：参考文献按照标准学术规范排列。

7. 图表、附注、公式

图表、附注、公式一律采用阿拉伯数字连续编号。图序及图名置于图的下方，表序及表名置于表的上方，用宋体五号字。论文中的公式编号，用圆括弧括起写在右边行末，其间不加虚线。

影像资料及新闻报道采集要求

珠江—西江经济带发展研究院调研课题
"珠江—西江经济带创新驱动产业转型升级现状调查"

影像资料及新闻报道采集

一　实践活动照片

各小组均需上交具有代表性的电子版活动照片，数量不少于60张，照片分辨率要求在1280×960以上，存为JPEG格式，并将图片重命名为"序号+实践地点+照片描述"；提交时需放至于一个文件夹内，将其命名为"小组编号+实践活动照片"。

二　视频拍摄编辑

（一）紧扣本次"珠江—西江经济带创新驱动产业转型升级现状调查"活动的主题展开，围绕宏观、中观以及微观的视角，以发现、记录和传递创新驱动产业转型升级等为主要内容，不拘表现形式。

（二）视频均要求横屏拍摄，视频拍摄或导出格式，要求以MP4、WMV、RMVB等常见格式保存。

三　新闻报道

（一）新闻报道需要跟随实践进程每日进行整理。

（二）新闻报道以word文档存档，并配置实践活动图片（每张照片要求均以照片简介命名，命名字数不超过 15 字；所提交照片主要应反映实践活动的开展过程或成果，应尽量有项目成员出现在照片中，也可以有一部分照片反映实践过程中令项目成员感动、难忘或印象深刻的情景或风景）。

（三）新闻报道的存档名称："小组编号+实践地点+新闻报道汇总。"

　　本书是 2016 年度广西师范大学珠江—西江经济带发展研究院调研专项课题"珠江—西江经济带创新驱动产业转型升级现状调查"（课题编号：ZXDY201604）的研究成果，该课题已于 2018 年 7 月结题。该项目由广西师范大学经济管理学院蒋团标教授主持，课题组成员有广西师范大学经济管理学院的钟学思副教授、张海丰副教授、梁爱云教授，广西师范大学社会科学研究处的廉超助理研究员，广西师范大学漓江学院的裴金平讲师及研究生姚辉（现为中国农业大学人文与发展学院区域经济学博士研究生）、廖珊玲、伍茜蓉、石志禹、江凌峰、陆凤娟、王文华、刘慧、杨柳、耿智、李国兴等。

　　项目立项后，项目组做了大量的调查准备工作，在走访广西壮族自治区工业和信息化委员会、发展和改革委员会、政府发展研究中心、科学技术厅等职能部门的基础上，设计了调查问卷，编制了调研提纲，确定了评价指标和评价方法，并组织了 61 名在校研究生、本科生的暑期社会实践团队，参与 2017 年"丝路新世界·青春中国梦"全国大学生暑期社会实践专项行动。实践团队由蒋团标教授担任首席专家，梁爱云教授、钟学思副教授、张海丰副教授、廉超助理研究员、裴金平讲师担任指导老师。团队以课题为导向，以"创新驱动产业转型升级"为研究主题，以珠江—西江经济带 11 个城市创新驱动产业转型升级的政府宏观数据、园区产业中观数据、企业微观数据和农户生产消费数据为调查对象，分 11 批次奔赴广西的柳州、来宾、梧州、贵港、南宁、百色、崇左，以及广东的广州、佛山、肇庆、云浮共 11 个城市进行了为期两个月的实地调研，其间走访了 20 余个政府部门并展开座谈，深入 90 余家企业、20 余个村庄、220 户农户实地考察，撰写调研总报告 20 余万字，调研活动被共青团广西壮族自治区委员会、广西高校思政教育在线、共青团广西师范大学委员会等单位媒体持续跟踪报道，发布相关新闻通讯稿 30 余篇，受到社会各界广泛关注和好评。本团队从全国 500 所高校 1300 多个团队中脱颖而出，获评全国优秀团队（全国 100 支优秀团队），团队核心成员获评优秀个人（全国 60 名优秀个人）。

在深入调查研究的基础上，撰写专著《珠江—西江经济带创新驱动产业转型升级研究》，并公开出版，旨在为珠江—西江经济带研究积累较为丰富的基础数据，为珠江—西江经济带创新驱动产业转型升级发展提供有价值的参考。

本书同时也是广西师范大学珠江—西江经济带发展研究院、广西高校人文社会科学重点建设研究基地"西南城市与区域发展研究中心"2017～2018 年度重要的研究成果之一，是集体创作的结果。全书由蒋团标教授拟定思路与大纲，各章分工合作完成，具体分工如下。绪论：裴金平，刘慧；第一章：梁爱云，耿智；第二章：张海丰，杨柳；第三章：廉超，王文华，姚辉，廖珊玲；第四章：廉超，姚辉，廖珊玲，王文华；第五章：蒋团标，李国兴；第六章：钟学思，石志禹；第七章：张海丰，江凌峰；第八章：蒋团标，陆凤娟。全书由蒋团标教授、张海丰副教授、廉超助理研究员负责统稿。

课题从立项到实施以及成书交付出版均得到了广西师范大学副校长林春逸教授、广西人文社会科学发展研究中心徐毅教授、广西师范大学社会科学研究处梁君教授的大力支持与帮助，在此表示衷心的感谢。在课题调研过程中，得到广西的柳州市、来宾市、梧州市、贵港市、南宁市、百色市、崇左市，以及广东的广州市、佛山市、肇庆市、云浮市工信委、发改委及各级各类产业园区等相关职能部门的大力协助和支持；书稿的出版也得到广西师范大学社会科学研究处、广西人文社会科学发展研究中心、广西师范大学珠江—西江经济带发展研究院相关领导和同事的支持，特别是得到社会科学文献出版社王楠楠编辑的大力支持。值此书稿付梓之际，特致诚挚谢意。此外，有关引用资料有些已经有标注，但有些一时找不到出处，除一并感谢外烦请有关作者与我们联系。

图书在版编目（CIP）数据

珠江-西江经济带创新驱动产业转型升级研究／蒋团标等著. -- 北京：社会科学文献出版社，2018.12
（珠江-西江经济带发展丛书. 研究系列）
ISBN 978-7-5201-3539-9

Ⅰ．珠… Ⅱ.①蒋… Ⅲ.①产业结构升级-研究-广东②产业结构升级-研究-广西 Ⅳ.①F127.65
②F127.67

中国版本图书馆 CIP 数据核字（2018）第 220878 号

珠江—西江经济带发展丛书·研究系列

珠江—西江经济带创新驱动产业转型升级研究

著　　者／蒋团标　张海丰　廉　超　等

出 版 人／谢寿光
项目统筹／周　丽　王楠楠
责任编辑／王楠楠　王红平

出　　版／社会科学文献出版社·经济与管理分社（010）59367226
　　　　　地址：北京市北三环中路甲 29 号院华龙大厦　邮编：100029
　　　　　网址：www.ssap.com.cn
发　　行／市场营销中心（010）59367081　59367083
印　　装／三河市东方印刷有限公司

规　　格／开　本：787mm×1092mm　1/16
　　　　　印　张：20.25　字　数：318 千字
版　　次／2018 年 12 月第 1 版　2018 年 12 月第 1 次印刷
书　　号／ISBN 978-7-5201-3539-9
定　　价／98.00 元